法｜学｜研｜究｜文｜丛

——环境法学——

美丽海洋与畅通航路
海洋环境法学术研讨会文集

徐祥民　钭晓东◎主　编

刘　旭◎副主编

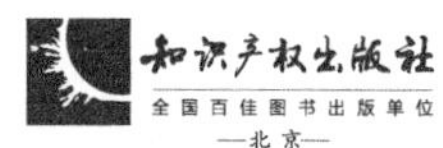

图书在版编目（CIP）数据

美丽海洋与畅通航路：海洋环境法学术研讨会文集／徐祥民，钭晓东主编．—北京：知识产权出版社，2023.11

ISBN 978－7－5130－8965－4

Ⅰ.①美…　Ⅱ.①徐…②钭…　Ⅲ.①海洋环境保护法—中国—文集　Ⅳ.①D922.684－53

中国国家版本馆CIP数据核字（2023）第210144号

责任编辑：彭小华　　**责任校对：**谷　洋

封面设计：智兴设计室　　**责任印制：**孙婷婷

美丽海洋与畅通航路

——海洋环境法学术研讨会文集

徐祥民　钭晓东　主编

刘　旭　副主编

出版发行：知识产权出版社有限责任公司　　**网　　址：**http://www.ipph.cn

社　　址：北京市海淀区气象路50号院　　**邮　　编：**100081

责编电话：010－82000860转8115　　**责编邮箱：**huapxh@sina.com

发行电话：010－82000860转8101/8102　　**发行传真：**010－82000893/82005070/82000270

印　　刷：北京九州迅驰传媒文化有限公司　　**经　　销：**新华书店、各大网上书店及相关专业书店

开　　本：880mm×1230mm　1/32　　**印　　张：**11

版　　次：2023年11月第1版　　**印　　次：**2023年11月第1次印刷

字　　数：268千字　　**定　　价：**78.00元

ISBN 978－7－5130－8965－4

把海洋环境保护法的论文写在波澜壮阔的海洋上

在全党全国人民认真学习贯彻中共十九届六中全会精神之际，召开中国法学会环境资源法学研究会海洋环境法专业委员会2021年年会，是结合研究会工作实际，学习贯彻十九届六中全会精神的具体举措；也是发挥研究会职能作用，参与海洋强国建设的实际行动。首先，我代表中国法学会环境资源法学研究会对年会的胜利召开，表示衷心的祝贺！

中共十八大以来，习近平总书记高度重视我国海洋事业的发展，发表了一系列重要论述，从国家安全、经济建设、国际合作等方面阐明了海洋强国的重要意义，为海洋强国建设指引了方向。习近平总书记反复强调，建设海洋强国是中国特色社会主义事业的重要组成部分。“海兴则国强民富，海衰则国弱民穷。”实施海洋强国战略，对于推动经济持续健康发展，对维护国家主权、安全、发展利益，对于实现全面建成小康社会目标，实现中华民族伟大复兴中国梦都具有重大而深远的意义。促进海洋生态环境治理体系和治理能力现代化，是实施海洋强国战略的现实迫切需求。为以法治思维与法治方法推进海洋生态环境治理现代化提供科学支撑和理论指引，是环境法学者义不容辞的责任。正是基于这个考虑，2017 年换届后的中国法学会环境资源法学研究会第一次会长会议，就加强海洋环境法学建设问题进行专题研究并决定成立海洋环境法专业委员会，希望通过专业委员会的工作，加强海洋环境法学平台建设，促进海洋环境法学理论研究、人才培养、成果转化，为实施海洋强国战略贡献法律智慧和法律力量。

海洋环境法专业委员会成立以来，在委员会主任的带领下，认真学习贯彻习近平生态文明思想和习近平法治思想，结合海洋生态环境法治建设实际，积极开拓创新，为建设高水平的海洋环境保护法研究平台不懈努力。推出了一批有质量的学术论文，培养了一批有潜力有后劲的青年学者，参与了一些中国法学会的国家高端智库项目研究并提交了有分量的咨询报告……工作可圈可点、成果有目共睹、发展令人欣慰！

我十分高兴地看到，海洋环境法专业委员会已经建设成为中国法学会环境资源法学研究会一个重要的学术阵地和学科建设平台。每年一度的学术年会，更成为充分发挥平台功能，以文会友、思想碰撞、观点交锋的最佳场所。2021 年年会紧扣“十四五”规划和 2035 远景目标纲要提出的“坚持陆海统筹、人海和谐、合作共赢，协同推进海洋生态保护、海洋经济发展和海洋权益维护，加快建设海洋强国”目标任务，以“美丽海洋建设”为主题，进行学术交流，站位高、立意好、内容实；会议筹备认真扎实、提交的论文质量俱佳，会议成果令人期待！

我们知道，海洋既是“水”的一种形态，也是与陆地相对应的一种生态系统，更是地球生态系统不可或缺的有机组成部分。但是，在过去的环境法研究中，我们对海洋生态环境法治建设的重视程度和研究力度都很不够。可以说，我国的海洋生态环境法治建设还处于起步阶段，对于为什么要建设海洋生态环境法治体系、建设什么样的海洋生态环境法治体系、如何建设海洋生态环境法治体系等一些基础性、根本性理论问题尚未作出系统回答；对于《中华人民共和国海洋环境保护法》实施以来，我国海洋环境保护立法、执法、司法和法律遵守现状与问题，尤其是在海洋生物多样性保护、国家海洋生态利益维护、国际海洋环境保护法律斗争等方面的实证性研究成果不多；对于“十四五”规划和2035远景目标纲要提出的以陆海统筹为抓手、以人海和谐为目标、以合作共赢为方法，协同推进海洋生态保护、海洋经济发展和海洋权益维护的法治方案深入论证不够。关系到中国特色海洋环境法治建设的理论问题有待破题，涉及中国特色海洋环境法治建设的实践问题亟待理性方案，对于海洋环境法学研究者而言，既是巨大的挑战，也是难得的机遇。

非常期待海洋环境法专业委员会能够以时不我待的历史使命和舍我其谁的责任担当，立足“我国既是陆地大国，也是海洋大国”这个国情，准确把握“海洋”作为“生命共同体”的有机组成部分这个定位，坚持统筹陆地与海洋的自然生态保护、统筹国内海洋环境保护和全球海洋生态环境治理两个大局，深入研究中国海洋环境法治体系建设规律，创立中国海洋环境法治体系建设理论，提出中国海洋环境法治体系建设具体方案。把海洋环境法专业委员会建设成为以法治思维和法治方法遏制海洋生态环境不断恶化趋势、保护海洋生物多样性、实现海洋资源有序开发利用的思想库、智慧库、人才库，带领海洋环境法学研究者把论文写在波澜壮阔的海洋上，为让人民群众吃上绿色、安全、放心的海产品，享受到碧海蓝天、洁净沙滩而继续努力。

祝海洋环境法专业委员会2021年年会圆满成功！

谢谢大家！

吕忠梅

2021年11月28日

目录

CONTENTS

海洋治理研究

海上丝绸之路的延展与拓新*

徐祥民

（浙江工商大学　蓝色文明与绿色法制研究中心　杭州　310018）

摘　要：“一带一路”倡议包括“21世纪海上丝绸之路”（以下简称“海上丝路”）。现代“海上丝路”建设应努力把线段状的交通线路变成航路“闭环”，把“线”变成“网”，建立多张多维网络。应当在古代“月牙海丝”的基础上建立现代“海上丝路”的亚欧大陆闭环、亚欧非大陆闭环和太平洋闭环三大航路闭环。应在三大航路闭环的基础上建立现代“海上丝路”平面交通网、立体交通网和多维互联互通网络三个层面的交通、联通网络。三大航路闭环及以其为基础的多张多维交通、联通网络建设对我国的“一带一路”倡议的成败具

* 本文系教育部哲学社会科学研究重大课题攻关项目“新时期中国海洋战略研究”（项目批准号：13JZD041）的研究成果。

【作者简介】徐祥民，历史学博士，法学博士，泰山学者，中国海洋大学海洋环境资源法研究中心主任，浙江工商大学特聘教授、蓝色文明与绿色法制研究中心主任。

有关键作用。

关键词：海上丝绸之路　“一带一路”航路闭环　“海上丝路”建设

一、问题的提出

自习近平总书记提出建设“一带一路”倡议，[1]“一带一路”建设方案经历了从我国单方提倡到共建“一带一路”国家和地区广泛参与，从中国国家倡议到共建国家共谋发展的合作框架的逐步走向成熟的过程。

党的十九大报告对2012年至2017年的工作进行总结时提到的重要工作包括“‘一带一路’建设……成效显著”[2]（第一章《过去五年的工作和历史性变革》），对未来经济发展的重要战略部署包括“推动形成全面开放新格局……以‘一带一路’建设为重点，坚持引进来和走出去并重，遵循共商共建共享原则，加强创新能力开放合作，形成陆海内外联动、东西双向互济的开放格局……推进贸易强国建设”[3]。“一带一路”是我国实施改革开放政策的重大国家倡议。党的十九大对“一带一路”建设的总结和对其未

---

[1] 2013年9月7日，习近平总书记在哈萨克斯坦纳扎尔巴耶夫大学的演讲首次提出与欧亚各国“共同建设‘丝绸之路经济带’”的倡议（习近平：《弘扬人民友谊，共创美好未来——在纳扎尔巴耶夫大学的演讲》，《人民日报》2013年9月8日，第3版）。2013年10月3日，习近平总书记在印度尼西亚国会的演讲提出与东盟国家“共同建设‘二十一世纪海上丝绸之路’”的倡议。参见习近平：《携手建设中国—东盟命运共同体——在印度尼西亚国会的演讲》，《光明日报》2013年10月4日，第2版。

[2] 习近平：《决胜全面建成小康社会，夺取新时代中国特色社会主义伟大胜利——在中国共产党第十九次全国代表大会上的报告》，人民出版社，2017，第3页。

[3] 习近平：《决胜全面建成小康社会，夺取新时代中国特色社会主义伟大胜利——在中国共产党第十九次全国代表大会上的报告》，人民出版社，2017，第34－35页。

来发展的期许充分反映了“一带一路”建设在我国发展中的重要地位。[1]

“一带一路”连接世界，已经成为重要的“国际公共产品和国际合作平台”。《中共中央关于党的百年奋斗重大成就和历史经验的决议》指出：“我国坚持共商共建共享，推动共建‘一带一路’高质量发展，推进一大批关系沿线国家经济发展、民生改善的合作项目，建设和平之路、繁荣之路、开放之路、绿色之路、创新之路、文明之路，使共建‘一带一路’成为当今世界深受欢迎的国际公共产品和国际合作平台。”[2]

以“一带一路”国际合作、中国—东盟合作、中国－非洲合作等形式表现的国际合作不断扩大“一带一路”合作的范围，拓展“一带一路”合作的领域，加深“一带一路”合作的深度，丰富“一带一路”合作的成果。2015 年中非合作论坛约翰内斯堡峰会、2017 年“一带一路”国际合作高峰论坛、2018 年中非合作论坛北京峰会、2019 年第二届“一带一路”国际合作高峰论坛、2021 年中国—东盟建立对话关系 30 周年纪念峰会等高峰会议给

---

[1] 中国共产党第十八届中央委员会第三次全体会议把“二十一世纪海上丝绸之路”称为“海上丝绸之路”，将其与先于“建设‘二十一世纪海上丝绸之路’”倡议提出的“丝绸之路经济带”并列，写入《中共中央关于全面深化改革若干重大问题的决定》。该决定规定：“建立开发性金融机构，加快同周边国家和区域基础设施互联互通建设，推进丝绸之路经济带、海上丝绸之路建设，形成全方位开放新格局。”参见《中共中央关于全面深化改革若干重大问题的决定》，人民出版社，2014，第 28 页。此后，2015 年 3 月，经国务院授权，国家发展和改革委员会、外交部、商务部联合发布《推动共建丝绸之路经济带和 21 世纪海上丝绸之路的愿景与行动》；2017 年 5 月，推进“一带一路”领导小组办公室宣布《共建“一带一路”：理念、实践与中国的贡献》。诸如此类的安排说明，“一带一路”是被实际执行的国家倡议。

[2] 《中共中央关于党的百年奋斗重大成就和历史经验的决议》第四章“开创中国特色社会主义新时代”。

"一带一路"合作留下了深刻记忆。

在中国—东盟建立对话关系30周年纪念峰会上习近平主席做了如下总结："我们坚定维护地区和平稳定，始终聚焦发展主题，率先建立自由贸易区，高质量共建'一带一路'，共同推动签署《区域全面经济伙伴关系协定》，促进了地区融合发展和人民福祉。"❶ 国务院新闻办公室2021年11月26日发表的《新时代的中非合作》白皮书确认："习近平主席在北京峰会上同非洲领导人一致决定，构建更加紧密的中非命运共同体，深入推进中非共建'一带一路'合作，在中非关系史上树立了新的里程碑。"❷

"一带一路"的重要组成部分是"21世纪海上丝绸之路"❸。"丝绸之路经济带"和"21世纪海上丝绸之路"一起组成"一带一路"。"一带一路"倡议是以"21世纪海上丝绸之路"建设为不可缺少的组成部分的国家倡议。可以说，建设"海上丝路"是"一带一路"建设的海上分支。按照这一分析，我们可以把作为"一带一路"建设组成部分的"海上丝路"建设称为"海上丝路建设"。

本文是关于实施"海上丝路建设"的思考。

---

❶ 习近平：《命运与共，共建家园——在中国—东盟建立对话关系30周年纪念峰会上的讲话》，新华每日电讯，http：//www.news.cn/mrdx/2021-11/23/c_1310327967.htm，访问日期：2020年2月8日。

❷ 国务院新闻办：《新时代的中非合作·前言》，中华人民共和国中央人民政府网，http：//www.gov.cn/zhengce/2021-11/26/content_5653540.htm，访问日期：2020年2月8月。

❸ 2013年10月3日中国国家主席习近平应邀在印度尼西亚国会发表演讲提出"东南亚地区自古以来就是'海上丝绸之路'的重要枢纽，中国愿同东盟国家加强海上合作，使用好中国政府设立的中国—东盟海上合作基金，发展好海洋合作伙伴关系，共同建设21世纪'海上丝绸之路'"（习近平：《携手建设中国—东盟命运共同体——在印度尼西亚国会的演讲》，《光明日报》2013年10月4日，第2版）。

二、多张海上交通网

“海上丝路”首先是路，是把在空间上有距离的两地或多地连接起来。不管是在唐代以前开通的从广州到巴士拉的南海—波斯湾航线，❶ 还是16世纪晚期开通的从我国漳州、泉州等地启航经马尼拉到新西班牙（今墨西哥）阿卡普尔科的太平洋航线，❷ 都首先是可以使货物、人员从一地移动到另一地的海上通路。习近平同志在最早提出“一带一路”建设构想时提到的“道路联通”❸也是注意到了路的联通价值。“海上丝路”建设无疑要把航路联通放在首位。但是，我国倡议共建国家共同建设的“海上丝路”，一方面不应只是在地球的某个角落偶然出现的几条线段，它应当是多张大小不等的交通网；另一方面，它应当是与陆、空互联互通的、有通信网络与之紧密伴随的多维网络。

历史上的“海上丝路”大致都是线段结构的，如上述“广州—巴士拉”线、“漳州（泉州等）—马尼拉—阿卡普尔科”线。古代“海上丝路”的主要线段分布在上起朝鲜海峡下迄阿拉伯海的上弦月线路上。我们也称其为“海上丝绸之路月牙”❹（可以进一步简称为“月牙海丝”，即“月牙形海丝”）。现代“海上丝路”建设应努力把“线段”变成“闭环”，把“线”变成“网”，而且应当根据需要建立多张交通网。

---

❶ 张难生、叶显恩：《海上丝绸之路与广州》，《中国社会科学》1992年第1期。

❷ 陈炎：《略论海上“丝绸之路”》，《历史研究》1982年第3期。

❸ 习近平：《弘扬人民友谊，共创美好未来——在纳扎尔巴耶夫大学的演讲》，《人民日报》2013年9月8日，第3版。

❹ 于铭、徐祥民：《海上丝绸之路的布局和结构》，《湘潭大学学报》（哲学社会科学版）2015年第5期。

（一）现代“海上丝路”亚欧大陆闭环

习近平总书记在向东盟国家发出共建现代“海上丝路”倡议时，讨论的中心是以“东南亚地区”为“重要枢纽”的“海上丝绸之路”❶，也就是“月牙海丝”。这样的“海上丝路”以及陆上“丝绸之路”还只是“我国同中亚、东南亚、南亚、西亚、东非、欧洲经贸和文化交流的大通道”❷。在正式展开包括现代“海上丝路”建设在内的“一带一路”建设之后，在建设“一带一路”倡议得到全世界的普遍赞同和广泛支持之后，现代“海上丝路”就明显不限于历史上的“海上丝绸之路”了。国家发展改革委、外交部、商务部编制的《推动共建丝绸之路经济带和21世纪海上丝绸之路的愿景与行动》（以下简称《“一带一路”愿景与行动》）为“一带一路”建设设计的“框架思路”是“贯穿亚欧非大陆”，提出的要求之一是“致力于亚欧非大陆及附近海洋的互联互通”❸。

按照“贯穿”亚欧大陆这个提法，现代“海上丝路”建设应当构建环绕亚欧大陆的海路闭环。

“月牙海丝”从中国东部、东南沿海出发，到阿拉伯海地区结束。苏伊士运河的开凿，使“月牙海丝”得以沿红海过苏伊士运河到地中海，再由地中海出直布罗陀海峡入大西洋。到这里，现代“海上丝路”就已经是跨越三大洋——太平洋、印度洋、大西洋——的漫长海洋航线了。进入大西洋的现代“海上丝路”可以沿欧洲大陆外缘北上进入北冰洋。随着北极航线的逐步开通，已

---

❶ 习近平：《携手建设中国—东盟命运共同体——在印度尼西亚国会的演讲》，载习近平：《论坚持推动构建人类命运共同体》，中央文献出版社，2018，第52页。

❷ 《习近平主持召开中央财经领导小组第八次会议强调，加快推进丝绸之路经济带和21世纪海上丝绸之路建设》，《光明日报》2014年11月7日，第1版。

❸ 国家发展改革委、外交部、商务部：《推动共建丝绸之路经济带和21世纪海上丝绸之路的愿景与行动》，载《十八大以来重要文献选编》（中），中央文献出版社，2018，第443-445页。

经进入北冰洋的现代“海上丝路”可以经北极航线，穿越白令海峡再入太平洋，进入太平洋边缘海鄂霍次克海，经鄂霍次克海、日本海过朝鲜海峡，进入黄海，回到我国大陆东岸。这样，从中国东部沿海、东南沿海出发的“海上丝路”就构成了一个环绕亚欧大陆的海路闭环。按照把古代海上丝绸之路比作“月牙海丝”的说法，环绕亚欧大陆的海路闭环则是“海上丝绸之路满月”，即“满月形海上丝路”。我们可以称为“满月海丝”。

从近十年来“一带一路”建设的成就看，建设“满月海丝”不仅是可行的，而且也是必要的。从2013年提出“一带一路”倡议起，“一带一路”沿线许多国家陆续与我国达成共建协议或其他形式的共识，参加“一带一路”共建活动。到2017年5月中旬召开“‘一带一路’国际合作高峰论坛”时，蒙古国、巴基斯坦、尼泊尔、克罗地亚、黑山、波黑、阿尔巴尼亚、东帝汶、新加坡、缅甸、马来西亚等11个国家与我国签署“政府间‘一带一路’合作谅解备忘录”，联合国开发计划署、联合国工业发展组织、联合国人类住区规划署、联合国儿童基金会、联合国人口基金、联合国贸易与发展会议、世界卫生组织、世界知识产权组织、国际刑警组织等9个国际组织与我国政府签署“‘一带一路’合作文件”，联合国欧洲经济委员会、世界经济论坛、国际道路运输联盟、国际贸易中心、国际电信联盟、国际民航组织、联合国文明联盟、国际发展法律组织、世界气象组织、国际海事组织等10个国际组织与我国政府有关部门签署“‘一带一路’合作文件”。此外，中国政府与匈牙利政府签署关于共同编制中匈合作规划纲要的谅解备忘录，中国政府与老挝政府、柬埔寨政府签署共建“一带一路”政府间双边合作规划，中国国家发展和改革委员会与希腊经济发展部签署《中希重点领域2017—2019年合作计划》，中国国家发展和改革委员会与捷克工业和贸易部签署关于共同协调推进“一带一路”倡议框架下合作规划及项目实施的谅解备忘录。❶ 在这期间，中国与俄罗斯联邦发表了《关于丝绸之路经济带建设和欧亚经济联盟建设对接合作的联合声明》（2015 年 5 月 9 日），❷ 中国政府与哈萨克斯坦共和国政府制订了《关于“丝绸之路经济带”建设与“光明之路”新经济政策对接合作规划》（2016 年 9 月 2 日），❸ 中国和东盟发表了《第 19 次中国—东盟领导人会议暨中国—东盟建立对话关系 25 周年纪念峰会联合声明》（2016 年 9 月 7 日）。❹ 虽然参与“一带一路”建设的国家以亚洲国家居多，如蒙古国、巴基斯坦、尼泊尔、新加坡、缅甸、马来西亚、东帝汶、老挝、柬埔寨等，但欧洲国家也已达到相当大的数量，包括俄罗斯、克罗地亚、黑山、波黑、阿尔巴尼亚、希腊、匈牙利、捷克等。到 2019 年 4 月召开第二届“一带一路”国际合作高峰论坛时，情况出现了更加明显的改善。参与“一带一路”建设的欧洲国家已经达到四十多个。其中包括俄罗斯、克罗地亚、黑山、波黑、阿尔巴尼亚、希腊、匈牙利、捷克、❺ 卢森堡、意大利、塞浦路斯、❻

---

❶ 《“一带一路”国际合作高峰论坛成果清单》，《人民日报》2017 年 5 月 16 日，第 5 版。

❷ 《关于丝绸之路经济带建设和欧亚经济联盟建设对接合作的联合声明》，《人民日报》2015 年 5 月 9 日，第 2 版。

❸ 《中华人民共和国政府和哈萨克斯坦共和国政府关于“丝绸之路经济带”建设与“光明之路”新经济政策对接合作规划》，中国一带一路网，https：//www. yidaiyilu. gov. cn/yw/qwfb/2163. htm，访问日期：2020 年 2 月。

❹ 《第 19 次中国—东盟领导人会议暨中国—东盟建立对话关系 25 周年纪念峰会联合声明》，中央人民政府网，http：//www. gov. cn/xinwen/2016 - 09/08/content_5106302. htm，访问日期：2020 年 2 月。

❺ 以上国家在第一届“‘一带一路’国际合作高峰论坛”时已经参加“一带一路”建设。

❻ 我国政府与其政府签署“共建‘一带一路’谅解备忘录”。参见《第二届“一带一路”国际合作高峰论坛成果清单》第二类“在高峰论坛期间或前夕签署的多双边合作文件”，《人民日报》2019 年 4 月 28 日，第 5 版。

塞尔维亚、❶ 瑞典、❷ 格鲁吉亚、白俄罗斯、亚美尼亚、❸ 保加利亚、拉脱维亚、萨尔瓦多、❹ 奥地利、瑞士、❺ 希腊、❻ 德国、❼ 马耳他、❽ 芬兰、❾ 斯洛文尼亚、比利时、西班牙、荷兰、丹麦、罗

---

❶ 其政府与我国政府签署“共建‘一带一路’合作规划或行动计划”。参见《第二届“一带一路”国际合作高峰论坛成果清单》第二类“在高峰论坛期间或前夕签署的多双边合作文件”，《人民日报》2019 年 4 月 28 日，第 5 版。

❷ 其政府与我国政府签订“税收协定和议定书”。参见《第二届“一带一路”国际合作高峰论坛成果清单》第二类“在高峰论坛期间或前夕签署的多双边合作文件”，《人民日报》2019 年 4 月 28 日，第 5 版。

❸ 以上国家政府与我国政府签署“交通运输领域合作文件”。参见《第二届“一带一路”国际合作高峰论坛成果清单》第二类“在高峰论坛期间或前夕签署的多双边合作文件”，《人民日报》2019 年 4 月 28 日，第 5 版。我国与白俄罗斯等 7 国签署《中欧班列运输联合工作组议事规则》。

❹ 以上国家政府与我国政府签署“科学、技术和创新领域的合作协定”。参见《第二届“一带一路”国际合作高峰论坛成果清单》第二类“在高峰论坛期间或前夕签署的多双边合作文件”，《人民日报》2019 年 4 月 28 日，第 5 版。

❺ 其国家相关部门与我国国家发展改革委签署“关于开展第三方市场合作的谅解备忘录”。参见《第二届“一带一路”国际合作高峰论坛成果清单》第二类“在高峰论坛期间或前夕签署的多双边合作文件”，《人民日报》2019 年 4 月 28 日，第 5 版。

❻ 我国国家发展改革委与其经济发展部签署“中国－希腊重要领域三年合作计划（2020—2022 年）”。参见《第二届“一带一路”国际合作高峰论坛成果清单》第二类“在高峰论坛期间或前夕签署的多双边合作文件”，《人民日报》2019 年 4 月 28 日，第 5 版。

❼ 我国与该国等 7 国签署《中欧班列运输联合工作组议事规则》。我国国家发展改革委（“一带一路”建设促进中心）与德国西门子股份公司签署“围绕共建‘一带一路’加强合作的谅解备忘录”。参见《第二届“一带一路”国际合作高峰论坛成果清单》第二类“在高峰论坛期间或前夕签署的多双边合作文件”，《人民日报》2019 年 4 月 28 日，第 5 版。

❽ 我国科技部与其科学技术理事会签署“成立联合研究中心、联合实验室的合作文件”。参见《第二届“一带一路”国际合作高峰论坛成果清单》第二类“在高峰论坛期间或前夕签署的多双边合作文件”，《人民日报》2019 年 4 月 28 日，第 5 版。

❾ 我国国家能源局与其经济事务和就业部等签署“能源领域合作文件”。参见《第二届“一带一路”国际合作高峰论坛成果清单》第二类“在高峰论坛期间或前夕签署的多双边合作文件”，《人民日报》2019 年 4 月 28 日，第 5 版。

马尼亚[1]、英国、法国[2]、爱沙尼亚、斯洛伐克、[3] 波兰、[4] 乌克兰、立陶宛、摩尔多瓦、[5] 葡萄牙[6]等。这四十多个欧洲国家都成了“一带一路”的建设者。更为重要的是，在这四十多个欧洲国家中，有处于大西洋边缘和沿岸的英国、葡萄牙、西班牙、法国、比利时、荷兰、德国、丹麦8个国家，有处于北冰洋边缘海波罗的海沿岸的瑞典、波兰、芬兰、爱沙尼亚、俄罗斯、德国（也是北海沿岸国）6国，有属于8个环北极国家的俄罗斯、丹麦、芬兰、瑞典4国。这么多大西洋沿岸国家、北冰洋沿岸国家参加“一带一路”建设，这么多大西洋沿岸国家、北冰洋沿岸国家与中国、东亚国家、东南亚国家、南亚国家、西亚国家、地中海沿岸国家

---

[1] 我国与以上国家等的33个来自政府交通和海关等机构，重要港口企业、港务管理局和码头运营商的代表共同成立“海上丝绸之路”港口合作机制并发布《海丝港口合作宁波倡议》。参见《第二届“一带一路”国际合作高峰论坛成果清单》第三类“在高峰论坛框架下建立的多边合作平台”，《人民日报》2019年4月28日，第5版。

[2] 我国与以上两国等的主要金融机构共同签署《“一带一路”绿色投资原则》。参见《第二届“一带一路”国际合作高峰论坛成果清单》第三类“在高峰论坛框架下建立的多边合作平台”，《人民日报》2019年4月28日，第5版。

[3] 我国生态环境部与以上两国等25个国家环境部门等共同启动“‘一带一路’绿色发展国际联盟”。参见《第二届“一带一路”国际合作高峰论坛成果清单》第三类“在高峰论坛框架下建立的多边合作平台”，《人民日报》2019年4月28日，第5版。

[4] 我国国家知识产权局与其专利局等49个共建“一带一路”国家的知识产权机构共同发布《关于进一步推进“一带一路”国家知识产权务实合作的联合声明》。参见《第二届“一带一路”国际合作高峰论坛成果清单》第三类“在高峰论坛框架下建立的多边合作平台”，《人民日报》2019年4月28日，第5版。

[5] 中国美术馆与以上国家等18个国家的21家美术馆和重点美术机构共同成立丝绸之路国际美术馆联盟。参见《第二届“一带一路”国际合作高峰论坛成果清单》第三类“在高峰论坛框架下建立的多边合作平台”，《人民日报》2019年4月28日，第5版。

[6] 中国再保险集团与葡萄牙忠诚保险集团签署服务“一带一路”建设商业合作谅解备忘录。参见《第二届“一带一路”国际合作高峰论坛成果清单》第四类“投资类项目及项目清单”，《人民日报》2019年4月28日，第5版。

一起参加“一带一路”建设，显示了对“满月海丝”的需求。国家发展改革委、国家海洋局提出的“积极推动共建经北冰洋连接欧洲蓝色经济通道”的“设想”❶ 就反映了这种需求。按照这种需求，现代“海上丝路”建设应当在巩固“月牙海丝”的基础上，加强“海上丝路”向地中海、大西洋西岸的延展，努力实现由大西洋西岸北上和由白令海峡北上的航线之间的对接，经过对北极新航路的拓展，早日建成“满月海丝”。

从建设“满月海丝”的需要来看，我国应当高度关注并积极参与北极航线建设。国家发展改革委和国家海洋局提出的“积极推动共建经北冰洋连接欧洲的蓝色经济通道”，既表达了对北极航道通航的期待，也体现了北极航道对我国的重大价值。

（二）现代“海上丝路”亚欧非大陆闭环

围绕亚欧大陆的“满月海丝”是第一个“海上丝路”闭环——现代“海上丝路”亚欧大陆闭环。如果这个“海上丝路”闭环能够建成，那么，我们便有条件考虑再建设第二个“海上丝路”闭环——环绕亚欧非三大洲的海上航路闭环。

古代的“月牙海丝”在印度洋上出现了向西向南的转向，即以非洲东岸地区为丝路的终点。郑和船队就曾数次到达那里。我们可以把以非洲东岸为终点的海上航线称为“月牙海丝”的东非支线。中国与非洲国家的友好往来，中非之间共建“一带一路”的实践都说明，现代“海上丝路”应当沿“月牙海丝”东非支线向南延伸，跨过非洲南端再沿非洲东岸北上。

❶ 国家发展和改革委员会、国家海洋局：《“一带一路”建设海上合作设想》第三章“合作思路”，《中国海洋报》2017 年 6 月 21 日，第 3 版。

2015年12月25日，由中非合作论坛约翰内斯堡峰会暨第六届部长级会议制定的《中非合作论坛——约翰内斯堡行动计划》宣布："非方欢迎中方推进'21世纪海上丝绸之路'，并将非洲大陆包含在内。双方将推进蓝色经济互利合作。"（第三章《经济合作》第五节《海洋经济》）这标志着中非之间在"一带一路"框架内正式开展海洋经济合作。中非之间在"一带一路"框架内开展海洋经济合作只是中非共建"一带一路"的一个良好开端。到2018年9月，就已经看到由这个良好开端引出的十分丰富的合作成果。2018年9月3日至4日在北京举行的2018年中非合作论坛北京峰会，宣布对"一带一路"倡议所遵循的"共商共建共享原则，遵循市场规律和国际通行规则"，对"一带一路"倡议"坚持公开透明，谋求互利共赢，打造包容可及、价格合理、广泛受益、符合国情和当地法律法规的基础设施，致力于实现高质量、可持续的共同发展"等做法，表示"赞赏"。认为"'一带一路'建设顺应时代潮流，造福各国人民"（第四条第一项）。认定"非洲是'一带一路'历史和自然延伸，是重要参与方"；"中非共建'一带一路'将为非洲发展提供更多资源和手段，拓展更广阔的市场和空间，提供更多元化的发展前景"。双方还一致同意"将'一带一路'同联合国2030年可持续发展议程、非盟《2063年议程》和非洲各国发展战略紧密对接"，"加强政策沟通、设施联通、贸易畅通、资金融通、民心相通，促进双方'一带一路'产能合作，加强双方在非洲基础设施和工业化发展领域的规划合作，为中非合作共赢、共同发展注入新动力"（第四条第二项）。双方还商定，把已经举办了18届的"中非合作论坛"当作"中非共建'一带一路'的主要平台"（第五条第二项）。通过这次论坛，中非共建"一带一路"已经不仅是非洲某个或某几个国家与我国合作，而是

“中非合作论坛”53 个国家一起与我国开展合作；已经不仅是在某些个别领域的合作，而是全方位合作。用《中非合作论坛——北京行动计划（2019—2021 年）》的话说就是“全方位、宽领域、深层次合作”（《序言》第4 条）。按《中非合作论坛——北京行动计划（2019—2021 年）》的规定，中非合作设6 个合作领域、1 个“中非合作论坛”机制。6 个合作领域是：“政治合作”“经济合作”“社会发展合作”“人文合作”“和平安全合作”“国际合作”[1]。这样宽广的合作领域、非洲国家普遍参与这样的合作规模，需要建设更宽敞的路、更便利的路。这样宽广的合作领域、这样巨大的合作规模，用得上从非洲东海岸到西海岸的海上航道。

在从古代“月牙海丝”东非支线南下绕过非洲大陆南端，再沿非洲西岸北上到达非洲大陆北端之后，现代“海上丝路”就形成了沿非洲大陆展开的“U”形段，或非洲“U”形段。现代“海上丝路”非洲“U”形段从非洲北端继续北上，就与“满月海丝”发生重合。在“满月海丝”全线通航的情况下，现代“海上丝路”就形成了以非洲“U”形段为组成部分的环绕亚欧非三大洲的又一个航路闭环——现代“海上丝路”亚欧非大陆闭环。

“海上丝路”亚欧非大陆闭环是将“海上丝路”亚欧闭环嵌于其中的更大的海上航路闭环。两个航路闭环是两个同心圆。它们都以中国大陆为圆心。两个航路闭环是构成局部重合的内环和外环。

---

[1] 《中非合作论坛—北京行动计划（2019—2021 年）》，商务部网站，http：//www. mofcom. gov. cn/article/i/dxfw/gzzd/201809/20180902783477. shtml，访问日期：2020 年2 月7 日。

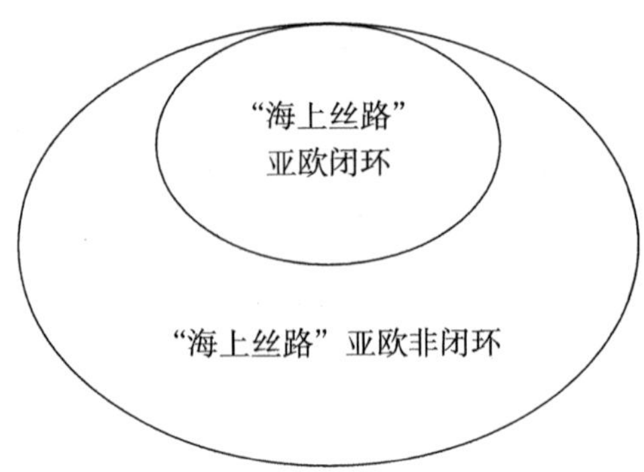

图1 “海上丝路”亚欧大陆闭环与“海上丝路”亚欧非大陆闭环关系示意图

对我国以往的海洋活动历史来说，建设“海上丝路”亚欧非大陆闭环是富有挑战性的。而对于全面实现我国国家倡议的需要来看，我国需要认真参与建设和经营“海上丝路”亚欧非大陆闭环，尤其是这个闭环中离中国大陆最远的一段——非洲大陆西岸段。

（三）现代“海上丝路”太平洋闭环

在我们用“月牙海丝”指代古代“海上丝绸之路”的时候，显然是把大致呈东北—西南走向的“月牙海丝”之外，沿月牙辐射方向展开的，比如朝中南美洲方向延展的航路置于可忽略的地位了。客观上看，把古代“海上丝绸之路”开通的全部历史看作一个整体，在这个整体中，所谓“太平洋航线”是微不足道的细枝末节。今天的世界，是一个“‘压缩’了的世界”，一个“距离变短、海洋变窄”的世界。在今天的世界里，“社会利用”意义上的海洋已经突破了“距离和交通工具的限制”，越来越表现为“同一个海洋世界”❶。在今天这个世界上，太平洋的广阔无垠、太平

❶ 徐祥民：《中国海洋发展战略研究》，经济科学出版社，2015，第115－119页。

洋里的风云变幻等，都不再是对设计航路有决定性否定力的因素。或许，在古代历史上只在短时段和小规模上开通的横跨太平洋的航路还有更大的潜力等待开发。

尽管最初提出建设现代“海上丝路”时想得更多的是“月牙海丝”，尽管开展“海上丝路”共建时我们公开地使用了“贯穿亚欧大陆”或“贯穿亚欧非”等说法，而这两个措辞中既不包含大洋洲国家，也不包含美洲国家。但是，随着“共建”向更深更广发展，有越来越多的大洋洲国家、加勒比海地区和拉丁美洲国家参加到“一带一路”建设中来。从《第二届“一带一路”国际合作高峰论坛成果清单》可以看到，中国与大洋洲国家、中国与加勒比海地区和南美洲国家的合作成果十分丰硕。先看与中美洲国家合作的情况：（1）巴巴多斯政府与我国政府签署了“共建‘一带一路’谅解备忘录”（第二类《在高峰论坛期间或前夕签署的多双边合作文件》第一项）；（2）萨尔瓦多政府、巴拿马政府等与我国政府签署“科学、技术和创新领域的合作协定”（第二类《在高峰论坛期间或前夕签署的多双边合作文件》第六项）；（3）墨西哥能源部与我国科技部签署“科技创新领域的合作文件”（第二类《在高峰论坛期间或前夕签署的多双边合作文件》第二十六项）；（4）危地马拉等25国的国家环境部门与我国生态环境部、相关国际组织等“共同启动‘一带一路’绿色发展国际联盟”（第三类《在高峰论坛框架下建立的多边合作平台》第七项）。再来看我国与大洋洲国家合作的情况：（1）巴布亚新几内亚政府与我国政府签署了“共建‘一带一路’合作规划或行动计划”（第二类《在高峰论坛期间或前夕签署的多双边合作文件》第二项）；（2）新西兰商业、创新与就业部与我国科技部签署“科技创新领域的合作文件”，新西兰等多国会计准则制定机构与我国“共同建立‘一带一路’会计准则合作机制”，并发起《“一带一路”国家关于加强会计准则合作的倡议》（第三类《在高峰论坛框架下建立的多边合作平台》第五项）；（3）斐济等13国33个政府交通和海关等机构，重要港口企业、港务管理局和码头运营商的代表“共同成立‘海上丝绸之路’港口合作机制”，并发布《海丝港口合作宁波倡议》（第三类《在高峰论坛框架下建立的多边合作平台》第一项）；（4）汤加等28个国家与我国建立“‘一带一路’能源合作伙伴关系”（第三类《在高峰论坛框架下建立的多边合作平台》第九项）。接下来看我国与南美洲国家合作的情况：（1）智利政府与我国政府签署“税收协定和议定书”（第二类《在高峰论坛期间或前夕签署的多双边合作文件》第四项），其外交部与我国商务部签署“关于建立贸易救济合作机制的谅解备忘录”（第二类《在高峰论坛期间或前夕签署的多双边合作文件》第二十二项）；（2）巴西科技、创新和通信部与我国工业和信息化部签署“工业和信息通信领域的合作文件”（第二类《在高峰论坛期间或前夕签署的多双边合作文件》第二十七项）；（3）乌拉圭教育文化部与我国科技部签署“成立联合研究中心、联合实验室的合作文件”（第二类《在高峰论坛期间或前夕签署的多双边合作文件》第二十六项）；（4）玻利维亚、苏里南等28个国家与我国建立“‘一带一路’能源合作伙伴关系”（第三类《在高峰论坛框架下建立的多边合作平台》第九项）；（5）阿根廷财政部与我国进出口银行签署“电力项目贷款协议”（第五类《融资类项目》第三项）等。[1]

我们还注意到，2017年9月21日召开的“中国—小岛屿国家海洋部长圆桌会议”发表的《平潭宣言》明确宣布：“鼓励各方积

---

[1] 以上信息出自《第二届“一带一路”国际合作高峰论坛成果清单》，《人民日报》2019年4月28日，第5版。

极推进海上互联互通、促进海洋产业有效对接、构建蓝色经济合作示范区”。“支持中国海上丝绸之路核心区福建等地方政府与岛屿国家加强务实合作，推动建立姊妹关系，共享蓝色经济发展成果”（第二条），❶ 而出席会议的国家，也就是一起发表《宣言》的国家包括斐济、瓦努阿图、巴布亚新几内亚等大洋洲国家。

对我国与大洋洲、加勒比海地区和拉丁美洲开展“一带一路”合作的情况，可以用以下数据来表述：截至 2019 年 4 月，我国已经与新西兰、巴布亚新几内亚、密克罗尼西亚联邦、库克群岛、汤加、萨摩亚、斐济、瓦努阿图等大洋洲国家签署了多份共建“一带一路”合作协议，与 19 个加勒比海地区和南美洲国家签署“‘一带一路’合作谅解备忘录”或其他相关文件。非常明显，“一带一路”建设的快速发展已经大大超出了最初提出“一带一路”建设方案和制定《“一带一路”愿景和行动》时的预期，超出传统概念给“海上丝绸之路”框定的范围。

根据“一带一路”建设实践已经开辟出的广阔天地，现代“海上丝路”还需要建立第三个航路闭环。如上文所述，历史上已有从中国到中美洲的太平洋航线。今天，可以继续走行东向航线（以下称“中国东向航线”）。从中国东部沿海或东南沿海出发，走中国—加勒比航线，到达加勒比海地区，或走中国—南美西海岸航线，中间经过琉球群岛、夏威夷群岛，穿越赤道入南太平洋，到达南美洲西海岸港口。“中国东向航线”可以通过从巴拿马科隆或瓦尔帕莱索、布宜诺斯艾利斯到惠灵顿、悉尼的航线（简称“南美洲—大洋洲航线”），与从我国出发的南向航线对接。南向航线主要指中国—澳大利亚、新西兰航线（简称“中国南向航线”），

---

❶ 《平潭宣言》，中国日报中文网，http://fj.chinadaily.com.cn/2017-09/22/content_32326346.htm，访问日期：2020 年 2 月 7 日。

比如中经琉球群岛、加罗林群岛、所罗门海、珊瑚湖，或经过南海、苏拉威西海、班达海、阿拉弗拉海、托雷斯海峡、珊瑚海，到澳大利亚和新西兰。由“中国东向航线”“中国南向航线”“南美洲—大洋洲航线”共同构成太平洋航路闭环。❶ 我们可以称为现代“海上丝路”太平洋航路闭环。

现代“海上丝路”太平洋航路闭环与现代“海上丝路”亚欧非大陆闭环、现代“海上丝路”亚欧大陆闭环三者存在局部交叉，即发生在南中国海及周边海域的部分重合。

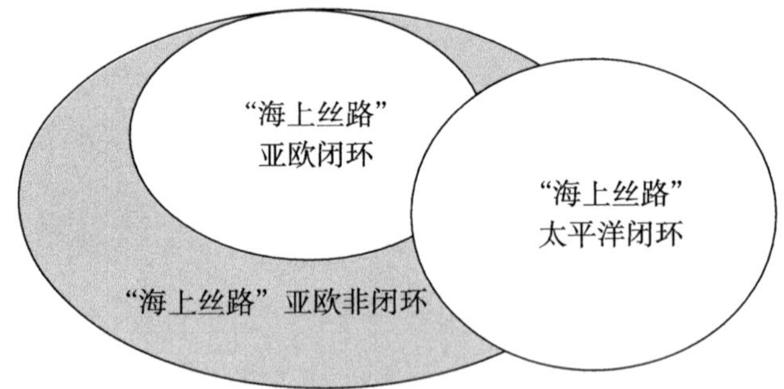

图 2　现代“海上丝路”三大航路闭环局部重合示意图

三、海—陆—空—网多维互联互通之路

按照交通线的概念，现代“海上丝路”应当以上述三个圆环为骨架开展建设。这是按古代“丝绸之路”的样态描述的现代“海上丝路”。这里所说的古代“丝绸之路”的样态就是艰难打通、

---

❶ 这个航路闭环与“经南海向南进入太平洋”的“中国—大洋洲—南太平洋蓝色经济通道”部分重合。参见国家发展和改革委员会、国家海洋局：《“一带一路”建设海上合作设想》第三章“合作思路”，《人民日报》2015 年 3 月 29 日，第 4 版。

艰苦维持的交通线。[1]古代历史上的陆上“丝绸之路”和海上“丝绸之路”都是交通线。现代“海上丝路”不是或不应是“线状”结构的，而是，也应当是网状结构的。这里所说的网状结构是包含三种网络状态的结构。第一种网络结构：平面的网状结构。它表现为多走向交通线连接而成的纵横交错状态。第二种网络结构：立体的网状结构，即存在于三维空间的多走向、不同高层的交通线连接而成的上下纵横交错状态。第三种网络结构：多维的网状结构，即在三维空间网络之外还要添加其他“维度”，且多维之间相互联通的状态。

（一）现代“海上丝路”平面交通网

现代“海上丝路”平面交通网包含两层含义。第一层含义是：由现代“海上丝路”联结的两地、三地或多地，那些“地”都是一个网络，而不是一个点，不管是作为一个港口的点，还是作为一个城市的点。我国农业农村部等四部委制定的《共同推进“一带一路”建设农业合作的愿景与行动》（简称《“一带一路”农业合作愿景与行动》）对“一带一路”两端“一头是活跃的东亚经济圈，一头是发达的欧洲经济圈”[2]的判断说明现代“丝绸之路”连接的不是两个点，而是两个可以称为“经济圈”的区域。这些“经济圈”都是一个“网”，而且是经济活动、社会活动十分活跃的“网”。第二层含义是：由现代“海上丝路”联结而成的网络。建设现代“海上丝路”不是学习古人使有距离且不便走通的两个

---

[1] 习近平同志把张骞通西域称为“凿空之旅”，就反映了那个年代连通之不易。参见习近平：《携手推进“一带一路”建设——在“一带一路”国际合作高峰论坛开幕式上的讲话》，人民出版社，2017，第2页。

[2] 农业农村部、国家发展改革委、商务部、外交部：《共同推进“一带一路”建设农业合作的愿景与行动》第三章《框架思路》，《农民日报》2017年5月12日，第1版。

或多个点实现连通，而是沿“丝路”建成宽阔的网络。习近平总书记在“‘加强互联互通伙伴关系’东道主伙伴对话会”上的讲话提到，建设“丝绸之路”“首先得要有路，有路才能人畅其行、物畅其流”。他这里所说的“路”实际上是“路网”。他接下来说：“中方高度重视联通中国和巴基斯坦、孟加拉国、缅甸、老挝、柬埔寨、蒙古国、塔吉克斯坦等邻国的铁路、公路项目，将在推进‘一带一路’建设中优先部署。”❶ 按这番打算建成的“铁路、公路”构成的是交通网络，而不是简单的两点或多点之间的连通。在2015年亚太经合组织工商领导人峰会的演讲中，习近平提到，“通过‘一带一路’建设，我们将开展更大范围、更高水平、更深层次的区域合作”❷。这里所说的“区域合作”以“一带一路”提供的连接网络为平台。我国政府在对“一带一路”建设的安排上“以交通基础设施为突破”，并把“实现亚洲互联互通”看作是“一带一路”建设的“早期收获”❸，也是把建立交通网络视为实现经济社会文化全面发展的基础。

说起道路交通网，人们都不陌生，而对海上的交通网，尤其是海上交通网建设，理解起来就有点困难。这是因为，在我们的常识中，海上航路是被大自然规定好的，且常常都是非人力所能改变的。其实，大自然规定的海上航路也可以构成网络。我国与朝鲜、韩国、日本、琉球等东亚国家和地区间的海洋交流航线，以及这些国家、地区相互间的海洋交流航线，就构成一个网络。

---

❶ 习近平：《联通引领发展，伙伴聚焦合作》，载《十八大以来重要文献选编》（中），中央文献出版社，2018，第212页。

❷ 习近平：《发挥亚太引领作用，应对世界经济挑战》，《人民日报》2015年11月19日，第1版。

❸ 习近平：《联通引领发展，伙伴聚焦合作》，载《十八大以来重要文献选编》（中），中央文献出版社，2018，第212页。

南中国海周边的菲律宾、文莱、马来西亚、印度尼西亚、越南等国家相互间的海上航线也构成海洋航线网络。而东亚地区、东南亚地区的国家间的海上航线则构成更加复杂的航线网络。

另外，现代“海上丝路”首先是路，其首要功能也是连通，而不是一定保持“海”的纯洁的海路。我们所说的现代“海上丝路”平面交通网，完全可以是由海上航线和陆上交通线构成的交通网络。国务院原总理李克强在参加 2013 年中国—东盟博览会时提到：“铺就面向东盟的海上丝绸之路，打造带动腹地发展的战略支点。”❶ 这个以“海上丝路”“带动腹地”的设想就以海路和陆路的连通为必要条件。在 2013 年 12 月 10 日的中央财经工作会议上，习近平总书记把“一带一路”比喻为给中国这只“大鹏”插上“两只翅膀”。这两只翅膀必须高度协调才能让大鹏“飞得更高更远”❷。非常明显，陆上丝绸之路的“路”在陆上，而海上丝绸之路的“路”在海上。这两只“翅膀”高度协调的基本条件是两路连通。2016 年 8 月 17 日，在推进“一带一路”建设工作座谈会上，习近平总书记不仅再次使用大鹏两翅的比喻，而且明确提出要把“一带一路”当成“一个整体”，“坚持陆海统筹”，陆上丝路与海上丝路“齐头并进”，“两只翅膀都要硬起来”❸。运用习近平总书记使用的“陆海统筹”这一提法，现代“海上丝路”平面交通网就应当是陆海连通的现代交通网。

按“陆海统筹”的提法，现代“海上丝路”平面交通网的建

---

❶ 国家发展改革委、外交部、商务部：《推动共建丝绸之路经济带和 21 世纪海上丝绸之路的愿景与行动·前言》，《人民日报》2015 年 3 月 29 日，第 4 版。

❷ 中央文献研究室编：《习近平关于社会主义经济建设论述摘编》，中央文献出版社，2017，第 247 页。

❸ 中央文献研究室编：《习近平关于社会主义经济建设论述摘编》，中央文献出版社，2017，第 279 页。

设至少需要做以下两点安排。

第一点，作为多航线始发港、中继港、目的港的重点港口与陆上铁路、公路的连接。作为多航线始发港、中继港、目的港的港口本身牵引的是一张海上交通网。这样的港口，比如广州港，一方面与许多港口相连，另一方面与陆上铁路、公路实现便利连接之后，就又成了连接陆上不同城市、地区的交通网的中心。这样的大港口才是现代“海上丝路”平面交通网的真正标志。在这个意义上，现代“海上丝路”就是以既是陆上交通网的中心或重要支点，又是海上交通网的中心或重要支点的重点港口连接形成的海陆交通网。中国的天津港、青岛港、连云港、上海港、广州港等，欧洲的阿姆斯特丹港、汉堡港、安特卫普港等，应当成为现代“海上丝路”平面交通网建设高度关注的港口。

第二点，将与海上航线对接置于陆上交通线选线、建设的重要考量因素。如果说以往的铁路、公路的设计主要考虑把不同城镇、地区连接起来，那么，按现代“海上丝路”平面交通网建设的需要，在铁路、公路等陆上交通线的建设上，应当优先考虑能够与“海上丝路”相连接的建设项目；在铁路、公路等陆上交通线有多个选线方案时，应当优先考虑更便于与“海上丝路”相连接的方案。从中国大连、天津等港口与西伯利亚大陆桥连接进入欧洲，直到大西洋沿岸港口鹿特丹等港口的亚欧大通道，从连云港可以直通英吉利海峡港口的第二亚欧大陆桥等，都是与海上航线对接的最好样板。在中国与希腊“落实两国政府间共建‘一带一路’合作谅解备忘录”中规定的措施之一是实施“比雷埃夫斯港口等合作项目”[1]，也反映

---

[1] 《中华人民共和国和希腊共和国关于加强全面战略伙伴关系的联合声明》第九条，中国政府网，http://www.gov.cn/xinwen/2019-11/12/content_5451074.htm，访问日期：2020年2月7日。

了重要港口在现代“海上丝路”平面交通网中的重要性。

（二）现代“海上丝路”立体交通网

现代“海上丝路”建设既要考虑与陆路的连通，又要考虑与空中航路的连接，也就是要用立体交通的眼光对待交通建设。在这个意义上，现代“海上丝路”建设，就是以上述三大航路闭环为骨架的三维交通网络建设，也是以海上交通为基点的现代交通网络建设。如果说海上交通线的突出特点是其货物运量大、运输成本低，陆路交通线的突出特点是可通过火车、汽车等的转换而使交通网络十分细密，那么，空中交通的突出特点则是迅捷。这三种交通方式各有特点。它们的特点反映了它们之间的互补性。不管是在出现政治动荡时紧急撤侨，还是救险、抗疫，等等，都能充分显现空中交通的优势。

现代“海上丝路”立体交通网空中交通环节建设，一方面是提高我国对外空中运输能力，包括开辟更多航线，增加运输能力；另一方面则是加强与相邻或相关国家和地区的合作。《中国—东盟航空运输协定》及其议定书为加强中国和东盟国家之间的空中交通提供了法律框架。中国与哈萨克斯坦双方“加强机场基础设施建设和空管合作”，“推动建立健全两国航空主管部门的沟通机制，加快航权谈判，加密国际航线航班，优化完善航线网络，提高航空通达水平”❶，则是在空中交通建设上更加具体的合作。2015 年中非合作论坛制定的“在航空市场准入方面相互支持”，“鼓励和支持双方空运、海运企业建立更多连接中国与非洲的航线”，“鼓

❶ 《中华人民共和国政府和哈萨克斯坦共和国政府关于“丝绸之路经济带”建设与“光明之路”新经济政策对接合作规划》，中国一带一路网，https：//www.yidaiyilu.gov.cn/yw/qwfb/2163.htm，访问日期：2020 年 2 月 7 日。

励和支持有实力的中国企业投资非洲港口、机场和航空公司”❶ 等“行动计划”，非常符合现代“海上丝路”立体交通网建设的需要。

与重要海港对于海上交通网络和现代“海上丝路”平面交通网络具有重要价值相类似，联系多航线的大型国际空港也是现代“海上丝路”立体交通网建设必须关注的重点。比如，我国和俄罗斯、蒙古国商讨“依托蒙古国乌兰巴托‘赫希格特’国际机场建设区域航空枢纽”❷ 就是选准了一个值得关注的“重点”。

（三）现代“海上丝路”多维互联互通网络

作为以海上交通为基点的现代交通网络的现代“海上丝路”，它的建设还不只是有形的三维交通网络建设，它还应当包含通信和比通信更宽广的信息传输网络建设。《“一带一路”愿景与行动》规划的合作重点之一就是信息传输网络建设。《“一带一路”愿景与行动》规定：“共同推进跨境光缆等通信干线网络建设，提高国际通信互联互通水平，畅通信息丝绸之路。加快推进双边跨境光缆等建设，规划建设洲际海底光缆项目，完善空中（卫星）信息通道，扩大信息交流与合作。”❸ 这里所说的“信息丝绸之路”就是丝绸之路建设框架内的“信息”之路。而在现代“海上丝路”建设目标下，我们要做的就是建设“信息海上丝路”，就是现代“海上丝路”中的信息工程。

在近几年取得的“一带一路”建设成就中，一项不容忽视的

---

❶ 《中非合作论坛—约翰内斯堡行动计划》第三章第三节第六条，中非合作论坛网，https：//www. focac. org/chn/zywx/zywj/t1327766. htm，访问日期：2020 年 2 月 7 日。

❷ 《中华人民共和国、俄罗斯联邦、蒙古国发展三方合作中期路线图》，《人民日报》2015 年 7 月 10 日，第 3 版。

❸ 国家发展改革委、外交部、商务部：《推动共建丝绸之路经济带和 21 世纪海上丝绸之路的愿景与行动》，《人民日报》2015 年 3 月 29 日，第 4 版。

成就就是“信息丝路”或“数字丝路”建设。2019 年 10 月 13 日我国和尼泊尔发表的联合声明宣称：“双方积极评价中尼跨境光缆的开通，愿在此基础上进一步加强信息通信领域互利合作。”❶2019 年 4 月，在第二届“一带一路”国际合作高峰论坛期间，我国和匈牙利达成的双边合作项目是关于“数字丝绸之路”的“双边行动计划”❷。在这方面，中国和东盟的合作成就更加突出。《中国—东盟信息通信技术合作的谅解备忘录》《落实中国—东盟面向共同发展的信息通信领域伙伴关系北京宣言的行动计划》等，都是中国和东盟双方加强信息传输网络建设的重要举措。❸

我国在信息技术、通信技术，尤其是卫星通信领域有明显优势，在现代“海上丝路”多维互联互通网络建设中应当充分发挥我国优势。

四、结语（“现代海丝”的世界意义）

把我们居住的地球用大西洋（比如西经 30°）做裁刀分割展开为一张平面图，这个地球的中心线为东经 150°。其顶端是俄罗斯的鄂霍次克，底端是澳大利亚东部的昆士兰、新南威尔士。由这条分界线向东 90°（以西经 120°为边界），大部分为海洋。这片海洋被海洋学家、地理学家划分为北太平洋和南太平洋。在它们中间散布着一些小国，国际关系学界一般称它们为太平洋岛国。由

---

❶ 《中华人民共和国和尼泊尔联合声明》第五条，《人民日报》2019 年 10 月 14 日，第 2 版。

❷ 《第二届“一带一路”国际合作高峰论坛成果清单》第二类《在高峰论坛期间或前夕签署的多双边合作文件》，《人民日报》2019 年 4 月 28 日，第 5 版。

❸ 《中国—东盟战略伙伴关系 2030 年愿景》提出的“提升数字互联互通”（第二十二条）是对此前达成的相关协议的进一步加强。参见：《中国—东盟战略伙伴关系 2030 年愿景》，《人民日报》2018 年 11 月 16 日，第 6 版。

这条分界线向西90°（以东经60°为边界），其上部的主要部分是欧亚大陆，其下部的主要部分是大洋洲和印度洋。如果以东经150°为中间线，从西经120°到东经60°的180°经线范围内的区域称为中心区域，那么，在中心区域的两侧是以下两个区域：一个是中心区东侧区域。该区域是围绕加勒比海这个中心的美洲大陆，包括北美洲、南美洲。当然，也可以把巴拿马运河两侧连接北美洲和南美洲的陆地部分、加勒比海附近海域中的国家和区域等切出来，称中美洲。如果做这样的切分的话，“东侧区域”由北向南的三部分即北美洲、中美洲、南美洲，故可称“美洲区域”。另一个是中心区西侧区域。该区域包括地中海和围绕地中海的欧洲中西部和西亚、北非及大西洋沿岸海岛。“西侧区域”的地理中心是地中海，故可称“地中海区域”。

在工业产品在世界范围内的流通成为人类经济生活和社会生活的常态甚至主流形态以来的人类历史上，最初（第一次世界大战前后，包括此次世界大战之前的一个较长时期）是“地中海区域”引领世界，接下来（大致为第二次世界大战之后）是“美洲区域”在世界舞台扮演主角。“地中海区域”引领世界时期，地中海北岸、大西洋东岸、北冰洋南岸是主战场。而“美洲区域”扮演世界舞台主角时期，由巴拿马运河联通的大西洋和太平洋是中心舞台。在全世界普遍工业化后，在世界各国被无所不在、无处不密的信息网络普遍覆盖的历史条件下，人类“日益增长的美好生活需要”的增强要求各国走进更广大的世界，而不是关闭国门各自经营；无法拒绝的“利益高度融合，彼此相互依存”的“命运共同体”[1] 要求各国走进更紧密的世界，而不是偶尔点缀一点对

[1] 习近平：《共担时代责任，共促全球发展——在世界经济论坛2017年年会开幕式上的主旨演讲》，《人民日报》2017年1月18日，第3版。

外交往。陆海兼备的“中心区域”适合这样的“历史条件”。“中心区域”覆盖世界上最大的陆地（亚欧大陆）的绝大部分。由于苏伊士运河已经将红海和地中海联通，又由于北极航线通航距离不断延长，有望沿欧亚大陆北缘实现太平洋、北冰洋和大西洋的联通，“中心区域”西部（也就是亚欧大陆部分）将成为“满月形海上丝绸之路”环绕的区域。“满月形海上丝绸之路”环绕的“中心区域”亚欧大陆部分既能利用“海洋上的机动性”，又能发挥大大超越“马和骆驼的机动性”❶ 的由纵横交错的铁路网承载的高铁的优越性，还便于编排空中交通网络。

英国地理学家哈·麦金德曾将“欧亚心脏地带”看作是“世界政治”的“枢纽区域”。“中心区域”在地理上超出哈·麦金德“欧亚心脏地带”❷ 的地理范围，能够更早地迎接东方升起的太阳，也能更真切地感受赤道的热浪和风暴。

三大航路闭环及以其为基础的多张多维交通、联通网络建设对我国的“一带一路”倡议的成败具有关键作用，将对世界舞台地理变迁产生重大影响。我们应当用建设三大航路闭环及以其为基础的多张多维交通、联通网络的扎实行动迎接中华巨龙腾飞的时刻与世界舞台地理变迁两者的时空交汇。

---

❶ 哈·麦金德：《历史的地理枢纽》，林尔蔚、陈江译，商务印书馆，1985。
❷ 哈·麦金德：《历史的地理枢纽》，林尔蔚、陈江译，商务印书馆，1985。

关于实施“和谐海洋”建设战略的思考*

于　铭

（中国海洋大学　青岛　266100）

摘　要：“和谐海洋”的内涵是指在海洋事务的处理上，各国间关系是和谐的，它以世界和平为前提。实施“和谐海洋”建设是因为中国和世界需要和平、中华民族爱好和平，同样也是因为和平是中国同世界各国一起努力可以维护的。在当今世界动荡的大背景下，我国建设“和谐海洋”战略安排面临着挑战。中国一贯奉行不称霸的承诺，推动构建新型的国际关系以实现与他国共赢。

关键词：和谐海洋　和平　新型国际关系　共赢

在以往的研究中，有专家给我国的海洋政治战

---

* 本文系教育部哲学社会科学研究重大课题攻关项目“新时期中国海洋战略研究”（项目批准号：13JZD041）的研究成果。

【作者简介】于铭，山东青岛人法学博士，中国海洋大学法学院副教授。

略设计的“首要战略步骤”是“建设和谐海洋”❶。在我国进入中国特色社会主义新时代之后，我们认为，中国海洋战略仍然应当把和谐海洋建设作为重要战略布局来安排。这样的安排既符合中国一贯的和平外交政策，也是实现中华民族伟大复兴的中国梦的需要。

一、对和谐海洋的一般认识

“建设和谐海洋”是胡锦涛同志于 2009 年 4 月 23 日在中国人民解放军海军成立 60 周年庆祝会上的讲话中提出的。“和谐海洋”中的“和谐”指的是相关国家（地区）间彼此呼应、相互配合的协调关系。不同国家的“海军之间的交流”、不同国家开展“国际海上安全合作”等都与“和谐”的指向一致，因而“对建设和谐海洋具有重要意义”。胡锦涛同志所说的“和谐海洋”是“和谐世界”的组成部分。在海洋事务的处理上，各国间关系是和谐的，这是“和谐海洋”的内涵。在各项国际事务的处理上，各国间关系都是和谐的，这是“和谐世界”的状态。从“和谐海洋”与“和谐世界”之间的部分与整体的关系上看，“推动建设和谐海洋”也是“建设和谐世界的重要组成部分”。

不管是“和谐海洋”，还是“和谐世界”，都以“和平”为前提，都是“和平”条件下的国际关系状态。胡锦涛同志讲话中的“和谐世界”是“持久和平、共同繁荣的和谐世界”❷。在这个意义上，“建设和谐海洋”表达了对“和平”的追求，是立足“和

❶ 徐祥民：《中国海洋发展战略研究》，经济科学出版社，2015，第 339 页。

❷ 《胡锦涛会见参加中国海军成立 60 周年庆典活动的 29 国海军代表团团长时的讲话》，《人民日报》2009 年 4 月 24 日，第 1 版。

平”的海洋战略规划。[1] 在“和谐海洋”与“和谐世界”之间部分与整体关系的意义上，“建设和谐海洋”是服务于实现世界“和平”、建设“和谐世界”目标[2]的战略安排。

二、和平是中国和世界的共同需要

在我国发展的新时期，在海洋事务的处理上，我国依然应当作建设和谐海洋的战略安排。主要理由如下。

（一）实施“和谐海洋”建设，是因为中国需要和平

从1978年启动的改革开放给我国带来了胜利，带来了民族复兴圆梦的希望。改革开放四十多年来，我国在思想路线、政治发展道路、执政党建设、文化建设、生态文明建设、军队建设、祖国统一等方面都取得了举世瞩目的伟大成就。在经济建设上，“现在我国是世界第二大经济体、制造业第一大国、货物贸易第一大国、商品消费第二大国、外资流入第二大国，我国外汇储备连续多年位居世界第一”。在社会保障和改善民生方面，“全国居民人均可支配收入由171元增加到2.6万元，贫困人口累计减少7.4亿人，我国建成了包括养老、医疗、低保、住房在内的世界最大的社会保障体系。我国社会大局保持长期稳定，成为世界上最有安全感的国家之一”[3]。如此巨大的成就是怎样取得的，从中我们得

---

[1] 也有研究者把“和谐海洋”解释为国内建设中的“和谐社会”等。参见徐祥民：《中国海洋发展战略研究》，经济科学出版社，2015，第339页。

[2] 习近平同志也将和平的国际关系下的世界称为“和谐世界”。2014年11月17日，他在澳大利亚联邦议会发表的演讲中就谈道：“中国人民坚持走和平发展道路，也真诚希望世界各国都走和平发展这条道路……携手建设持久和平、共同繁荣的和谐世界”。参见习近平：《论坚持推动构建人类命运共同体》，中央文献出版社，2018，第191页。

[3] 习近平：《在庆祝改革开放40周年大会上的讲话》，《人民日报》2018年12月19日，第2版。

到的基本经验是什么？习近平同志告诉我们：“40年的实践充分证明，改革开放是党和人民大踏步赶上时代的重要法宝，是坚持和发展中国特色社会主义的必由之路，是决定当代中国命运的关键一招，也是决定实现‘两个一百年’奋斗目标、实现中华民族伟大复兴的关键一招。”❶ 习近平同志所说的“关键一招”有两个基本动作：一个是改革；一个是开放。所以，今天，面向未来，我国应当用好这件“法宝”。除了继续高举改革的旗帜，我们应当“坚持对外开放的基本国策，实行积极主动的开放政策，形成全方位、多层次、宽领域的全面开放新格局”❷。

开放以国际和平为必要条件。在战乱频仍的年代，任何一个国家都不可能从容地实行开放政策。在国家利益、民族利益面临战争威胁的条件下，实行开放无疑是自寻死路。正是依据对国际和平与我国走开放之路而致富强之间关系的这一判断，习近平同志认定：“中国需要和平。”“中国最需要和谐稳定的国内环境与和平安宁的国际环境，任何动荡和战争都不符合中国人民根本利益。”❸ 正是依据对国际和平与我国自身发展的现实需要之间关系的上述判断——“实现中国梦离不开和平的国际环境和稳定的国际秩序”，党的十九大把“坚持推动构建人类命运共同体”确定为十四条“基本方略”之一，宣布“始终不渝走和平发展道路、奉行互利共赢的开放战略”，“始终做世界和平的建设者”❹。

---

❶ 习近平：《在庆祝改革开放40周年大会上的讲话》，《人民日报》2018年12月19日，第2版。

❷ 习近平：《在庆祝改革开放40周年大会上的讲话》，《人民日报》2018年12月19日，第2版。

❸ 习近平：《论坚持推动构建人类命运共同体》，中央文献出版社，2018，第191页。

❹ 习近平：《决胜全面建成小康社会，夺取新时代中国特色社会主义伟大胜利——在中国共产党第十九次全国代表大会上的报告》，人民出版社，2017，第25页。

（二）实施“和谐海洋”建设，是因为中华民族爱好和平

“中国需要和平”不只是因为需要发展，而是因为中国人民选择的是和平发展道路；“中国需要和平”，中国坚持走和平发展的道路，是因为中国人民历来爱好和平。

习近平同志在澳大利亚联邦议会发表的演讲中指出：“中国人民珍惜和平，中华民族历来是爱好和平的民族。中国人自古崇尚‘以和为贵’、‘己所不欲，勿施于人’等思想。”❶ 中华民族数千年的发展历史就是这样写的。毫无疑问，“古代中国曾经是世界强国”。但是，中国这个世界强国“对外传播的是和平理念，输出的是丝绸、茶叶、瓷器等丰富物产”❷，从来“没有留下殖民和侵略他国的记录”❸。

作为世界强国的中国之所以只作为先进文化和“丰富物产”的输出国，而不走武装夺取、军事占领的道路，是因为“和平、和睦、和谐的追求深深植根于”其“精神世界”。中华民族“自古就倡导‘强不执弱，富不侮贫’”，深知“国虽大，好战必亡”的道理。❹ 2014 年 3 月 28 日，习近平主席在德国科尔伯基金会的演讲中谈道：“一个民族最深沉的精神追求，一定要在其薪火相传的民族精神中进行基因测序。有着五千多年历史的中华文明，始终崇尚和平，和平、和睦、和谐的追求深深植根于中华民族的精神世界之中，深深溶化在中国人民的血脉之中。”❺ 爱好和平是中华民族的民族精神，走和平发展之路是中华民族爱好和平的民族精

---

❶ 习近平：《论坚持推动构建人类命运共同体》，中央文献出版社，2018，第 191 页。
❷ 习近平：《论坚持推动构建人类命运共同体》，中央文献出版社，2018，第 156 页。
❸ 习近平：《在德国科尔伯基金会的演讲》，《人民日报》2014 年 3 月 30 日，第 2 版。
❹ 习近平：《论坚持推动构建人类命运共同体》，中央文献出版社，2018，第 156 页。
❺ 习近平：《在德国科尔伯基金会的演讲》，《人民日报》2014 年 3 月 30 日，第 2 版。

神的自然外化。

中华民族爱好和平的传统、追求和平的理念既来自对好战亡国教训的借鉴,❶ 也来自对自身遭遇的深刻体验。近代中国遭遇了由西方列强入侵造成的一百多年的“动荡与战火”。在那个年代,“国家的发展、人民的幸福根本无从谈起”❷。对这段屈辱的历史,对由“战争和动荡带来的苦难”,中国人民“有着刻骨铭心的记忆”❸。按照中国先贤贡献给后人、贡献给世界的“己所不欲,勿施于人”的思想,“中国人民绝不会将自己曾经遭受过的悲惨经历强加给其他国家和民族”❹。

（三）实施“和谐海洋”建设，是因为世界需要和平

中国需要和平,走和平发展道路的中国为了实现发展需要一个和平的世界。今天的中国要实施和谐海洋建设,是因为走和平发展道路的中国需要和平,也是因为当今的世界需要和平。

一方面,世界上许多民族都是爱好和平的,在其文化中也潜藏着和平的文化基因。这是世界和平发展的文化推动力。习近平主席在印度世界事务委员会的演讲《携手追寻民族复兴之梦》中谈道:“中华民族主张的‘天下大同’和印度人民追求的‘世界一家’、中华民族推崇的‘兼爱’和印度人民倡导的‘不害’是相通

---

❶ 习近平主席还曾把好战必亡上升为历史规律。2013 年 1 月 28 日,在十八届中共政治局第三次集体学习时他就谈道:“世界潮流,浩浩荡荡,顺之者昌,逆之者亡。纵观世界历史,依靠武力对外侵略扩张最终都是要失败的。这是历史规律。”参见习近平:《更好统筹国内国际两个大局,夯实走和平发展道路的基础》,载习近平:《论坚持推动构建人类命运共同体》,中央文献出版社,2018,第 2 页。

❷ 习近平:《论坚持推动构建人类命运共同体》,中央文献出版社,2018,第 191 页。

❸ 习近平:《共同创造亚洲和世界的美好未来》,人民出版社,2013,第 8 页。

❹ 习近平:《迈向命运共同体,开创亚洲新未来》,载《论坚持推动构建人类命运共同体》,中央文献出版社,2018,第 211 页。

的，我们都把‘和’视为天下之大道，希望万国安宁、和谐共处。”[1] 习近平同志在布鲁日欧洲学院的演讲中谈道：“中国主张‘和而不同’，而欧盟强调‘多元一体’。”两者都支持有差异但又有共同点的文明之花“竞相开放”[2]。这些都是促使世界各国走和平发展道路的文化基因。

另一方面，充分考虑经济、政治、军事、宗教、社会等影响国际关系发展的因素，我们仍然可以对近期的国际局势做符合我国发展需要的乐观估计。党的十九大报告估计：“世界正处于大发展大变革大调整时期，和平与发展仍然是时代主题。世界多极化、经济全球化、社会信息化、文化多样化深入发展，全球治理体系和国际秩序变革加速推进，各国相互联系和依存日益加深，国际力量对比更趋平衡，和平发展大势不可逆转。”[3]

说当今的世界需要和平，重要依据之一是世界各国已经不由自主地走进一个“命运共同体”。2014 年 3 月 27 日，习近平同志在联合国教科文组织总部的演讲中指出：“当今世界，人类生活在不同文化、种族、肤色、宗教和不同社会制度所组成的世界里，各国人民形成了你中有我、我中有你的命运共同体。”[4] 在此之前，习近平同志还把人类命运共同体比喻为“地球村”。2013 年 3 月 23 日，在俄罗斯莫斯科国际关系学院的演讲中，习近平主席谈道：“这个世界，各国相互联系、相互依存的程度空前加深，人类生活

---

[1] 习近平：《论坚持推动构建人类命运共同体》，中央文献出版社，2018，第 156 页。

[2] 习近平：《在布鲁日欧洲学院的演讲》，载习近平：《论坚持推动构建人类命运共同体》，中央文献出版社，2018，第 103 页。

[3] 习近平：《决胜全面建成小康社会，夺取新时代中国特色社会主义伟大胜利——在中国共产党第十九次全国代表大会上的报告》，人民出版社，2017，第 58 页。

[4] 习近平：《在联合国教科文组织总部的演讲》，载习近平：《论坚持推动构建人类命运共同体》，中央文献出版社，2018，第 80 页。

在一个地球村里，生活在历史和现实交汇的同一个时空里，越来越成为你中有我、我中有你的命运共同体。”❶ 作为共同体的成员，其发展需要和平的环境；为了给自己赢得和平的发展环境必须努力维护共同体的和平。

（四）实施“和谐海洋”建设，是因为和平是可望的目标

我国要实施和谐海洋建设，是因为和平的国际关系状态是可以争取到的。

早在实行改革开放政策初期，我们党就明确作出“和平与发展”是“世界两大主题”的判断。❷ 几十年过去了，我们对世界主题依然持这样的看法。或者说当今世界的主题依然是“和平与发展”。党的十八大报告在“继续促进人类和平与发展的崇高事业”一章中指出：虽然“当今世界正在发生深刻复杂变化”，但“和平与发展仍然是时代主题”❸。党的十九大报告也认为：“世界正处于大发展大变革大调整时期，和平与发展仍然是时代主题。”❹“和平与发展”的世界主题不会改变，和平发展的大势不可逆转，作出如此推断的重要依据是，维护世界和平的力量，拥抱和平与发展世界主题的力量在增强。两次党的全国代表大会所说的“国际力量对比”中的一种力量就是维护世界和平的力量，拥抱和平与发展主题的力量。

按照上述对命运共同体的分析，因为世界各国都在同一个共

---

❶ 习近平：《顺应时代前进潮流，促进世界和平发展》，载习近平：《论坚持推动构建人类命运共同体》，中央文献出版社，2018，第5页。

❷ 徐祥民：《中国海洋发展战略研究》，经济科学出版社，2015，第120页。

❸ 胡锦涛：《坚定不移沿着中国特色社会主义道路前进，为全面建成小康社会而奋斗》，载《胡锦涛文选》，人民出版社，2016，第650页。

❹ 习近平：《决胜全面建成小康社会，夺取新时代中国特色社会主义伟大胜利——在中国共产党第十九次全国代表大会上的报告》，人民出版社，2017，第58页。

同体中，世界各国或大多数国家都会“同舟共济”，“一起维护世界和平、促进共同发展”❶。我国，作为发展中大国，作为负责任大国，不管是为了自身的发展，为自身争取和平的环境，还是履行大国责任，都要做国际和平的坚定维护者，积极维护世界和平。❷ 正如习近平同志所说，“和平是宝贵的”，和平也“需要维护”❸。我国党和国家领导人也无数次表达过维护世界和平的态度和决心。2013 年 3 月 21 日，在同联合国原秘书长潘基文通电话时习近平主席谈道：中国将“坚定不移促进世界和平与发展”，将“深化同联合国的合作……努力为人类和平与发展事业作出更大贡献”。❹ 中国不仅自己做世界和平的积极维护者，而且希望并动员世界各国也都做和平的维护者、建设者。按照命运共同体成员利益与共同体利益密切相连的逻辑，按照维护和平的力量不断加强的判断，有中国积极维护世界和平，有许多国家与中国一道维护世界和平，和平的前景是可以实现的。

三、坚持“中国特色大国外交”“构建新型国际关系”

我国建设“和谐海洋”战略安排面临着挑战。一方面，正如

---

❶ 习近平：《顺应时代前进潮流，促进世界和平发展》，载习近平：《论坚持推动构建人类命运共同体》，中央文献出版社，2018，第 6 页。

❷ 2014 年 11 月 28 日，习近平同志在中央外事工作会议上的讲话充分表达了中国的“发展利益”与和平的国际环境之间的关系。他说：“为和平发展营造更加有利的国际环境，维护和延长我国发展的战略机遇期”。参见习近平：《中国必须有自己特色的大国外交》，载习近平：《论坚持推动构建人类命运共同体》，中央文献出版社，2018，第 198 页。

❸ 习近平：《中国如何发展？中国发展起来了将是一个什么样的国家?》，载习近平：《论坚持推动构建人类命运共同体》，中央文献出版社，2018，第 191 页。

❹ 习近平：《在同联合国秘书长潘基文通电话时的谈话》，载中共中央党史和文献研究院主编：《习近平关于总体国家安全观论述摘编》，中央文献出版社，2018，第 260 页。

党的十九大报告分析的那样，“世界面临的不稳定性不确定性突出，世界经济增长动能不足，贫富分化日益严重，地区热点问题此起彼伏，恐怖主义、网络安全、重大传染性疾病、气候变化等非传统安全威胁持续蔓延”，这些都是人类共同面临的“挑战”[1]，也是世界和平和和谐海洋建设面临的“挑战”。另一方面，强大的中国与世界或世界相关国家的关系对“和谐海洋”建设也有重大影响。这里既包含世界对正迅速强大起来的中国的猜疑，也包含当今世界格局中强大的国家或者霸权国家对一个正在走向强大的发展中国家的态度。不过，这两个方面可能的或潜藏的阻碍不影响我国做建设“和谐海洋”的战略安排。

（一）中国永远不称霸

我国一直奉行和平外交政策，走和平发展道路。回顾历史，尤其是最近四十年的这段历史，中国不难赢得爱好和平的国家的称号。[2] 但是，我国的和平之路却常常受到一些学者、政客们推断的怀疑。他们认为中国正在变得富有从而在军事上也逐渐变得强大起来，一个强大的中国能不能继续做和平国家就靠不住了。更有甚者，“中国威胁论”成为一些研究者、政客大肆炒作的话题。对此类怀疑[3]，我国党和国家领导人、我国政府已经给予了理直气壮地破解疑惑和批驳谬说的答复。此类怀疑也不足以阻碍我国实

---

[1] 习近平：《决胜全面建成小康社会，夺取新时代中国特色社会主义伟大胜利——在中国共产党第十九次全国代表大会上的报告》，人民出版社，2017，第 58 页。

[2] 对古代中国，外国学者也有作不同评价的。比如，就连郑和下西洋也被一些外国学者说成是侵略。参见刘迎胜：《威尼斯—广州“海上丝绸之路”考察简记》，《中国边疆史地研究》1992 年第 1 期。

[3] 对此类怀疑，习近平同志给予以下评价：“大多数人是由于认知上的误读”，而“少数人”则是“处于根深蒂固的偏见”。参见习近平：《论坚持推动构建人类命运共同体》，中央文献出版社，2018，第 106 页。

施和谐海洋建设战略。

1. 中国必强。改革开放初期，我国的发展目标是实现“四个现代化”。经过四十多年的建设，中国已经沿着“由弱变强”的方向取得了举世瞩目的进步。不管是“制造业第一大国、货物贸易第一大国”，“外汇储备连续多年位居世界第一”，还是“世界第二大经济体”“商品消费第二大国、外资流入第二大国”[1]，都说明，中国已经是一个强国。按照党的十九大的部署，“从2020年到2035年”，我国要“在全面建成小康社会的基础上”通过15年的再“奋斗”，“基本实现社会主义现代化”；“从2035到本世纪中叶”，我国要“建成富强民主文明和谐美丽的社会主义现代化强国”[2]。到那时，不管是2035年，还是21世纪中叶，中国一定是世界强国。

2. 中国永远不称霸。习近平同志曾多次表达过，“中华民族的血液中没有侵略他人、称霸世界的基因”。[3] 毛泽东同志在世时早就向世界表达了中国“不称霸”的庄严选择。“深挖洞、广积粮、不称霸”在我国是妇孺皆知的方针。随着近年来中国渐渐富强起来，我国党和国家领导人反复表达了不谋求霸权，不做霸权国家的态度。2013年9月7日，在首次提出建设“丝绸之路经济带”的讲话中，习近平主席宣布：“中国不谋求地区事务主导权，不经营势力范围。”[4] 2017年1月18日，在联合国日内瓦总部的演讲

---

[1] 习近平：《在庆祝改革开放40周年大会上的讲话》，《人民日报》2018年12月19日，第2版。

[2] 习近平：《决胜全面建成小康社会，夺取新时代中国特色社会主义伟大胜利——在中国共产党第十九次全国代表大会上的报告》，人民出版社，2017，第28页。

[3] 习近平：《中国人民不接受“国强必霸”的逻辑》，载习近平：《论坚持推动构建人类命运共同体》，中央文献出版社，2018，第107页。

[4] 习近平：《共同建设“丝绸之路经济带”》，载《论坚持推动构建人类命运共同体》，中央文献出版社，2018，第43页。

中，习近平主席强调："中国将始终不渝走和平发展道路。无论中国发展到哪一步，中国永远不称霸、永不扩张、永不谋求势力范围。"❶ 党的十九大报告更是以党的全国代表大会的名义宣布："中国无论发展到什么程度，永远不称霸，永远不搞扩张。"❷

不称霸是中国政府的承诺，也是中国政府的实际作为。习近平同志曾谈到过以下情况："中国从一个积贫积弱的国家发展成为世界第二大经济体，靠的不是对外军事扩张和殖民掠夺，而是人民勤劳、维护和平。"❸ 不称霸是中国政府的承诺，也是我国经济社会发展生态文明建设等脚踏实地的规划和实施规划的步调一致的行动。不管是"全面建成小康社会"，还是"基本实现现代化"，抑或是"建成富强民主文明和谐美丽的社会主义现代化强国"，都要靠建立在和平的国际环境之下的战略安排，包括"创新发展""绿色发展"在内的理念的贯彻、全党全国脚踏实地的建设来完成。

3. "国强必霸不是历史定律"，"称霸必败"是历史教训。因为历史上曾经有利用强大军队谋求霸权地位进而谋求贸易垄断或贸易和资源垄断的事例，所以，便把历史上曾经出现过的恶例看作是国际关系的常规。这就是"国强必霸"的逻辑。然而我国绝对不会走向这个逻辑的终点——霸。这是因为，中国文化包含对这条路的抵触。这是因为，中国领导人在发展道路上早已作出了明智的选择。

---

❶ 习近平：《共同构建人类命运共同体——在联合国日内瓦总部的演讲》，《人民日报》2017 年 1 月 20 日，第 2 版。

❷ 习近平：《决胜全面建成小康社会，夺取新时代中国特色社会主义伟大胜利——在中国共产党第十九次全国代表大会上的报告》，人民出版社，2017，第 59 页。

❸ 习近平：《共同构建人类命运共同体——在联合国日内瓦总部的演讲》，《人民日报》2017 年 1 月 20 日，第 2 版。

首先，“国强必霸不是历史定律”❶。因为不存在这样的历史定律，所以，中国领导人不必然选择谋霸。

其次，如果说历史上曾有过靠扩张、掠夺而发迹的国家，曾有过在不同民族、国家间关系的处理上奉行丛林法则的时代，曾出现过按马汉海权论的逻辑靠控制海洋通道来控制世界贸易、控制世界富源成功的霸权国家，那么，那样的时代已经过去，那样的法则早已为文明世界的良法美俗所取代，那些所谓成功的先例早已失去范例的价值。❷

最后，世界上不仅不存在“国强必霸”的定律，相反，世界上存在扩张者必败的规律。习近平同志曾引用过的哈萨克斯坦谚语或许能揭示这条规律的内在力量：“吹灭别人的灯，会烧掉自己的胡子。”❸ 有这样清晰的历史规律，中国肯定不会重蹈覆辙。按习近平同志的说法，“中国不认同‘国强必霸’的陈旧逻辑”。相反，依据对近代现代历史的总结，“殖民主义、霸权主义的老路”“不仅走不通，而且一定会碰得头破血流”❹。这是历史规律，是我国党和国家领导人接受的规律，是中国乐于遵循的规律。

中国不会走“必败”之路。中国选择的道路是必胜之路，这条路就是和平发展、合作共赢。选择这条道路的基本出发点，国家不分大小，地位一律平等的理念。民族、宗教等无尊卑贵贱之分。从这里出发，任何一个国家在寻求自身发展的时候必须承认其他国家民族发展的正当性。接受其他国家、民族发展的正当性，

---

❶ 习近平：《中国始终将周边置于外交全局的首要位置》，载习近平：《论坚持推动构建人类命运共同体》，中央文献出版社，2018，第277页。

❷ 徐祥民：《中国海洋发展战略研究》，经济科学出版社，2015，第119页。

❸ 习近平：《积极树立亚洲安全观，共创安全合作新局面》，载习近平：《论坚持推动构建人类命运共同体》，中央文献出版社，2018，第112页。

❹ 习近平：《在德国科尔伯基金会的演讲》，《人民日报》2014年3月30日，第2版。

我国对自身发展应采取的态度是，“把中国发展与世界发展联系起来”而不是对立起来，“把中国人民利益同各国人民共同利益结合起来”，而不是孤立开来。在积极层面，努力寻求双赢、多赢。2015 年 10 月 21 日，习近平主席在英国伦敦金融城市长欢迎晚宴上的讲话中谈道，“中国将与各国一道，逢山开路、遇河架桥”，因为“世界上的路，只有走的人多了，才会越来越宽广”。[1] 一起“开路”“架桥”，可以共同获益，可以获得单打独斗不可能得到的“益”。中国已经选择了且正健步走在和平发展、合作共赢的大道上，因强而谋霸最后归于失败的悲剧不会在当代中国重演。

（二）推动构建新型国际关系

第二次世界大战结束后不久在苏美、以苏美为代表的两大阵营之间的较量和由此引发的旷日持久的冷战，是现代世界两大强国之间竞争的典型事例，也是解释大国关系无法绕过的难题。在国际关系已经出现明显多极化趋势的时候，人们无法阻断对美国的新对手何时产生、会是谁的探察。在中国成为世界第二大经济体之后，怀疑者自然而然地把中国这个“第二大经济体”看作是美国世界第一地位的威胁者。怀疑者们站在美国立场上，不愿意中国成为第二个苏联，不愿意看到能与美国分庭抗礼的国家，更不愿意中国取代美国成为这个星球上新的“老大”。这些怀疑，这些看法，大抵都源自“冷战思维”，是身处当下的人们运用“冷战”时代的头脑推测出来的紧张态势。就像中国不接受“国强必霸”逻辑一样，今天的中国也不接受“修昔底德陷阱”，或确信“修昔底德陷阱”可以避开。

---

[1] 习近平：《论坚持推动构建人类命运共同体》，中央文献出版社，2018，第 275 页。

2017年11月9日，习近平主席在北京同时任美国总统特朗普共同会见记者时说过这样一句话：“中美都是亚太地区具有重要影响的国家。太平洋足够大，容得下中美两国。”❶ 这句话不只是表达了一个大国领袖的大度，而是道出了中美两大国的和平关系方案。所谓“容得下”，在发展的语境下，就是可以并行不悖，各自发展。美国保持其繁荣，中国圆其复兴梦。这就是和平相处，各自发展的两大国关系。这里没有“修昔底德陷阱”，也不存在“中美之战”。

中国应当努力在国际社会的支持下，建立这样的大国关系。首先，人间正道是共赢。还是与美国原总统特朗普共同会见记者那次，还是在中美关系这个在许多人看来十分棘手的问题上，习近平主席轻松地表达了能够让中国人民、让世界接受中美两大国和平关系方案的基本依据：“对中美两国来说，合作是唯一正确选择，共赢才能通向更好的未来。”❷ 世界上有共赢的路，有多个大国共赢的路，有两大强国共赢的路。习近平主席在庆祝改革开放40周年大会上的讲话中有这样一段：“前进道路上，我们必须高举和平、发展、合作、共赢的旗帜，恪守维护世界和平、促进共同发展的外交政策宗旨，推动建设相互尊重、公平正义、合作共赢的新型国际关系……我们要支持开放、透明、包容、非歧视性的多边贸易体制，促进贸易投资自由化便利化，推动经济全球化朝着更加开放、包容、普惠、平衡、共赢的方向发展。”❸ 不管是

---

❶ 习近平：《中美合作是唯一正确的选择，共赢才能通向更好的未来》，载习近平：《论坚持推动构建人类命运共同体》，中央文献出版社，2018，第495页。

❷ 习近平：《中美合作是唯一正确的选择，共赢才能通向更好的未来》，载习近平：《论坚持推动构建人类命运共同体》，中央文献出版社，2018，第494页。

❸ 习近平：《在庆祝改革开放40周年大会上的讲话》，《人民日报》2018年12月19日，第2版。

"和平、发展、合作、共赢的旗帜"，还是"相互尊重、公平正义、合作共赢的新型国际关系"，抑或是"更加开放、包容、普惠、平衡、共赢"的前进方向，共同的基础是世界上存在"共赢"的道路。因为存在这样的道路，我们国家才把它当作"旗帜"，才主张建立那种类型的国际关系，才积极推动我们这个世界向那个方向发展。

要实现共赢，就需要"构建新型国际关系"，包括构建"新型大国关系"。习近平新时代中国特色社会主义思想的重要内容之一是"明确中国特色大国外交要推动构建新型国际关系，推动构建人类命运共同体"❶。这种"新型国际关系"的主要内容当然是"大国关系"。习近平主席在联合国日内瓦总部的演讲中提到："中国将努力构建总体稳定、均衡发展的大国关系框架，积极同美国发展新型大国关系，同俄罗斯发展全面战略协作伙伴关系，同欧洲发展和平、增长、改革、文明伙伴关系，同金砖国家发展团结合作的伙伴关系。"❷ 不管是中国同美国的关系、同俄罗斯的关系，还是中国同欧洲的关系、同金砖国家的关系，等等，其基本精神是"协调合作"，而实现"协调合作"的办法是寻找或扩大不同国家间的"利益交汇点"。在有了"利益交汇点"之后，各国就可以实现"共赢"，就可以实现国际关系的"总体稳定、均衡发展"。在"总体稳定、均衡发展的大国关系框架"❸ 中，相关国家就可以相安无事地各自寻求自己的发展，中国和美国就可以和平地收获各自的发展利益。

---

❶ 习近平：《决胜全面建成小康社会，夺取新时代中国特色社会主义伟大胜利——在中国共产党第十九次全国代表大会上的报告》，人民出版社，2017，第 71 页。

❷ 习近平：《共同构建人类命运共同体——在联合国日内瓦总部的演讲》，《人民日报》2017 年 1 月 20 日，第 2 版。

❸ 习近平：《决胜全面建成小康社会，夺取新时代中国特色社会主义伟大胜利——在中国共产党第十九次全国代表大会上的报告》，人民出版社，2017，第 59 页。

21世纪海上丝绸之路建设“美丽航线”的法学思考

梅　宏

（中国海洋大学法学院　青岛　266110）

摘　要：基于“海丝”建设的构想提出“美丽航线”的建设目标，赋予“海丝”建设时代新意，强调在“海丝”建设中要注重海洋环境保护与海洋资源的合理开发利用，并基于这一理念展开绿色发展、海洋生态保护、海洋资源合理利用、海洋新疆域有序开发等国际合作。统筹安全与发展，追求健康与和谐，四位一体的价值理念为海上丝绸之路应对“百年未有之大变局”提供了全面、有序的价值指引；通过践行绿色发展之路、推动海洋环境保护国际合作，建设生态安全、海洋健康、和谐合作的海上丝绸之路。

关键词：21世纪“海上丝绸之路”建设　美丽航线　海洋健康　绿色发展　国际合作

【作者简介】梅宏，中国海洋大学法学院教授，中国海洋大学海洋发展研究院研究员。

当今世界正处于“百年未有之大变局”，尤其是近三年世界各国普遍受到新冠疫情的持续困扰，在新旧矛盾交织、风险与不确定性因素频出的复杂形势下，21 世纪“海上丝绸之路”建设（以下简称“海丝”建设）所涉领域，如海上交通、海洋产业、海洋权益、海洋技术应用、海洋环境治理等都不同程度地受到影响，进而危及海洋安全、健康、和谐、发展。[1] 例如，传统航道发生堵塞事件，北极航道获得关注，军用无人潜航器影响海洋权益，核污染水排海计划的执意推进，海洋生态风险此起彼伏，受困于疫情的邮轮运输遭受巨大经济损失，共建国家的营商环境也不太平……这些事件的归因系价值断裂，变局的背后不乏规则困境。“海丝”建设在 21 世纪第三个十年交替之际，需要明确其建设目标，省思其建设的理念与路径。

于此背景下，我国为 21 世纪海上丝绸之路明确建设“美丽航线”的目标，旨在将建设生态文明与美丽中国、谋求国际海洋环境保护合作的行动与成就推广至“海丝”建设中，这有利于向世界传达中国合作共赢、兼容并包的新型海洋观，展现中国为构建海洋命运共同体而建设“美丽航线”的愿景。本文拟阐明“海丝”建设的理念与路径。

一、“美丽”入法的内涵及其时代意义

美是一种能引起情感愉悦的价值。古往今来，尽管不同的时代、不同的国家、不同的个体或人群对于美的内涵、美的标准莫衷一是，但是，人类对于美的追求，几乎不约而同地体现为对至高、至真、至善的热爱与趋近。正因为人性中对美的追求具有趋

---

[1] 梅宏：《“百年未有之大变局”中 21 世纪“海上丝绸之路”建设的理念与路径》，《浙江海洋大学学报》（社会科学版）2022 年第 4 期。

同性，人类社会在不同时空的发展才有普遍认同的价值，对安全、健康、和谐、发展的追求成为可以超越国界、超越意识形态的国际共识。

“美丽中国”被写入党的文件❶之后，学者们纷纷对“美丽中国”的内涵予以解读❷，认为“美丽中国”的“美丽”，作为法治建设的新理念具有高度的创新性、系统性和法治性。❸ 2018 年，“美丽中国”被写入宪法修正案，由此形成以“美丽”为目标，以“生态文明建设”为内容，以“绿色”为发展理念的建设美丽中国的法治体系。

“海丝”建设是我国在世界格局发生复杂变化时主动创造合作、和平、和谐的对外合作环境的有力手段。基于“海丝”建设的全球战略构想提出“美丽航线”的建设目标，赋予“海丝”建设时代新意，强调在“海丝”建设中，要注重海洋环境保护与海洋资源的合理开发利用，并基于这一理念开展绿色发展、海洋生态保护、海洋资源合理利用、海洋新疆域有序开发等国际合作，促进“海丝”建设共建国家和地区的经济、环境与社会可持续发展。

---

❶ “美丽中国”首次出现于党的十八大报告中，党的十八届三中全会、十八届五中全会、十九届四中全会不断强调生态文明建设的价值意义、重要举措和任务目标，为建设美丽中国提供了坚实的政策支持。党的十九大报告中提出我国要在21世纪中叶建设成为富强民主文明和谐美丽的社会主义现代化强国，丰富和拓展了中国特色社会主义的奋斗目标，强调完善生态文明建设体系，建设美丽中国。由此，美丽中国成为新时代中国向世界展现中国在环境资源问题的责任和担当。

❷ 王宇:《习近平建设美丽中国重要论述的内涵阐析》,《中国人口·资源与环境》2022 年第 3 期；虎菲、王万平:《生态文明视域下建设美丽中国的路径研究》,《佳木斯大学社会科学学报》2022 第 3 期；邓伟、宋雪茜:《关于美丽中国体系建构的思考》,《自然杂志》2018 第 6 期；何昕枢:《“美丽中国”建设理论以及实践价值》,《国际公关》2022 第 9 期；李建华、蔡尚伟:《“美丽中国”的科学内涵及其战略意义》,《四川大学学报》(哲学社会科学版) 2013 年第 5 期。

❸ 王子龙:《以“美丽中国”法理念提升草原生态环境法治体系》,《草原与草坪》2018 年第 2 期。

二、“21 世纪海上丝绸之路”建设的理念

“百年未有之大变局”中的“海丝”建设，要做到处惊不变又与时俱进，需要明确其建设理念。有鉴于此，笔者论述其追求的价值理念——安全、发展、健康、和谐，以期为海洋命运共同体构建安全、绿色、进步、和平的美丽航线。

（一）21 世纪“海上丝绸之路”统筹安全与发展

安全强调事物的稳定与平衡，发展强调事物的更新与进步。安全是发展的前提，发展是安全的保障。现代海上丝路建设面临着各种可以预见和难以预见的风险因素，传统安全和非传统安全威胁层出不穷、相互交织。习近平同志以强烈的忧患意识和责任意识，反复强调越开放越要重视安全，越要统筹好发展和安全两件大事，树立总体国家安全观，加强国家安全法治建设。这为 21 世纪“海上丝绸之路”建设指明了方向。

安全是对美好事物的基本要求。对于现代海上丝路建设而言，安全涵盖的领域十分广泛，在强调国家安全的同时，由于现代海上丝路不限于一国的主权和主权权利所及区域，前文已述“海—陆—空—网多维互联互通之路”的范围必然延及他国及国际空间，故“海上丝绸之路”的安全也是国际社会普遍关注的问题，并视海上安全为“美丽航线”的题中应有之义。

海洋安全包括了海洋领土、海洋资源、海洋运输通道等诸多方面的安全。对于我国，海洋安全的意义已经从初期强调领海主权发展到保障综合性海权利益。

学者按照安全议题的性质，将海上丝绸之路区域的安全风险分为传统安全风险和非传统安全风险。前者主要指域外力量对于“海上丝绸之路”区域安全事务的干扰、地区大国对于“海上丝绸

之路”建设的担忧以及区域内国家内部的武装冲突与国家间矛盾；后者主要指恐怖主义、海盗活动、海洋灾害、海上毒品贸易、海洋生态等其他非传统安全。为推动海上丝绸之路安全治理体系建设，我国要立足于自力更生，继续加强我国海上力量的建设，在沿线区域设立战略支点，增强我国在沿线海域安全问题上的话语权；另一方面，在地区安全问题上要加强同美国及地区国家的协调合作，利用各方在非传统安全议题上的共同利益，推动在“海上丝绸之路”区域的合作安全治理。[1]

如果说安全是谋求发展的“底座”，那么，发展就是安全的“加固器”，是对创新与进步不竭的追求。现代海上丝路建设中有序开拓“战略新疆域”，是对新发展理念的践行。深海、外空、极地公域、网络空间等及其中的资源处在国家管辖范围外，是全球公域，又被称为全球新疆域。新疆域中的深远海、极地属于海洋新疆域。[2]“海丝”建设势必涉及太平洋航路、“冰上丝绸之路”等战略新疆域，这是“海丝”建设共建国家拓展战略资源、谋求竞争优势的重要场域。“海丝”建设要统筹安全与发展，应当未雨绸缪地考虑开拓“战略新疆域”，以期为美丽航线建设谋划前景。为此，我国应当积极参与新疆域的最新国际规则制定，参与构建国际规则体系，使之符合“海丝”建设共建国家共同利益。习近平主席高屋建瓴地指出战略新疆域治理的基本原则，即秉持“和平、主权、普惠、共治原则”。和平原则，就是要摒弃冷战思维、零和博弈和双重标准，在充分尊重别国安全的基础上，以合作谋

---

[1] 封帅：《如何保护海上丝绸之路的安全？——海上丝绸之路的安全治理问题浅析》，上海国际问题研究院网站，http://www.siis.org.cn/Research/Info/4037，访问日期：2021年11月16日。

[2] 刘惠荣：《海洋战略新疆域的法治思考》，《亚太安全与海洋研究》2018年第4期。

和平，致力于在共同安全中实现自身安全；维护国家主权与安全是当代国际关系的基本准则，覆盖国与国交往的各个领域，也是“海丝”建设的前提与保障；普惠原则，就是要使“海丝”建设的效益普遍惠及各个地区和国家；共治原则，主张共同推进构建海洋命运共同体，坚持对话协商、共建共享、合作共赢、交流互鉴、绿色低碳，建设一个持久和平、普遍安全、共同繁荣、开放包容、清洁美丽的21 世纪“海上丝绸之路”。综上，统筹安全与发展是“海丝”建设相得益彰的两大方面，二者分别着眼于现在与未来，为美丽航线建设奠定基础、开拓新视野。

（二）21 世纪“海上丝绸之路”追求健康与和谐

海洋命运共同体理念的内涵包括“海洋安全共同体”“海洋利益共同体”“海洋生态共同体”以及“海洋和平与和谐共同体”。[1]“海丝”建设旨在构建海洋命运共同体，维护海洋生态健康，促进“海丝”共建国家和谐与共，这是建设美丽航线题中应有之义。

海洋生态健康，是指海洋生态系统保持生物多样性及生态系统完整性的能力。健康的生态系统应具有抵御变化的能力，在时间尺度上具有稳定性。海洋生态系统健康评价的目的是诊断由自然因素和人类活动引起的海洋系统的破坏或退化程度，以此发出预警，为管理者、决策者提供目标依据，更好地利用好、保护好和管理好海洋。[2] 海洋健康，是海洋与人类社会经济系统和谐互动

---

[1] 姚莹：《“海洋命运共同体”的国际法意涵：理念创新与制度构建》，《当代法学》2019 年第 5 期。

[2] 石洪华：《海洋生态系统健康评价研究的几个问题》，载中国可持续发展研究会：《2007 年中国可持续发展论坛暨中国可持续发展学术年会论文集（4）》，第 345 页。

的状态和行为的综合表征。自2012年起连续九年，每年年底海洋健康指数官方网站公布该年度海洋健康指数的得分情况，包括全球整体平均分数及全球220个国家和地区的分数。海洋健康指数官网数据显示，2019年全球海洋健康平均得分为70.58分。包括我国在内的亚洲国家的海洋健康指数平均总分值在全球220个国家和地区中位居后列，这对于“海丝”建设美丽航线而言，是不小的挑战。我国倡导的“海丝”建设是未来健康海洋的连接线，也是人类命运共同体的连接线，更是沿海国家促进国民健康的连接线。因此，“海洋健康”可以而且应当成为美丽航线建设的重要目标，成为维护“海丝”建设共建国家人民共同福祉的宣言书。“海洋健康”的主题也可以与联合国有关海洋可持续发展目标相对应，而且这一主题更适用于搁置争议、开展区域内的国际对话与合作。

总之，安全、发展、健康、和谐四个理念，为海上丝绸之路应对“百年未有之大变局”提供了全面、有序的价值指引。其中，安全是基本价值。无论我国还是“海丝”共建国家都要维护国防安全、生态安全、航运安全、经济安全、社会治安，离开安全求发展无异于沙上建塔。发展，为建基于海洋安全的海洋事业提出要求。海上丝绸之路所谋求的发展是全方位发展、可持续发展，故健康的理念应当深入其中。海洋健康，是发展的结果，也是进一步发展的保障。海上丝绸之路共建国家的发展是多元的，存在先后、快慢的现实情形，却都追求健康、注重和谐。健康，是发展中最佳的状态；和谐，是发展中最好的秩序。健康与否，可以借助科技标准予以衡量，而和谐与共，则是国际关系的理想写照，需要各国、地区相互尊重，注重国际礼让，谋求国际合作，协调各种关系，避免争议升级。总体而言，安全与和谐是“海丝建设”

处变不易的基本价值与终极追求，而发展与健康则是“海丝建设”进程中不断调整、不懈追求的价值理念，以期适应变动不居的现实。“海丝建设”以安全、健康、发展、和谐四位一体的价值理念为指引，共同指向其建设目标：为海洋命运共同体构建安全、绿色、进步、和平的美丽航线。

三、21 世纪“海上丝绸之路”美丽航线建设的路径

美丽航线，以海洋健康为保障，以海洋生态保护与恢复为基底，以保护海洋生物多样性与增加海洋碳汇为目标。为了早日实现美丽航线的目标，“海丝”建设应践行绿色发展之路，不仅不向合作方“转移”污染，还要向合作方传授不走“先污染后治理”老路的经验。

（一）践行绿色发展之路

美丽航线，是以海洋健康为保障，以海洋生态保护与恢复为基底，以保护海洋生物多样性与增加海洋碳汇为目标。习近平同志在向“一带一路”共建国家发出“携手共创丝绸之路新辉煌”呼吁时就提到，要“着力深化环保合作，践行绿色发展理念，加大生态环境保护力度，携手打造‘绿色丝绸之路’”❶。国家推进“一带一路”建设工作领导小组办公室发布的《标准联通共建“一带一路”行动计划（2018—2020 年）》不仅确立了“加强海洋领域标准化合作，助力畅通 21 世纪海上丝绸之路”的原则，而且作出“开展海洋生态环境保护、海洋观测预报和防灾减灾等海洋国家标准外文版翻译，推动国家间海洋标准互认，提升沿线各国海

❶ 习近平：《共同推进中国—中亚—西亚经济走廊建设》，载习近平：《论坚持推动构建人类命运共同体》，中央文献出版社，2018，第 350 页。

洋标准体系兼容性”[1] 等规定。这些规定反映了绿色发展的要求。

绿色发展要求政府发挥作用。为了使“海丝”建设通向绿色发展之路，必须更多地发挥参与共建的各国政府的作用。在《中非合作论坛——北京行动计划（2019—2021 年）》的指引下以及落实《中国—东盟环境保护战略（2016—2020）》的要求下，我国会同“海上丝绸之路”共建国家在海洋生态保护与修复、海洋濒危物种保护等领域建立和健全长效合作机制，落实海洋生态系统监视监测、健康评价与保护修复工程制度；推动区域海洋保护，加强各领域之间的合作，如共同应对海洋环境污染、海洋垃圾、海洋酸化等问题，同时建立海洋污染防治与应急协作机制，及时开展海洋环境评价，继续推动绿色使者计划的实施[2]；推进《平潭宣言》落地，加强共建国家应对气候变化宽领域、多层次的合作，推动地区蓝色经济发展合作机制的建立，继续制订行动计划、实施海上合作项目，共享蓝色经济发展成果。[3]

（二）推动海洋环境保护国际合作

“海丝”建设安全中最有希望形成国际合作的当属海洋生态安全，在“海丝”建设构想中要特别注重传播生态保护理念，推动生态保护行动，维护海洋生态安全。自 2013 年建设 21 世纪“海上丝绸之路”倡议提出以来，我国海洋生态安全保障技术就积极发

---

[1] 推进“一带一路”建设工作领导小组办公室：《标准联通共建“一带一路”行动计划（2018—2020 年）》，中国一带一路网，https：//www. yidaiyilu. gov. cn/zchj/qwfb/43480. htm，访问日期：2022 年 6 月 7 日。

[2] 国家发展和改革委员会、国家海洋局：《国家发展改革委、国家海洋局联合发布〈“一带一路”建设海上合作设想〉》，中国政府网，https：//www. mnr. gov. cn/dt/hy/201706/t20170620_2333219. html，访问日期：2022 年 7 月 8 日。

[3] 胡美东：《平潭宣言：构建基于海洋合作的“蓝色伙伴关系”》，中国日报，http：//fj. chinadaily. com. cn/2017 - 09/22/content _ 32326346. htm，访问日期：2022 年 9 月 12 日。

挥科技支撑作用，与“海丝”建设共建国家开展技术合作，提供优质海洋生态公共服务产品。鉴于海洋生态保护的低敏感度，我国还与“海丝”建设共建国家在双边或多边协定中多次就海洋生态安全达成合作。生态安全是海洋安全的“底座”，也是各国普遍关心的安全问题，因此，围绕海洋生态安全形成的交流与合作，应当成为推动美丽航线建设的“抓手”与“突破口”。

当今国际社会倡导海洋健康，与我国提出建设“健康中国海”不谋而合。基于各国的海洋环境问题频发，各国为应对海洋环境问题所采取的措施也不尽相同，从实践来看加强海洋环境保护的国际合作、构建和谐海洋十分必要。

当前，我国与“海丝”建设共建国家进行海洋环境保护合作存在的问题是缺乏完备的国际合作法律保障。《联合国海洋法公约》已为国际海洋环境保护提供了法律基础，不过，一个完善的国际合作法律体系还应当包括风险预防、海洋污染管辖权分配、跨界海洋污染责任确定等方面的国际合作。❶ 我国在参与国际海洋环境制度建设中，必须明确自己的原则立场，进一步加强中国海洋环境制度与国际海洋环境制度的接轨，适应国际环境立法与国内立法日趋统一和趋同的国际趋势。❷

建设美丽航线，应当将“海洋命运共同体”的倡议体现在国际法与国内法协同创新中。为保障海洋生态安全，各国应履行海洋环境风险防范义务，采取环境损害预防措施，进行环境影响评估、核准、监测、通知与协商，在海洋监测、应急、修复等技术

---

❶ 姜婉玲：《论“一带一路”倡议下海洋环境保护的国际合作》，载《中国太平洋学会海洋维权与执法研究分会2016年学术研讨会论文集》。

❷ 刘中民、王海滨：《中国与国际海洋环境制度互动关系初探》，《中国海洋大学学报（社会科学版）》2007年第1期。

领域加强国际法律合作，合力预防、控制或应对海上环境风险及海洋生态环境损害。同时，基于海洋环境保护的系统性、国际性，国际社会应当采取有力措施，推动全球化海洋生态环境损害赔偿法治建设；对于拟作出影响海洋环境的行为或决策的国家，要敦促其考虑海洋环境保护的国际法律责任，避免海洋环境风险升级、损害发生或扩大。

建设美丽航线，就是要保护海洋生态环境，提高海洋防灾减灾能力，积极应对气候变化。2021—2030 年为“联合国海洋科学促进可持续发展十年”，旨在通过海洋科学行动，在《联合国海洋法公约》框架下为全球、区域、国家以及地方等不同层级海洋管理提供科学解决方案，以遏制海洋健康状况不断恶化的趋势，使海洋继续为人类可持续发展提供强有力支撑。响应联合国的要求，我国应当根据海洋强国战略和海洋生态文明战略的要求，推进“透明海洋”建设，加强海洋生态环境监测与污染防治技术、海洋灾害预测预警防治技术以及海洋气候变化预测评估技术的创新和应用，建立与战略实施相适应的技术体系，提高海洋环境观测、监测和防护能力，构筑起美丽航线的科技保护屏障。

为增进安全合作，我国应继续推动“海上丝绸之路”海洋公共服务共建共享计划之倡议的落实，与共建国家研究出台相关政策、配套措施，建立海洋信息共享及管理机制，从而提升共建国家共享共建海洋观测以及海洋综合调查测量成果的能力。在海上航行安全合作上，我国应与共建国家建立海上航行安全与危机管控机制，维护海上航行安全。在海上联合搜救上，我国应加强与共建国家信息交流和联合搜救的国际义务，加强与共建国家信息交流和联合搜救，建立海上搜救力量互访、搜救信息共享、搜救人员交流培训与联合演练的常态化机制和海上突发事件的合作应对机制以提升灾难处置、旅游安全等协同应急能力。在海洋防灾减灾上，我国应当深化和共建国家的海洋防灾减灾合作机制，发布开展海洋灾害风险防范、巨灾应对合作应用的示范案例，为共建国家提供技术援助。在推动海上执法合作上，我国和共建国家应在现有国际法及双多边条约的框架下，完善海上联合执法、渔业执法、海上防恐防暴等合作机制，继续推动海上执法合作制度的展开并建立和健全我国与共建国家执法部门的交流合作机制以及海上执法培训机制，构筑海上执法联络网。

结　语

我国在建设 21 世纪海上丝绸之路的进程中，提出“美丽航线”的建设目标；为之，统筹安全与发展，追求健康与和谐，四位一体的价值理念为海上丝绸之路应对“百年未有之大变局”提供了全面、有序的价值指引；通过践行绿色发展之路、推动海洋环境保护国际合作，旨在建设生态安全、海洋健康、和谐合作的海上丝绸之路，也是锐意开拓“战略新疆域”的海上丝绸之路。

人与自然命运共同体思想在海洋环境风险治理中的启示*

李荣光　刘鑫瑶

（中南大学法学院　湖南长沙　410006）

摘　要： 人与自然命运共同体思想就是中国为解决全球性环境问题所提出治理方案中的重要组成部分。人与自然命运共同体思想包括当代人与当代人之间（代内）的共同体、当代人与后代人之间（代际）的共同体、人与自然之间的共同体。人与自然命运共同体思想的生态意义包括强化环境风险意识、共担环境风险；公众参与环境风险治理；尊重自然、敬畏自然、人与自然和谐共生。人与自然命运共同体思想对海洋环境风险治理的启示包括健全环境信息公开制度，强化共担环境风险意识；健全

---

* 本文系基金项目：伊犁师范大学“一带一路”发展研究院开放课题一般项目（YDYL2021YB003）的研究成果。

【作者简介】李荣光，中南大学法学院，博士研究生，主要研究方向：环境与资源保护法。

刘鑫瑶，中南大学法学院博士研究生，伊犁师范大学法学院讲师。

公众参与海洋环境风险治理制度；将海洋环境风险预防作为海洋环境法律的基本理念。

关键词：人与自然命运共同体　生态文明　法治建设　生态伦理

引　言

伴随着全球经济的迅速发展，人类在获得经济效益的同时也逐渐注意到在经济发展的过程中海洋环境受到了严重破坏。与此同时全球性的环境保护意识也由此逐渐兴起，在1972年的联合国人类环境会议中也达成了人类“只有一个地球”的共识。在我国经济实力整体发展和国际影响力提升的同时，面对全球性环境问题的治理，我国也积极参与其中并提出了具有中国特色的治理方案。其中，人类命运共同体思想就是中国为解决全球性问题所提出治理方案中的重要组成部分。早在2011年为应对不断变化的国际局势，我国在进行外交活动中最先提出人类命运共同体理论。随后党的十八大又在正式文件中旗帜鲜明地指出人类命运共同体理论是指导我国外交工作的重要方针，是应对国际局势新变化，实现各国合作共赢的重要举措。党的十九大将人类命运共同体思想上升为党领导建设中国特色社会主义的基本方略。[1] 2018年3月十三届全国人大一次会议表决通过的宪法修正案也明确指出“推动构建人类命运共同体”。由此可见，人类命运共同体思想从最初的作为指导我国外交工作的重要思想，逐步发展成为建设中国特色社会主义的基本方略，并经过宪法修正案的方式确认成为全体

---

[1] 周宗敏：《人类命运共同体理念的形成、实践与时代价值》，《学习时报》2009年3月29日，第2版。

人民建设社会主义强国、实现我国治理体系现代化的重要指导方针。

一、生态文明视野下人与自然命运共同体思想的含义

人与自然命运共同体思想对我国社会主义建设中的政治、经济、文化、社会、生态都有深刻的影响，通过生态文明视角可以更直观探析人与自然命运共同体思想所包含的生态层面的含义。人与自然命运共同体思想更多地将“人”作为整体性概念来看待，这里的“人”不仅仅指单个的个体，而且也包含“人”作为整体性的概念。由无数个体的“人”所组成的整体性概念的“人”，其命运是休戚与共、紧密相连的。整体性概念的“人”也是综合性社会关系的集合体，既包括当代人之间的关系，也包括当代人与后代人之间的关系，更包括人与满足人类生存与发展需要的自然之间的关系。因此人与自然命运共同体从横向角度来讲是当代人之间（代内）的共同体，从纵向角度来讲是当代人与后代人之间（代际）的共同体，从整体性角度来讲又包括了人与自然之间的共同体。至少从这三个维度来分析，才能得出生态文明视野下人与自然命运共同体思想所包含的具体内容。

（一）当代人之间（代内）的共同体

当代人共同生活在同一历史时期并共同享受同一自然环境、共同面对生态风险、共同承担环保责任，因此当代人相互之间密切的社会关系更利于形成命运共同体。❶ 在同一历史时期自然资源总量有限的条件之下，一部分当代人占有、使用自然资源的数量

---

❶ 金瑶梅：《构建生态向度的人类命运共同体》，《毛泽东邓小平理论研究》2020 年第 2 期。

增加则有可能会造成其他当代人占有、使用自然资源的数量减少。当代人之间的生产生活习惯多有不同，当代不同人群的生产生活习惯可能会对同一历史时期的其他当代人产生类似“蝴蝶效应”的重要影响。以抗击新冠疫情期间防疫工作为例，全人类共同生活在同一个地球上，彼此之间紧密相连，面临风险挑战无人可独善其身。面对生态风险需要全人类的共同努力，某一群体的努力难以有效解决全人类共同面对风险。另外，面对全球性生态环境问题也需要全人类共同承担生态环境保护的责任，为获得生存和发展的物质资料，全人类都不同程度地通过开发利用自然环境，进而满足自身生存和发展，从这一层面来讲人与自然命运共同体在当代人之间的含义表现为共享资源、共担风险、共担责任。

（二）当代人与后代人之间（代际）的共同体

一般认为代际公平就是当代人在获得满足自身生存发展需要的物质资料的同时，不应对后代人获得生存发展物质资料的权利与机会造成威胁。当代社会通常采取可持续发展方式与清洁生产方式来保障后代人获得生存发展必需物质资料。因此，人与自然命运共同体思想表现为人类面对生存发展危机时所作出的共同担当与共同责任，为满足后代人生存发展的需要，当代人有责任有义务为后代人留下适宜生存和发展的自然环境。英国著名伦理学家布伦达·阿尔蒙德认为当代人对后代人负有保证其获得生存和发展所必需的清洁优良自然环境的义务。同时，当代人在确保后代人此项权利之时应当坚持两个基本原则，即不限制后代人的选择自由、最大限度扩大后代人将来的选择自由。[1] 不限制后代人的

[1] 布伦达·阿尔蒙德：《探索伦理学：通向善恶王国的旅行》，刘余莉、杨宗元译，中国社会科学出版社，2002，第 244 页。

选择自由就要求当代人应当坚持绿色可持续的生产消费方式，避免因过度利用自然资源造成资源枯竭，对生态环境造成不可逆转的破坏，以致物种灭绝、生物多样性受损、生态环境机能减损，使后代人选择利用自然资源的自由受限。

人与自然之间的共同体是人类命运共同体整体性概念中的重要组成部分，因此人类整体及其个体成员必须自觉维护自然生态环境系统的良性运行。[1] 党和政府一直非常重视协调人与自然生态环境的关系，党的十九大报告特别指出："人与自然是生命共同体，人类必须尊重自然、顺应自然、保护自然。"[2] 人不仅仅从自然中获得生存资料，而且人自身也是自然的重要组成部分，人依靠自然、源于自然，人与自然是和谐统一的整体。另外，自然是人类的生存和发展的基础与前提，人类的开发利用活动也会对自然产生影响，人与自然的辩证关系决定人与自然是和谐共生关系也是命运共同体。生态文明以追求人与人、人与自然、人与社会的和谐共存为宗旨，生态文明坚持在人与自然之间实现和谐共存的关系，从这一角度分析人与自然是平等、可持续的关系，人类不能单纯为满足自身生存发展的需要而无限制、无节制、无序地开发利用自然资源，以致因过度开发利用生态资源而破坏生态环境使生态机能受损，最终破坏人与自然之间的和谐关系。人与自然命运共同体思想要求人与自然实现和谐共存，人类开发利用自然资源应当以自然环境的承载能力为限，避免为了短期经济利益而造成环境破坏。

---

[1] 钟茂初：《"人类命运共同体"视野下的生态文明》，《河北学刊》2017 年第3 期。

[2] 《习近平在中国共产党第十九次全国代表大会上的报告》，中华网，http：//www.china.com.cn/19da/2017－10/27/content_41805113.htm，访问日期：2022 年5 月3 日。

二、人与自然命运共同体思想的理论渊源

（一）中国传统生态伦理思想

在中国传统思想文化当中，对人与自然关系作出较多探讨的是儒家学派与道家学派。其中，儒家思想中的生态观，包括“天人合一”的整体观、尊重客观规律等主要理念。首先，“天人合一”思想是儒家生态思想中的重要组成部分，其主要内容就是追求人与自然的和谐统一。人与自然本质上是一体的，这也是古代人民对自然整体观念的朴素表达。人不能将自己从自然中独立出来，人与自然的和谐统一才符合客观规律的要求。尽管孔子和孟子或多或少对“天人合一”的理念都作出了相关的阐述，但最早儒家思想中明确指出“天人合一”理念的是董仲舒，他在《春秋繁露·深察名号》中认为：“天人之际，合而为一。”其次，尊重自然规律，保护生态环境。孔子在《论语·阳货》中说“天何言哉？四时行焉，百物生焉，天何言哉?”人类开发利用资源的活动，应当以自然的客观规律为基础。长期以来，尽管我国的经济取得了长足的发展，但有一些是以牺牲资源与环境破坏为代价的。

道家思想中的生态观包含了遵循客观规律、人与自然相协调的整体观以及平等对待自然的平等观等一系列理念。“道法自然”是道家思想的核心内容，简言之其表达了一种朴素的遵循客观规律的理念。在自然界中存在一种客观规律，这一规律具有普遍的适用性，在这一理念的指引下要求人类对自然进行有序的开发利用。《庄子·齐物论》说“万物与我为一”，这是对道家思想中的整体观念的概括，是将人与自然中的万物当成统一整体对待，人并不独立于自然而存在，也不是作为万物灵长凌驾于自然之上。

这种人与自然和谐统一的整体观念与生态文明理念中尊重自然的内容在内核上高度一致。《庄子·秋水》有云："以道观之，物无贵贱。"这是道家生态观平等理念的直观表达。由此可以发现人作为自然中的一分子，并没有权利将自然作为索取资源满足私利的对象。人与自然中的其他元素都是平等的，这种观念在人类中心主义盛行的当下尤其凸显其价值的与众不同。

（二）马克思恩格斯生态伦理思想

马克思恩格斯的生态伦理思想认为人与自然是辩证统一的关系，"人是自然界的一部分"且"人靠自然界生活"❶。人不仅是自然中的一部分而且人脱离自然将无法生存，因此应当与自然和谐共生。人与自然是辩证统一的关系体现为以下两方面：一方面人与自然的关系是彼此交织、互不分离。马克思指出："自然界和人的同一性也表现在人们对自然界的狭隘关系制约着他们之间的狭隘关系，而他们之间的狭隘关系又制约着他们对自然界的狭隘关系。"❷ 马克思主义生态观认为人与自然具有同一性。将人与自然看成一个统一的整体，这一理念可以有针对性地破除人类中心主义思想中将人与自然对立分裂的主张。同时这也是马克思唯物辩证主义思想在协调人与自然关系中的独特表达❸。另一方面，坚持人是自然界的一部分。"人直接地是自然存在物"，❹ 马克思与恩格斯的这一论述揭示了人的自然本质。自然不单单是人类满足自己生存条件实现自我发展的基础，人类更不能凌驾于自然之上肆

---

❶ 马克思、恩格斯：《马克思恩格斯选集》（第1卷），人民出版社，2009，第161页。

❷ 马克思、恩格斯：《马克思恩格斯选集》（第1卷），人民出版社，1995，第82页。

❸ 郎廷建：《马克思恩格斯的生态文明思想》，《上海财经大学学报》2015年第5期。

❹ 马克思、恩格斯：《马克思恩格斯选集》（第1卷），人民出版社，2009，第209页。

无忌惮地对自然进行资源攫取。相反，人类也是自然中的一部分，自然的发展与人类的发展息息相关、休戚与共，人类对自然产生的消极影响或者破坏，也会因此而牵一发动全身进而对人类自身的发展产生限制，造成不利影响。

（三）中国共产党人的生态伦理思想

毛泽东同志继承了马克思、恩格斯所主张的人与自然和谐统一的生态思想，并在此基础上发展出人与自然相互促进、相互制约的观点，进一步指出人在开发利用自然环境的过程中应当尊重自然规律，坚持一切从实际出发，实现人与自然的和谐，针对我国当时社会主义建设的具体需要，提出加强对森林资源的保护，要使我们祖国的河山全部绿化起来，要达到园林化。❶ 邓小平同志作为我国改革开放的总设计师，认为在发展经济的过程中也要坚持环境保护，实现经济发展与环境保护的辩证统一，不得单纯为了实现经济利益，而无节制地开发利用资源，甚至不惜破坏生态环境。必须运用统筹兼顾的原则来指导经济发展与环境保护的关系。❷ 江泽民同志面对深入发展的全球化给我国人口、资源与环境保护带来的新挑战有针对性地提出坚持可持续发展以此实现人与自然和谐，并认为保护环境就是保护生产力。❸ 要促进人和自然的协调与和谐，使人们在优美的生态环境中工作和生活，❹ 必须摒弃“人类中心主义”观点，坚持尊重自然、顺应自然、保护自然的理念。在坚持马克思主义中国化以及总结党领导社会主义生态建设的成功经验的基础上，以胡锦涛同志为代表的中国共产党人提出

---

❶ 中华人民共和国林业部：《毛泽东论林业》，中央文献出版社，1993，第2页.

❷ 邓小平：《邓小平文选》（第2卷），人民出版社，1994，第175页。

❸ 江泽民：《江泽民文选》（第1卷），人民出版社，2006，第532页。

❹ 江泽民：《江泽民文选》（第1卷），人民出版社，2006，第462页。

科学发展观，坚持人与自然可持续发展，实现从单纯追求经济发展到全面协调可持续发展的转变。科学发展观强调协调经济发展与环境保护之间的关系，成为我国生态环境保护发展的重要里程碑。在社会主义现代化建设的关键时期，习近平同志将生态环境治理提到新的高度，提出生态环境就是民生福祉的理念，倡导全人类携手共建地球美好家园，对人与自然命运共同体思想的形成具有重要的推动作用。

（四）西方生态伦理思想

全球治理理论的重要创始人詹姆斯·N. 罗西瑙在其著作《没有政府的治理——世界政治中的秩序与变革》中提出面对生态破坏、传染病蔓延等全球性问题，应当从国际规制的层面进行应对，这种全球治理方式对人类命运共同体思想的形成具有重要的启示。美国著名生态学家利奥波德在其著作《沙乡年鉴》中运用生态伦理学的分析方法提出人类不是大地的主宰，人只是以大地为代表的自然的一部分，这种摒弃人类中心主义的生态伦理观念也是人与自然构成共同体的滥觞。德国哲学家马丁·海德格尔认为伴随着科学技术的进步，人类开发利用自然的能力越来越强，同时人类运用高新技术对生态环境进行开发利用所带来的负面影响也是前所未有的。如果人类不对开发利用自然的行为以及利用过程所造成的生态破坏进行反思，极容易对生态环境造成不可挽回的伤害，因此人类应当积极保护自然，并进一步形成为人类生存与发展必须“拯救地球”的主张。德国哲学家阿尔贝特·施韦泽在其著作《敬畏生命》中认为无论是人的生命，还是其他生物的生命在伦理学上都是神圣的，人应当敬畏生命，人与其他有生命的生物在命运上是共同的。由此可见，西方生态伦理中的全球治理思想、人与大地命运共同、拯救地球、敬畏生命的思想中所包含的尊重自然、保护自然、人与自然是命运共同体的理念对于人与自然命运共同体思想的形成具有重要的借鉴意义。

三、人与自然命运共同体思想的生态意义

（一）强化环境风险意识、共担环境风险

人与自然命运共同体不仅注重当代人之间的（代际）命运共同，更加注重生活在同一历史时期的当代人与当代人之间的（代内）命运共同。这其中最重要的原因之一就是，当代人中的不同群体开发利用自然环境的活动可能会因全球化的深入发展和日益密切的国际交流，而给其他群体带来类似“蝴蝶效应”的重要影响，在这些影响当中就包括环境风险。我国学术界对环境风险的研究起步较晚，不同学者对环境风险的定义也各不相同，其中较为有代表性的环境风险定义就是人类在开发利用自然环境过程当中所引发的突发性事件以及造成环境污染生态破坏的可能性，既包括前述危险状态暴发的可能性与不确定性，也包括危险状态暴发后可能导致的危害性后果。❶

随着海洋开发进程的加快，海洋生态破坏事件不断涌现，2010年的大连石油管道爆炸漏油污染海洋事件与2013年的渤海康菲溢油事件都一度成为全民关注的焦点，❷ 这两起事件均反映了海洋环境对沿海陆域生态环境的影响，也表现出海洋环境风险对海洋本身造成影响，而且还表现出海陆相互影响的关系。将海洋环境风险的危害呈现在世人面前，这使得人们在开发与利用海洋时，风

---

❶ 秦天宝：《风险社会背景下环境风险项目决策机制研究》，《中国高校社会科学》2015年第5期。

❷ 王刚：《海洋环境风险的特性及形成机理：基于扎根理论分析》，《中国人口·资源与环境》2016年第4期。

险意识陡增。[1] 人与自然命运共同体思想使生活在同一历史时期的人们意识到我们不仅共享自然环境资源，而且还共担环境风险。只有强化环境风险意识才能有效做到环境风险预防，降低突发性事件、环境污染生态破坏事件发生的可能性。

（二）公众参与海洋环境风险治理

生活在同一历史时期的人们为获得生存和发展的物质资料，都不同程度地通过开发利用自然资源，从自然环境中获取满足自身生存和发展的资料。但面对开发利用行为可能带来的环境风险则需要人类共担风险、共担责任。全人类共同拥有同一个地球，人类共享地球上的海洋环境与自然资源，海洋环境的整体性以及环境污染的流动性与扩散性使得全人类在环境问题面前都无法置身事外，独善其身。全人类面对海洋环境问题形成的命运共同体不仅共享资源、共担风险，海洋环境风险治理也需要全人类共同参与。环境风险关系到公众生产生活中的切身利益，保障海洋环境风险治理的科学性、民主性也是切实保障公众合法权益的重要表现，因此将公众积极引导到海洋环境风险治理当中去是保障公民权益、实现科学防范环境风险的重要内容。我们建设社会主义法治国家也需要公众积极参与到海洋环境风险治理事务当中去，公众参与海洋环境风险治理是体现人民主体地位的重要途径。实现我国海洋环境风险治理的规范化应当完善公众参与制度，为实现海洋环境风险治理提供具有科学化、民主化法治的基础。

（三）尊重自然、敬畏自然、人与自然和谐共生

首先，是尊重自然。尊重自然是顺应自然与保护自然的基础

---

[1] 王刚、张霞飞：《海洋环境风险：概念、特性与类型》，《中国海洋大学学报》（社会科学版）2016 年第 1 期。

性条件。尊重自然的主要内容就是将人与自然的和谐关系作为人类发展的目标。人作为自然中的一部分不应当将自然作为单纯的资源索取对象，人类应克制自身超出自然满足能力的需求。尊重自然规律，人类的需求要与生态的修复速度与自净能力相适应。从这一角度进行分析，尊重自然的第一步就是转变以往的做法，即受西方人类中心主义思想的影响，在我国传统的粗放式经济发展过程当中将自然长期当成人类获取生产资料与排放污染物的对象，认为自然界相对于人类而言其价值与作用就是满足人类生产资料的需要与接纳降解污染物的做法。人类把自己与自然的关系割裂开，不认为人类自己也是自然中的一部分，而将人类自己凌驾于自然之上，要求自然满足人类的需求，这是一种狭隘的以人类自我为中心的思想。恩格斯说："我们不要过分陶醉于我们人类对自然界的胜利。对于每一次这样的胜利，自然界都对我们进行了报复。"❶ 在我国的经济发展历史中，有些地方曾经因没有摆正人与自然的关系，造成了不合理的发展结果，导致了严重的诸如空气质量下降乃至雾霾、酸雨等环境污染与土地荒漠化、水土流失等生态破坏。

其次，敬畏自然的主要内容就是敬畏自然发展规律。人类的需求与开发利用自然环境的行为，都要以自然发展的客观规律为基础。在人类开发利用自然的活动当中，无论是开发型的资源索取还是利用型的污染排放，人类的这一系列行为都要遵循自然规律。人类开发利用自然的活动有着独特的主观能动性，但这些主观能动性的发挥要以尊重客观规律为前提❷。

---

❶ 马克思、恩格斯：《马克思恩格斯选集》（第4卷），人民出版社，1995，第383页。
❷ 李建华、蔡尚伟：《"美丽中国"的科学内涵及其战略意义》，《四川大学学报（哲学社会科学版）》2013年第5期。

四、人与自然命运共同体思想对海洋环境风险治理的启示

（一）健全环境信息公开制度，强化共担海洋环境风险意识

如前所述，人与自然命运共同体思想尤为注重生活在同一历史时期的当代人之间的生态公平构建，当代人之间共享资源、共担风险、共担责任，海洋环境风险具有不确定性、主观性与公共性的特点，这些特点决定环境信息必须要在环境利益相关者之间传递与沟通，这不仅是对公众知情权的保障，同时也是针对风险特点对海洋环境风险进行科学有序规制的重要基础。公众通过及时了解环境信息与个人利益的关联与变化不仅可以减少不必要的恐慌，同时可增进环境利益各相关主体之间的沟通与交流，协调环境利益，落实生态公平[1]。

目前我国在环境信息公开制度的立法构建方面存在着制度规范不完善、法律位阶低等显著短板，关于环境信息公开制度的规范内容除作为基本法的《环境保护法》作出原则性、宣示性的规范以外，能够真正指导环境信息公开的规范只有原国家环境保护总局于2007年制定的《环境信息公开办法（试行）》与原环境保护部于2014年制定的《企业事业单位环境信息公开办法》两份部门规章以及与海洋环境治理关联性较低的《中华人民共和国政府信息公开条例》。由此可见现行的环境信息公开制度规范，无论是在法律位阶方面还是专业性方面都无法满足风险社会背景下海洋环境治理科学化与民主的需要。所以，加快制定“环境信息公开法”也显得尤为必要，另外为确保“环境信息公开法”的有效实施，生态环境部也应制定专门的“环境信息公开条例”，使环境信

[1] 张锋：《风险规制视域下环境信息公开制度研究》，《兰州学刊》2020年第7期。

息公开制度与风险社会背景下海洋环境治理的需求相匹配。此外为保障公众的环境信息知情权还应健全环境信息公开披露机制。明确环境信息公开主体，扩大环境信息向社会公开的途径。

（二）健全公众参与海洋环境风险治理制度

健全公众参与海洋环境风险治理制度至少应该从确保参与主体广泛性、保障公众参与主体实质性参与、确保公众参与程序的科学性合理性三个方面进行讨论。

首先，结合我国海洋环境风险治理实践，保障参与主体的广泛性必须扩大公众参与主体范围，随着民众环境保护意识的不断提高，社会环保组织、民间社会团体以及关心环境保护事业发展的公民都密切关注海洋环境风险治理。❶ 为充分确保公众有效参与海洋环境风险治理应当扩大公众参与范围，如前所述海洋环境风险具有明显公共性与不确定性，单纯以利害关系确定参与主体范围难以匹配海洋环境风险的公共性与不确定性特点，以我国各地频发的 PX 环境邻避事件为例，生活在同一城市的市民对在本市选址的 PX 项目都予以密切关注，甚至生活在 PX 项目选址较远地区的民众也会积极参与反 PX 项目游行，公众主要的担心就是 PX 项目存在的风险具有不确定性，并且此风险对本市的不特定多数人都会有所影响。因此，单纯以利害关系为标准划分公众参与海洋环境风险治理主体的范围明显与我国海洋环境风险的实践不相适应，因此扩大公众参与主体的范围是健全公众参与海洋环境风险治理的首要任务。

其次，确保公众能够平等且实质性地参与到海洋环境风险治

---

❶ 苑大超、马银波：《绿色发展理念下环境风险预防法律制度研究》，《武汉理工大学学报》（信息与管理工程版）2019 年第 4 期。

理不仅可以减少公众对不确定海洋环境风险产生的恐慌，而且还能保障公众对海洋环境风险的了解，有利于海洋环境风险治理的有效进行。由于普通公众在认知水平、教育背景以及所拥有社会资源方面都存在着一定的差异，为保障公众有序参与专业知识背景要求较高的海洋环境风险治理，有必要为公众参与海洋环境风险治理提供必要的保障条件。[1] 保障公众平等且实质性地参与海洋环境风险治理，行政机关应当为公民了解与海洋环境风险有关的专业知识创造有利条件，如提供具备专业知识的人员以及与海洋环境风险治理相关的背景材料支持，保障海洋环境风险治理中公众的知情权、参与权。

最后，公众参与风险治理的核心问题就是公众的意见能够对行政机关海洋环境风险治理的决策产生影响。公众参与海洋环境风险治理不是行政机关与公众之间的互动，而是为了真正地集中民智反映民意，使民众意见能够为海洋环境风险治理产生影响，在涉及公共利益的海洋环境风险治理时实现民主协商，因此对于海洋环境风险治理的程序应具备交涉性、民主性特点。根据海洋环境风险治理的程序的交涉性要求应落实公众与行政机关的意见交涉、决策协商，使公众的意见能够对行政机关的海洋环境风险治理产生影响。[2] 公众参与不仅是在海洋环境风险治理中充分尊重人民主体地位，也是充分集中民智反映民意的重要表现。

（三）海洋环境风险预防作为海洋环境法律的基本理念

人与自然命运共同体思想不仅包含人与人之间的共享资源还包括共担责任、共担风险。在科技日益发达的今天，人与人之间

---

[1] 林森、乔世明：《试论环境风险的法律规制》，《西北民族大学学报》（哲学社会科学版）2015 年第 3 期。

[2] 陈海嵩：《国家环境保护义务论》，北京大学出版社，2015，第 197 页。

的沟通交流更加频繁，现代人凭借发达的科学技术更容易跨过地理空间的间隔，使不同区域的人员、物资交流传播更加便捷，同时也使得疾病、病毒传播更加迅速。我国现行环境基本法将预防原则作为一项基本原则，但其内涵更加强调对经科学论证、有确切证据会发生环境污染、生态破坏的行为提前采取预防措施，预防原则的立法理念仍停留在事后救济、损害预防层面，[1] 在风险社会背景下海洋环境风险在认知上和科学论证上都存在着明显的不确定性，这也使得海洋环境风险预防与风险预防原则在内涵上存在着较大的差异。国际社会上对风险预防原则的研究由来已久，1982 年《世界自然宪章》就将风险预防作为重要原则，进行规范。随后 1992 年《里约环境与发展宣言》又将风险预防原则的基本内容进行科学化、理论化定义。2000 年欧盟委员会发布《关于风险预防原则的公报》对风险预防原则的适用条件进行规定。近年来我国学术界对海洋环境风险预防的研究越来越多，其中吕忠梅老师认为我国环境管理经历了环境污染防治阶段，目前处于环境质量管理阶段，将来一定走向海洋环境风险管控，为保障海洋环境风险管控的有序进行一定会在法律上建立风险预防的原则。[2] 人与自然命运共同体思想为风险社会背景下的生态文明建设提供了新思路，将海洋环境风险预防作为海洋环境法律的基本理念，会加速推动我国海洋环境立法理念由环境质量管理向海洋环境风险管控的过渡，使我国环境海洋环境法律能够适应风险社会背景下海洋环境风险治理的需要。

---

[1] 朱炳成：《环境健康风险预防原则的理论建构与制度展开》，《暨南学报》（哲学社会科学版）2019 年第 11 期。

[2] 吕忠梅：《中国环境法的转型——从后果控制到风险预防》，《中国环境监察》2019 年第 1 期。

21 世纪海上丝绸之路的规则构建*

王庆元

（中国海洋大学　山东青岛　266100）

摘　要：建设 21 世纪海上丝绸之路是我国新时期的重要发展倡议。规则构建理应是拓展 21 世纪海上丝绸之路的联通，增进共建各国互利互惠应首先得到关注的问题。21 世纪海上丝绸之路业已取得的规则建设成就覆盖了设施联通、经贸联通、合作沟通与环保互通等方面。为促进多边交流协作，切实践行共商、共享、共建的原则，21 世纪海上丝绸之路的规则建设还应在互联互通、绿色发展和区域安全协作方面继续完善与加强。

关键词：21 世纪海上丝绸之路；规则构建；多边交流合作

---

* 本文系作者参与徐祥民教授领衔的教育部哲学社会科学研究重大课题攻关项目“新时期中国海洋战略研究”（项目编号：13JZD041）的阶段性成果，经后期修改完善后形成。

【作者简介】王庆元，中国海洋大学法学院博士研究生，主要研究方向为环境法学。

习近平总书记曾提到，“互联互通是一条规则之路，多一些协调合作，少一些规则障碍，我们的物流就会更畅通、交往就会更便捷。”❶ 按照这个提法，“21 世纪海上丝绸之路”应该是一条联动和协调共建国家政策、制度、规章的规则之路。推进“一带一路”建设工作领导小组办公室发布的《共建“一带一路”倡议：进展、贡献与展望》中也有过以下表述，“政策沟通是共建‘一带一路’的重要保障，是形成携手共建行动的重要先导”。❷ 换句话来说，“21 世纪海上丝绸之路”规则的建立和完善是“海上丝绸之路”建设的重头戏。我国作为“一带一路”建设的总导演，应该带动他国把这出戏演得精彩。“浓缩的世界需要精细的生活安排”。❸ 世界需要并呼唤规则，“21 世纪海上丝绸之路”建设也应当加强规则和制度建设。

一、“规则之路”建设成就

回望自习近平总书记于 2013 年提出“一带一路”的合作倡议至今，“一带一路”建设有序推进，“21 世纪海上丝绸之路”的规则建设业已取得丰富的成果，为携手各国增进互联互通、打造命运共同体做出了重要贡献。主要表现在以下几个方面。

（一）在促进设施联通上的建设成就

通过加强规则建设，对设施联通发挥了促进作用。主要表现在以下几个方面。

---

❶ 习近平：《共建面向未来的亚太伙伴关系》，载《十八大以来重要文献选编（中）》，中央文献出版社，2016，第 215 页。

❷ 推进“一带一路”建设工作领导小组办公室：《共建“一带一路”倡议：进展、贡献与展望》第一章《进展》，新华网，http：//www. xinhuanet. com/2019 - 04/22/c_1124400071. htm，访问日期：2020 年 2 月 7 日。

❸ 徐祥民：《中国海洋发展战略研究》，经济科学出版社，2015，第 119 页。

1. 国际经济合作走廊规则建设进展显著。我国和中东欧国家共同发布了《中国—中东欧国家合作中期规划》《中国—中东欧国家合作布达佩斯纲要》《中国—中东欧国家合作索非亚纲要》等合作文件，为建设新亚欧大陆桥经济走廊作出纲领性指引。我国和俄罗斯、蒙古国发布了双边或多边合作文件《中华人民共和国和俄罗斯联邦关于深化全面战略协作伙伴关系、倡导合作共赢的联合声明》《中华人民共和国与俄罗斯联邦关于丝绸之路经济带建设和欧亚经济联盟建设对接合作的联合声明》《中华人民共和国、俄罗斯联邦、蒙古国发展三方合作中期路线图》《关于建立中蒙俄经济走廊联合推进机制的谅解备忘录》《关于沿亚洲公路网国际道路运输政府间协定》等，不断完善三方合作工作机制，为推动三国形成以铁路、公路和边境口岸为主体的中蒙俄经济走廊夯实基础。我国和哈萨克斯坦、乌兹别克斯坦、土耳其等国相继签署双边国际道路运输协定，为深化中国—中亚—西亚走廊的对接合作保驾护航。我国与东盟建立了澜湄合作机制，加快了中国—东盟“10+1”机制与“海上丝绸之路”倡议的对接，增进了中国—中南半岛经济走廊的完善。我国与孟中缅印四方在联合工作组框架下共同推进走廊建设，并与缅甸共同成立了中缅经济走廊联合委员会，签署了关于共建中缅经济走廊的谅解备忘录和皎漂经济特区深水港项目建设框架协议，为推进孟中印缅经济走廊构建了现实可能。[1]

2. 基础设施互联互通配套规则得到落实。在标准联通方面，我国先后发布了《标准联通“一带一路”行动计划（2015—2017

---

[1] 推进“一带一路”建设工作领导小组办公室：《共建“一带一路”倡议：进展、贡献与展望》第一章“进展”，新华网，http://www.xinhuanet.com/2019-04/22/c_1124400071.htm，访问日期：2020年2月7日。

年)》《共同推动认证认可服务“一带一路”建设的愿景与行动》《“一带一路”计量合作愿景和行动》《标准联通“一带一路”行动计划（2018—2020年)》，推进认证认可和标准体系对接，共同制定国际标准和认证认可规则，衔接现有规则和政策，提升标准体系兼容性，推动中国标准与共建国家标准体系对接。在港口和航运合作方面，我国与47个共建国家签署了38个双边和区域海运协定，我国与126个国家和地区签署了双边政府间航空运输协定。在通信设施建设方面，我国与国际电信联盟签署《关于加强“一带一路”框架下电信和信息网络领域合作的意向书》，与吉尔吉斯斯坦、塔吉克斯坦、阿富汗签署丝路光缆合作协议，实质性启动了丝路光缆项目。❶

（二）在提升经贸合作水平上的建设成就

自我国商务部发布《推进“一带一路”贸易畅通合作倡议》以来，我国已经与共建国家签署100多项合作文件，发布了《“一带一路”检验检疫合作重庆联合声明》《“一带一路”食品安全合作联合声明》《第五届中国—东盟质检部长会议联合声明》等文件，实现了50多种农产品食品检疫准入。我国与东盟、新加坡、巴基斯坦、格鲁吉亚等多个国家和地区签署或升级了自由贸易协定，与欧亚经济联盟签署经贸合作协定，与共建国家的自由贸易区网络体系逐步形成。❷ 其中，在2019年8月20日生效的《中华人民共和国与东南亚国家联盟关于修订〈中国—东盟全面经济合作框架协议〉及项下部分协议的议定书》（简称《议定书》）标志

---

❶ 推进“一带一路”建设工作领导小组办公室：《共建“一带一路”倡议：进展、贡献与展望》第一章“进展”，新华网，http：//www. xinhuanet. com/2019 - 04/22/c_1124400071. htm，访问日期：2020年2月7日。

❷ 同上。

着现有的中国—东盟自贸区正式升级。《议定书》对原产地规则、海关程序、服务贸易协定、投资协议以及相关合作条款都有所优化。

（三）在扩大产能与投资合作和金融合作空间上的建设成就

我国不断加速资金融通，我国财政部与阿根廷、俄罗斯、印度尼西亚、英国、新加坡等27国财政部核准了《“一带一路”融资指导原则》，并在该原则的指导下对互联互通领域提供金融资源服务；中国银行、中国工商银行等中资银行与沿线国家建立了广泛的代理行关系。❶

（四）在加强生态环保合作上的建设成就

我国为推动绿色发展于2017年5月由原环保部、外交部、国家发展改革委、商务部联合发布了《关于推进绿色“一带一路”建设的指导意见》，并由原环保部在同月发布的《“一带一路”生态环境保护合作规划》对生态环保合作作出了细化规定指引；我国与联合国环境规划署签署了关于建设绿色“一带一路”的谅解备忘录，与三十多个共建国家签署了生态环境保护的合作协议。❷

二、“规则之路”的建设在加强

当前，“海上规则之路”在实践中的建设成果斐然，但是，有关“海上丝绸之路”倡议的国际法治合作在发展过程中仍然面临

❶ 推进“一带一路”建设工作领导小组办公室：《共建“一带一路”倡议：进展、贡献与展望》第一章“进展”，新华网，http：//www.xinhuanet.com/2019－04/22/c_1124400071.htm，访问日期：2020年2月7日。

❷ 同上。

一些突出问题，如单边活动不适应合作发展的时代潮流，已有的平台不能及时适应变化的国际合作模式，等等。❶ 随着“一带一路”建设的不断推进，各国之间的关系在“共商、共建、共享”的全球治理观的影响下已经由各自为战的“独角戏”转变为在追求本国利益时兼顾他国合理诉求的“大合唱”。目前，“海上丝绸之路”共建国家虽然与中国形成了形式多样数量繁多的合作备忘录或是一些具有指导性或是建议性的协议文件，但是在国际合作的现实中对相关国家实际活动的约束力有待提高，其往往因追责机制设置的欠缺而使这些文件缺乏实际执行力。因此，各国仍应通过平等协商、完善相应制度来推动共同发展。同时，由于各国家、地区在政治、经济、文化上的差异，我国在前期和不同国家和地区签署的文件以双边协议形式的存在较为普遍，由此产生了可操作性不强等问题。因此，在我国和共建国家、地区不断深化多边合作的当下，我们应该在现有的“规则之路”建设成就的基础上，于化繁为简中继续促进多边交流合作。

需要注意的是，我们说的规则建设不是“另起炉灶”，也不是为了针对谁，而是为了谋求共同发展、合作共赢而对现有的国际合作机制的有益补充和完善。❷ 因此，我国和共建国家应该继续探索“海上丝绸之路”的规则优化，从笔墨淋漓的“大写意”调转到精雕细琢的“工笔画”。参照国家发展改革委和国家海洋局共同发布的《“一带一路”建设海上合作设想》中提到要“围绕构建互利共赢的蓝色伙伴关系，创新合作模式，搭建合作平台，

---

❶ 白佳玉、张传龙：《“海上丝绸之路”法治合作及其对共建“冰上丝绸之路”的启示》，《武汉科技大学学报》（社会科学版）2020 年第 1 期。

❷ 习近平总书记于2016 年 9 月 3 日在二十国集团工商峰会开幕式上做的题为《中国发展新起点　全球增长新蓝图》主旨演讲曾有过相似表述。参见习近平：《中国发展新起点全球增长新蓝图》，《人民日报》2016 年 9 月 3 日，第 3 版。

共同制定若干行动计划，实施一批具有示范性、带动性的合作项目”的设想，“海上丝绸之路”的规则、制度建设应从以下几方面展开❶。

（一）推动互联互通、建立经济保障的规则和制度建设

在提升经贸合作水平上，通过国家层面签署协定落实境外合作区的法律效力，通过对国内国际税收监管制度、资金管理制度的完善保证贸易资金安全，通过对原有贸易投资协定的调整升级降低贸易壁垒并增进投资自由化；在推进海运便利化水平上，推动国家标准联通建设和“海上丝绸之路”建设的战略对接，深化基础设施标准化合作，加强海洋领域标准化合作；❷ 在推动信息基础设施联通建设上，共建“海上丝绸之路”的信息传输、处理、管理、应用体系并完善信息标准规范体系和信息安全保障体系，为实现信息资源共享提供平台。

（二）促进绿色发展、打造生态保障方面的规则和制度建设❸

在《中非合作论坛—北京行动计划（2019—2021 年）》的指引下以及落实《中国—东盟环境保护战略（2016—2020）》的要求下会同共建国家加强在海洋生态保护与修复、海洋濒危物种保护等领域建立和健全长效合作机制，落实海洋生态系统监视监测、健康评价与保护修复工程制度；推动区域海洋保护，加强在

---

❶ 国家发展改革委、国家海洋局：《“一带一路”建设海上合作设想》，《人民日报》2015 年 3 月 29 日，第 4 版。

❷ 推进“一带一路”建设工作领导小组办公室：《标准联通“一带一路”行动计划（2018 - 2020 年）》第三章《重点任务》，中国一带一路网，https://www.yidaiyilu.gov.cn/zchj/qwfb/43480.htm，访问日期：2020 年 2 月 7 日。

❸ 国家发展改革委、国家海洋局：《“一带一路”建设海上合作设想》，《人民日报》2015 年 3 月 29 日，第 4 版。

海洋环境污染、海洋垃圾、海洋酸化、赤潮监测、污染应急等领域的合作，推动建立海洋污染防治和应急协作机制，联合开展海洋环境评价，联合发布海洋环境状况报告。继续推动绿色使者计划的实施，提高共建国家海洋环境污染防治能力；推进《平潭宣言》的落地，加强共建国家应对气候变化宽领域、多层次的合作，致力于提升合作水平，推动地区蓝色经济发展合作机制的建立，继续制订行动计划、实施海上合作项目，共享蓝色经济发展成果。[1]

（三）增进安全合作，提供安全保障方面的规则和制度建设[2]

在践行海洋共同安全观，增进安全保障协作上，我国应继续推动“海上丝绸之路”海洋公共服务共建共享计划之倡议的落实，和共建国家研究出台相关政策、配套措施，建立海洋信息共享及管理机制，从而提升共建国家共享共建海洋观测以及海洋综合调查测量成果的能力。在海上航行安全合作上，我国应与共建国家建立海上航行安全与危机管控机制，维护海上航行安全。在海上联合搜救上，我国应加强与共建国家信息交流和联合搜救的国际义务，加强与共建国家信息交流和联合搜救，建立海上搜救力量互访、搜救信息共享、搜救人员交流培训与联合演练的常态化机制和海上突发事件的合作应对机制以提升灾难处置、旅游安全等协同应急能力。在海洋防灾减灾上，我国应深化和共建国家海洋防灾减灾合作机制，发布开展海洋灾害风险防范、巨灾应对合作

---

[1] 《平潭宣言：构建基于海洋合作的“蓝色伙伴关系”》，中国日报，http://fj.chinadaily.com.cn/2017-09/22/content_32326346.htm，访问日期：2020年2月7日。

[2] 国家发展改革委、国家海洋局：《“一带一路”建设海上合作设想》，《人民日报》2015年3月29日，第4版。

应用的示范案例，为共建国家提供技术援助。在推动海上执法合作上，我国和共建国家应在现有国际法及双多边条约的框架下，完善海上联合执法、渔业执法、海上防恐防暴等合作机制，继续推动海上执法合作制度的展开并建立健全我国与共建国家执法部门的交流合作机制以及海上执法培训机制，构筑海上执法联络网。

浙江海洋生态文明建设的法治化探索与路径优化

全永波　朱雅倩

（浙江海洋大学经济与管理学院　浙江舟山　316022）

摘　要：海洋生态文明建设是国家推进治理体系和治理能力现代化的重要内容。近年来，浙江省在建设海洋强省过程中，努力践行“两山理论”，开展海洋生态文明法治建设的诸多实践，形成了海洋资源开发和生态环境保护的浙江经验和制度模式，尤其在海洋生态红线制度、“湾长制”“滩长制”等领域的探索上获得关注。然而，当前近岸严重的污染问题、沿海生态系统亚健康状态的现状仍不可忽视，亟须从法治层面进一步提升海洋生态环境治理效能，为促进浙江海洋生态环境治理体系和治理能力现代化形成法治保障。

关键词：海洋生态文明；法治；浙江实践；治理现代化

【作者简介】全永波，浙江海洋大学经济与管理学院院长、教授；朱雅倩，浙江海洋大学经济与管理学院硕士研究生。

一、问题提出

随着人类对海洋开发活动的不断加强，海洋生态环境问题日益凸显，全球近岸海域均面临着赤潮频发、海水污染严重、渔业资源枯竭、生物多样性减少等现实问题。从国际上来看，由于海洋的整体性和流动性，任何一个国家和区域在海洋环境保护中都无法独善其身。在中国，海洋生态环境治理是“绿水青山就是金山银山”理念的生动实践。党的十八大以来，中央将生态文明建设作为推进国家治理体系和治理能力现代化的重要内容，国家在推进生态环境治理现代化的进程中首先关注治理的法治化，通过制定或修改《海洋环境保护法》《海岛保护法》等一系列国家立法，加强对执法、司法和守法等环节的引导，形成生态文明建设的法治体系，体现生态文明战略的发展导向。

浙江省作为海洋大省拥有丰富的岸线、港口、渔业、旅游、滩涂等海洋资源，其中海岸线总长约6630千米，占全国海岸线总长度的十分之一左右。浙江省在生态文明建设的法治化探索起步较早，早在2003年8月，时任浙江省委书记的习近平同志对浙江海洋发展定位作出了准确判断，在视察浙江沿海地区时多次强调在经济发展的时候要注意对生态带来的负面影响。近年来，浙江省在海洋生态文明法治化基础上，不断创新海洋治理的新机制，取得了较好的治理效果。但长期以来，人口密度大、资源少，海洋生态环境受周边环境影响多等因素的存在，使浙江近海海域的生态环境问题仍不容乐观。《2020年浙江省生态环境状况公报》显示，全省近岸海域水体总体呈中度富营养化状态，一、二类海水占43.4%，劣四类海水仍占28.8%[1]。除此之外，填海造地、非法占用和破坏海岸线，海洋工程、港口海运、海洋旅游等一系列用海开发活动过度，这些都给浙江省的海洋生态文明建设带来了较大压力，检视浙江海洋生态文明的法治化实践，构建基于立法、执法、司法和守法的法治化体系并形成实施路径，应是海洋生态文明建设的必由之路。

二、文献回顾与研究逻辑

国内外学者在海洋生态文明法治化方面的研究主要从海洋环境治理的机制构建、环境立法、司法等层面展开。近年来，基于生态系统的治理逐渐成为海洋环境治理研究的重点，国内学者在研究环境治理的外部性理论、环境权与区域环境公正理论的基础上，从基本要素、法律制度、治理模式等因素对海洋环境治理的理论、机制和制度展开研究。一是海洋生态环境治理模式和机制研究。龚虹波通过对国内外海洋环境治理研究的宏观考察，认为海洋环境治理范式实际上经历了从国家环境管理到区域的合作治理，再到全球多层级治理的变迁过程，并在海洋环境治理机制上形成了“单一管理—区域参与—全球合作”的演化脉络[2]。在海洋治理制度化和立法上，李光辉认为域外治理的经验值得借鉴，他梳理了英国法律体系构建历程和海洋管理的具体实践，为中国建设海洋综合管理体制，实现海洋治理现代化提供了经验与启示[3]。二是海洋环境法治适用及具体化问题研究。希尔德·沃克（Hilde

---

[1] 浙江省生态环境厅：《2020年浙江省生态环境状况公报》，浙江省人民政府门户网站https：//www. zj. gov. cn/，访问日期：2022年7月3日。

[2] 龚虹波：《海洋环境治理研究综述》，《浙江社会科学》2018年第1期。

[3] 李光辉：《英国特色海洋法制与实践及其对中国的启示》，《武大国际法评论》2021年第3期。

Woker）等分析了北极海底结构研究、冰系观测站以及遥感活动所产生的法律问题，指出要对适用的法律作出现代化的解释，从而在海洋科学研究和海洋环境保护之间找到平衡❶。张曼瑲（Yen－Chiang Chang）等探讨了海洋矿产资源与海洋环境保护的实践和贡献，并提出我国应积极参与矿产资源的开发和生态环境保护工作，完善有关中外企业生态环境保护义务的法律❷。白佳玉、隋佳欣指出海洋生态保护的法律制度化是我国海洋环境保护的必经之路，建议在《海洋环境保护法》整体实施的基础上，构建海洋督察法律制度❸。王金鹏强调海洋塑料污染是海洋生态建设的一个重要方面，现有的立法与规制在陆源海洋塑料污染方面存在空白，在实施方面也存在困境❹。三是从司法和执法等视角研究海洋环境法治的可行性问题。在跨区域司法协同治理研究上，张丽艳、夏锦文提出区域环境的"协同法治"，提出建立区域性司法协同机制、建立相应的司法协同机构❺。随着京津冀、长三角、粤港澳等区域一体化的推进，执法和司法协作体系的研究也逐渐兴起，石佑启、陈可翔回应了湾区治理创新的法治需求，认为区域环境绿色发展立足于从时间与空间两个维度推动法治建设的同步展开，并拓展

---

❶ Hilde Woker，Bernhard Schartmüller，Knut Ola Dølven，Katalin Blix，The law of the sea and current practices of marine scientific research in the Arctic，*Marine Policy*，(2020)：115.

❷ Yen－Chiang Chang，ChuanliangWang，Mehran Idris Khan，Nannan Wang，The legal system for environmental protection during exploration and exploitation of marine mineral resources in China，*Resources Policy*，(2020)：67.

❸ 白佳玉、隋佳欣：《海洋生态保护的法治要求：海环法修订视角下的实证解读》，《山东科技大学学报》（社会科学版）2018 年第 3 期。

❹ 王金鹏：《构建海洋命运共同体理念下海洋塑料污染国际法律规制的完善》，《环境保护》2021 年第 7 期。

❺ 张丽艳、夏锦文：《国家治理视域下的区域司法协同治理》，《南京社会科学》2016 年第 5 期。

法律规范体系，实现软法与硬法的衔接适用[1]。总之，学界在关注海洋生态环境问题的同时，提出立法和制度规范对于环境治理的关键作用，治理机制的完善需要不断关注最新的实践动态，注重整体性理念下的治理合作。

近年来，浙江积极参与区域合作，努力完善海洋生态环境治理的制度体系。2019 年 12 月颁布的《长江三角洲区域一体化发展规划纲要》提出，“推进生态环境共保联治”“完善跨流域跨区域生态补偿机制”，将浙江省的海洋生态环境治理纳入国家战略和区域发展之中。《浙江省国民经济和社会发展第十四个五年规划和二〇三五年远景目标纲要》提出，“努力打造美丽中国先行示范区”，“绿色成为浙江发展最动人的色彩，在生态文明建设方面走在前列”。建立系统完整的海洋生态环境制度体系在于引领和推动依法管海、依法用海、依法护海，对于深度践行“绿水青山就是金山银山”的生态理念具有重要的现实意义。

综上所述，当前国内外学者的研究结论和浙江的制度实践充分证明，海洋生态环境治理机制的基本逻辑可以是以制度化为支撑，通过立法、执法、司法和守法的法治协同，形成基于法治的治理机制。治理机制优化主要通过两个维度实现：一是以科学立法即制度化为基础，习近平同志明确提出：“科学立法是前提条件，严格执法是关键环节，公正司法是重要任务，全民守法是基础工程”，制度化就是要解决生态环境治理的科学立法问题，进而落实推进执法、司法和守法的“法治协同”；二是以执法、司法和守法为支撑。构建基于整体性治理的海洋生态环境治理机制，彰显陆海统筹的环境整体性价值，关注海洋环境治理的特殊性，尤

[1] 石佑启、陈可翔：《粤港澳大湾区治理创新的法治进路》，《中国社会科学》2019 年第 11 期。

其要在关注和提升跨区域、多主体的执法、司法协作治理意识上形成机制。浙江省完善海洋生态环境治理机制需要吸收国内外制度化成果，检视自我建设中的困难和不足，科学构建海洋生态文明的制度化体系和执法、司法和守法协同的治理机制。

三、浙江海洋生态环境治理的实践探索

作为“两山”理论发源地的浙江，在海洋生态文明法治化建设上始终走在全国的前列，从制度的制定到治理机制的构建和实施，始终以生态文明建设为理念，凸显浙江建设海洋强省的生态底线，其中代表性的主要探索路径包括以构建制度体系为先导，通过“湾长制”“滩长制”的机制探索，开展蓝色海湾整治行动等。

（一）构建基于“陆海统筹”的生态环境治理制度体系

一直以来，浙江海洋生态环境治理的各项改革创新举措走在全国前列。早在 2004 年 1 月，浙江省根据《海洋环境保护法》等有关法律、法规，结合本省实际制定实施了《浙江省海洋环境保护条例》，成为浙江省海洋生态文明法治建设的总纲领，该条例在 2017 年作了修正。其他出台或修改的与海洋生态环境治理相关的地方性法规有《浙江省水污染防治条例》《浙江省航道管理条例》《浙江省港口管理条例》《浙江省渔业管理条例》等。2020 年，浙江省人大常委会废止了《浙江省滩涂围垦管理条例》《浙江省盐业管理条例》等，充分体现了海洋资源和环境管理的“陆海统筹”和综合治理原则。

在政策方面，2016 年 4 月，浙江省海洋与渔业局、浙江省环境保护厅联合印发了《浙江省海洋环境污染专项整治工作方案》；2017 年 2 月，浙江省出台《关于进一步加强海洋综合管理推进海洋生态文明建设的意见》；同月，浙江省颁布《关于进一步加强海

洋综合管理推进海洋生态文明建设的意见》，明确提出了“建立海洋生态红线保护制度”的目标任务；2018 年 7 月，《浙江省海洋生态红线划定方案》正式发布，宣告浙江省海洋生态红线先于陆域生态红线全面划定；2021 年 5 月，《浙江省生态环境保护“十四五”规划》提出“推动陆海统筹，着力建设美丽海湾”，坚持陆海统筹、河海联动，加快推进陆海污染协同治理、海洋生态保护修复、亲海环境品质提升等工作，建设“水清滩净、鱼鸥翔集、人海和谐”的美丽海湾；《浙江省海洋经济发展“十四五”规划》同时也明确了“要全面落实海洋生态红线保护管控”“全面提升海洋生态保护与资源利用水平”等。以上法规和规划初步构成浙江省海洋生态环境治理的制度体系。

（二）探索实施海洋生态环境“小微”治理机制

由于海洋环境因其特有的生态依存性需要有相应的治理机制给予支持，浙江省从 2016 年起探索以“海湾”“海滩”的小微生态载体为治理对象，实施“湾长制”“滩长制”的生态治理模式。

2016 年年底，浙江省在宁波市象山县率先试点，推出护海新机制“滩长制”，按照“属地管理、条块结合、分片包干”的原则确定“滩长”，负责所辖区滩涂违规违禁网具的调查摸底、巡查清缴、建档报送等工作，并建立“周督查、旬通报、月总结”制度[1]。该制度由点成面，迅速在全省得到推广与普及，2017 年 7 月，浙江省在全国又率先出台了《关于在全省沿海实施滩长制的若干意见》，在全省沿海地区全面实施“滩长制”。2017 年 9 月，国家海洋局印发《关于开展“湾长制”试点工作的指导意见》，浙

[1] 陈莉莉、詹益鑫、曾梓杰等：《跨区域协同治理：长三角区域一体化视角下“湾长制”的创新》，《海洋开发与管理》2020 年第 4 期。

江成为唯一省级试点地区，此后，浙江“滩长制”全面升级，实现了由滩涂管理为主向覆盖海洋综合管理的“湾（滩）长制”拓展与延伸。

“湾（滩）长制”实行主要领域是以具体海滩的小微单元为治理对象，达到近岸海洋生态资源保护、整治修复海岸线、保护海洋生态为主要任务[1]。“湾（滩）长制”现已成为改变浙江省海洋生态治理格局的一大创新举措，得到了中央的高度肯定，标志着将在更高起点上探索建立陆海统筹、河海兼顾、上下联动、协同共治的海洋生态环境治理长效机制。

（三）实施海洋生态环境治理“蓝色海湾”整治行动

2016年起，以“蓝色海湾”为代号，国家开始着力进行海洋生态整治修复工作，以海湾为重点，拓展至海湾毗邻海域和其他受损区域，最终的目标是要实现“水清、岸绿、滩净、湾美”。

浙江省在2018年全省启动实施海岸线整治修复三年行动，共整治修复海岸线65.9千米，其中典型如舟山市沈家门港湾的蓝色海湾整治行动。2016年舟山市蓝色海湾整治行动项目被列入海岛和海域保护资金项目计划。经过三年的海洋生态环境提升工程、滨海及海岛生态环境提升工程和生态环境监测及管理能力建设工程，逐步实现了“水清、岸绿、滩净、湾美、岛丽”的海洋生态文明建设目标。2020年该项目的竣工验收，标志着海洋生态文明建设的浙江实践取得重大成果。经过一系列海湾整治，2020年浙江省全省近岸海域一、二类海水优良率达到历史最高水平，海洋灾害减少。《浙江省海洋灾害公报》显示，2020年浙江赤潮灾害共

---

[1] 全永波，顾军正：《“滩长制”与海洋环境“小微单元”治理探究》，《中国行政管理》2018年第11期。

12 次，面积 1528 平方千米，与 10 年前平均值（21 次，1828 平方千米）相比，赤潮发生次数和累计面积均有所减少❶。

四、浙江海洋生态文明法治建设的现状审视

通过多年来浙江对海洋生态环境治理的制度实践和机制构建的过程分析，我们认为浙江省已构建了以综合性地方立法为基础，单向性规划、行动方案、实施意见等低位阶政府性柔性措施为主导的立法体系，生态环境建设成效明显。以 2020 年浙江近岸海域水质为例，海水水质优良率大幅提升，一、二类海水面积占比 43.4%，与 2019 年相比，一、二类海水面积占比上升 11.4 个百分点，优良率达到历史最高水平❷。浙江海洋生态环境治理在制度化基础上开展的机制探索如“滩长制”“湾长制”等在全国得到推广和实施，蓝色海湾整治行动既具有示范性，直接治理成效也比较明显。然而，分析现有法治化路径的效果，发现仍存在立法体系不够健全、治理的支撑保障如执法、司法和守法体系建设仍未有效构建，生态环境问题的多元影响因素仍将在较长期内存在等问题。

1. 立法体系尚未健全。主要原因在于全国性的“海洋基本法”虽被列入全国立法计划，但何时出台尚不确定；《海洋环境保护法》在 2017 年修订后，随着 2018 年国家机构改革，之后的立法修改尚未完成，致使省级层面涉及生态环境治理相关的制度领域仍处于因上位法不足，地方立法规范制度化也存在“心有余而力不

---

❶ 浙江省生态环境厅：《2020 年浙江省生态环境状况公报》，浙江省人民政府门户网站 https：//www. zj. gov. cn/，访问日期：2022 年 7 月 3 日。

❷ 浙江省自然资源厅：《2020 年浙江省海洋灾害公报》，浙江省自然资源厅网站 https：//z. zj. gov. cn/，访问日期：2022 年 7 月 3 日。

足”的窘境。另外，浙江省针对海洋生态文明建设的立法是采用综合性地方立法模式，还是采取“综合+分立”结合的治理制度化支撑，也存在不确定的状态。

2. 执法、司法和守法体系建设存在瓶颈。一是执法治理机制支撑不足，浙江海洋生态环境治理具有跨行政区域和陆海联动性，但执法的联动机制仍没有建立，执法合作非常态化致使执法效果受影响。二是司法机制有待优化，《海洋环境保护法》已经明确了跨区域海洋环境保护工作的协商机制，但未将司法机关列入其中，如检察机关作为法律的监督机关和环境公益诉讼的主体，无法在跨区域海洋生态环境治理中构建有效的检察协作机制。海洋生态环境公益诉讼制度和机制尚没有在国家层面统一明确。《海洋环境保护法》《环境保护法》《民事诉讼法》规定的海洋环境公益诉讼的主体范围不一致，在这种起诉主体多元化的制度设计中，究竟由谁提起或由谁主导海洋环境公益诉讼才最合适，出现诉权冲突时如何确立起诉顺位，亟待进一步明确。❶ 三是在守法层面，当前近海海域发动社会主体参与治理的做法没有得到普及，主要的守法体系构建仍然依靠政府为主导的社会参与方式促进海洋生态环境治理的展开，海洋生态环境损害的违法犯罪行为，如陆源排污、违规捕捞等问题仍然普遍存在。

3. 海洋生态文明法治的机制支撑尚不完善。现有的“滩长制”“湾长制”的小微治理模式存在基于“人治”而非“法治”的治理理念，在基层实践中效果有限。“蓝色海湾”整治行动、生态跨区域联合执法等措施均是落实全国的治理政策，效果虽然明显，但投入较大，地方性治理和非全局性治理的特征明显，对来自陆

❶ 石春雷：《海洋环境公益诉讼三题——基于〈海洋环境保护法〉第90条第2款的解释论展开》，《南海学刊》2017年第2期。

源污染、跨区域生态损害等因素的考量有限，还需有制度化的实施，治理成效才能具有可持续性。

4. 海洋生态文明建设的现实困境难以在短期得到突破。特别是长江口和杭州湾地区是我国海洋航运最繁忙区域，海洋生态环境系统较脆弱，海洋生态承载力弱，又是我国最大的渔场，对生态依存性要求高，这也给浙江海洋生态环境治理带来了较大的压力。长江口和杭州湾附近的东海海域有全球最大的货物吞吐量港（宁波舟山港）和全球最大的集装箱港（上海港），长三角海域是国际航行船舶航线密集程度最高的区域之一，在该区域浙江自贸区油气产业链发展，船舶排污、油气扩散等风险点多，给近海海洋生态环境保护提出了较大的挑战。对《2020 中国海洋生态环境状况公报》的数据分析显示，尽管东海海区的海洋生物群落结构整体相对平稳，但相关的陆源污染排放和其他海洋开发活动仍给近岸局部海域海洋生态环境增添了较大压力，绿潮、赤潮、海水入侵、土壤盐渍化与岸滩侵蚀等环境问题依旧存在，部分生存环境退化，近岸典型生态系统健康受损，监测的海湾、浅滩、河口等生态系统处于亚健康甚至不健康的状态[1]。在海洋生态文明建设的大背景下，如何保护浙江海域海洋生态环境是一个重要的课题。

五、优化浙江海洋生态文明建设的法治化路径

随着海洋生态文明建设的推进，我国多次修改了《海洋环境保护法》，理念上实现了从“污染防治”到“生态保护”的转变。作为海洋强省的浙江在生态文明建设上如何构建法治化路径，优

[1] 生态环境部：《2020 年中国海洋生态环境状况公报》，中华人民共和国生态环境部网站，访问日期：2022 年 7 月 9 日。

化现有机制和治理体系，需通过完善立法体系推进制度的完善，通过执法、司法和守法来优化法治支撑和实施体系。

（一）完善立法，推进海洋生态环境的制度体系建设

总体思路为构建“综合性立法”为主体，专门性立法为补充的制度化体系。

一是系统性修订《浙江省海洋环境保护条例》，优化相应制度。国家对《海洋环境保护法》修改正在进行中，浙江省应全面审视《浙江省海洋环境保护条例》，既要全面体现“陆海统筹”的理念，通过修复保护海洋生态、景观和原始地貌，恢复海湾生态服务功能，清理海滩和岸滩，退出占有的优质岸线进行海湾综合治理、恢复优质岸线。也应将浙江海洋生态治理的相关经验融入立法，如可将“滩长制”纳入《浙江省海洋环境保护条例》中，以地方性法规的形式把这一制度确定下来，明确“滩长制”在海洋环境保护中的法律地位、相关主体的权利和责任、经费保障等。因此，在具体立法所涉及的制度领域，需要推进制定具有浙江特色的海洋生态环境制度规范。

二是推进专项性立法工作。2015 年《中华人民共和国立法法》修改后，设区的市在环境保护领域具备了地方立法权，专门性的海洋生态和环境立法可以用专项性立法予以规制，尤其需要开展针对海洋保护区、海洋公园的保护立法，如舟山在 2016 年出台《舟山市国家级海洋特别保护区管理条例》后，在 2020 年开展了相应的法规评估，并在 2021 年进行修正完善，其中贝藻类捕捞许可、海钓许可等制度已经成为海洋生态环境保护领域的创新制度，受到全面关注。浙江省还需要进一步完善《宁波市舟山列岛海洋生态自然保护区条例》等专项地方性法规，并对接国家海洋公园建设，形成相应的特殊海洋区域保护制度。

基于陆海统筹的生态补偿制度的完善也是浙江生态环境治理制度化的重点。《海洋环境保护法》第24条规定："国家建立健全海洋生态保护补偿制度"，生态补偿是协调经济发展与生态环境保护、促使可持续开发利用环境资源的有力措施。浙江沿海地区产业布局多，陆源排放对海洋生态环境的影响巨大，同时海洋经济开发占用了海域资源，破坏了相关海域的海洋环境，需要从生态补偿主体、补偿对象、补偿途径、补偿标准四方面建立适宜的生态补偿制度，采取经济补偿、生境补偿和资源补偿等生态补偿方式，同时将因海洋生态环境破坏受害的人，以及为保护海洋生态资源做出贡献者作为补偿对象❶。

（二）加强执法，推进海洋生态环境综合性管理和治理合作

2018年中央开展系统性机构改革后，浙江省也迅速组建省自然资源厅，加挂省海洋局牌子，不再保留省海洋与渔业局、省海洋港口发展委员会，将海洋生态环境的管理职权统一划入了自然资源厅。但是，环境治理过程中涉及海洋权益、经济利益、社会民生等问题，综合性机构的建立可能还不足以解决海洋环境治理的问题。在现实的海洋环境污染事件中，跨陆域和海域、跨不同行政区管辖海域的现象十分普遍，因此应学习国外的区域海洋的治理经验，在现有各涉海行业部门之上，组建生态环境委员会，将生态治理功能综合化。就海洋生态环境治理机制的设计理念看，"生态环境委员会"既能从"陆海统筹"原则出发关注大生态的治理理念，也能从整体性治理的视角将海洋生态环境治理工作提高

---

❶ 庄军莲：《广西涉海工程项目建设对海洋环境的影响分析》，《广西科学院学报》2011年第2期。

到涉及国家和省级层面战略发展的高度。

除机构设置外，海洋生态环境的执法协作也十分必要。协作执法包括：一是跨行政区域的环境执法协作，如上海、福建、浙江海洋执法队伍联合执法；二是跨部门海洋执法协作，在综合化环境执法体系建立后，跨部门的海洋环境执法部门，还有如海事、环保、军队等部门之间关于某区域海洋生态环境的协同执法需要解决；三是跨行政层级的环境执法协作，如地方海洋执法队伍和中国海警局的执法协作；四是跨国家海洋执法队伍的协作，如在东海海洋环境治理方面与韩国、日本在环境应急执法上的合作。浙江省海洋生态环境的执法合作可在借鉴上述的国家及区域合作机制的框架下，主动作为或积极参与，如近年来，自然资源部所属东海局牵头在东海海域开展环境协作执法，已经形成常态化机制，浙江应积极应用好这一机制。

（三）完善司法协同，构建司法支持体系和机制

首先需要完善海洋环境公益诉讼的支持机制。海洋生态环境诉讼机制是司法参与海洋环境治理的突破点，针对现有支撑体系不足的缺点，需要完善相互支持、功能互补的海洋环境公益诉讼体系，大力发展海洋环境保护社会组织、建立诉讼费用合理分担和缓减免机制[1]，建立海域互联网诉讼平台，实现诉讼的便捷性，等等。

整体性治理是海洋环境治理基于生态系统特征的治理目标和手段，从“合作”到“协同”，更多体现为治理目标和行动性上的一致性，故而需要在民行、检行、法检等的衔接、合作上促使机

---

[1] 余建华、沈羽石：《探索信息时代司法运行新模式》，《人民法院报》2020 年 11 月 7 日，第 1 版。

制完善。一是促进法院和检察院的协作。人民法院和人民检察院通过共同合作，在支持起诉、公益诉讼、服判息诉等方面，为维护社会公正提供司法保障，将数字化辅助手段融入法检监督管理当中，构建形成法检网络监督管理机制。二是信息共享，构建司法救济支撑体系。构建多主体信息共享机制，如浙江全省沿海可以率先构建海洋生态环境法律监督信息平台，实行跨区域信息共享，对案件审理前证据采集、报告书出具等事项，实现跨区域多部门共同参与，利用数字化转型加快司法协同，并探索建立数字化司法救济支撑体系。三是构建司法救济的监督体系。检察机关按照法律规定的监督职能，在检察过程中发现破坏生态环境类的情况后，可以直接向海洋环境监督管理部门、相关的公益组织告知有关案件线索，督促海洋环境监督管理部门、相关公益组织提起公益诉讼，或委托有权开展调解活动的有关部门开展调解工作。

（四）促进公众参与，优化守法机制

良好的海洋环境既是国家发展的需要，更是社会民生的需要，公众参与是海洋生态环境保护的法律实施的一大推动力量。一方面，公众作为海洋环境保护的维护者和监督者，可以及时发现污染海洋的行为，更加清晰地了解到海洋环境的污染状况和污染程度，直接参与到海洋环境污染的治理和防护过程中去。另一方面，公众也是良好环境的受益者。因此，完善海洋生态环境的守法体系，一是要充分调动公众的积极性，使其不断参与到海洋生态环境保护中来，不断加大信息宣传，让公众能在第一时间掌握环境污染的信息。行政机关、司法机关应逐渐和海洋公益组织、社会公众在信息沟通、人员配备等方面形成紧密合作。二是鼓励社会参与监督，严厉查处向海洋排放的不法行为，通过新闻媒体持续

监督非法的陆源排放行为。同时，为了激发公益诉讼的积极性，完善公益诉讼举报奖惩制度，建立第三方多元监督等措施，加强环境司法的治理力度。三是要不断明确各个负责海洋环境保护事项主管部门的职责，建立明确的责任承担制度，确保在海洋生态环境受到破坏时能直接找到责任主体，将责任承担具体化，以增强法律的威慑力。

“中国—东盟法律共同体”视域下我国区域海洋环境保护研究

田雪梅

（广西大学法学院　南宁　530004）

摘要：基于“中国—东盟命运共同体”的实践，本文提出构建“中国—东盟法律共同体”的尝试。随着中国—东盟合作进程的推进，中国—东盟在区域海洋环境保护中的合作越发深入，但中国—东盟的海洋环境保护合作中存在着些许法律问题，需要一套符合保护双方海洋环境利益的法律规则体系进行解答。既然构建中国—东盟法律合作的趋势成了促进中国—东盟合作的迫切需要，我们应以“共同体”思想为指引，建立具有特色的“中国—东盟法律共同体”，并在此基础上以我国的路径构建为视角，对我国区域海洋环境保护的路径进行国际法分析，进一步完善我国海洋环境保护的法律保障。

【作者简介】田雪梅，广西大学法学院2020级硕士研究生。

关键词：“中国—东盟法律共同体”；海洋环境；保护；国际法

随着海洋环境问题的不断显现，海洋环境的保护越发得到重视。法律作为一种行为规范与责任处理的有效手段，其在维护海洋环境上的作用越发明显❶。2021年11月22日，习近平主席就建设更为紧密的“中国—东盟命运共同体”提出五点建议，其中提到：要加强《区域全面经济伙伴关系协定》的落实，推进中国—东盟在经济等领域上的合作❷。深究五点建议的缘由，我们不难发现，中国与东盟的交往日渐深入。但近几年海洋环境污染问题仍然比较严重，尤其是海洋塑料污染，深深影响着我国人民与东盟各国人民的环境质量❸。为进一步改善中国—东盟海洋保护法制环境，推动中国—东盟关系进一步走实，本文特提出构建“中国—东盟法律共同体”的设想。就“中国—东盟法律共同体”在海洋环境保护视角下的概念而言，其指的是中国与东盟各国在海洋环境保护及国际文化等交流中，针对各项海洋环境保护相关的问题运用行之有效的规范。这是“中国—东盟命运共同体”思想在法律领域的细化，在一定程度上适应了中国—东盟的发展趋势和价值目标，有望进一步加强中国与东盟国家的友谊。加之欧盟法律一体化治理模式的实践与经验已很好地证明了共同体得以实践的

---

❶ 李道季、朱礼鑫、常思远：《中国—东盟合作防治海洋塑料垃圾污染的策略建议》，《环境保护》2020年第23期。

❷《习近平倡导构建更为紧密的中国—东盟命运共同体》，人民网，http://politics.people.com.cn/n1/2021/1122/c1001-32289032.html，访问日期：2022年10月12日。

❸ 李昕蕾：《全球海洋环境危机治理：机制演进、复合困境与优化路径》，《学术论坛》2022年第2期。

可能，社会各界对加强中国—东盟法律合作的呼声也更加高涨❶，构建“中国—东盟法律共同体”的构想即顺势而生。

一、“中国—东盟法律共同体”的思想溯源

“中国—东盟法律共同体”思想是共同维护中国—东盟海洋环境秩序和共同促进区域可持续繁荣的方案，它源于现有的“共同体”意识形态理论，具有深厚的意识形态渊源。“中国—东盟法律共同体”的愿景源于人类命运共同体理念，它主张中国与东盟国家在经济进步、海洋环境保护等领域进行法律合作，致力可持续发展。因此，要追溯“中国—东盟法律共同体”的思想渊源，需先深谙人类命运共同体的思想渊源。

（一）“天下大同”思想

中国自古就有“大道之行、天下为公”的不懈追求，有“民吾同胞、物吾与也”的博爱胸怀，有“天下和合、共为一家”的美好理想。之所以将我国传统的天下和合、共为一家视为“中国—东盟命运共同体”思想的思想渊源，是因为“天下和合、共为一家”思想所倡导的美好社会状态为“天下共一家、天下平和”，其倡导的理想状态与“中国—东盟法律共同体”构想具有相通性，即在中国—东盟区域内，与东盟各国和平交往，共同合作，共同获得进步，互帮互助❷。该思想渊源为中国—东盟之间的交往注入了新的思想活力，可为当前及以后中国—东盟的交往提供强有力的思想保障，为区域合作提供价值指引。

---

❶ 曹吉锋：《“一带一路”涉外法律服务实践与思考——以涉东盟国家法律服务为例》，《经济与社会发展》2020 第 6 期。

❷ 李栗燕：《人类命运共同体思想的中华法文化意蕴》，《法律科学》（西北政法大学学报）2021 年第 3 期。

（二）马克思主义共同体思想

对于“共同体”思想，马克思在其理论体系中并未系统论述，而是渗透于其他理论的论证当中[1]。马克思以历史唯物主义为视角，将共同体思想分为“自然形成的共同体”“抽象共同体”“虚幻共同体”“真正共同体”。作为最初的共同体形态，马克思认为“自然形成的共同体”与经过人类创造所得的共同体形态颇有不同[2]。这是人与自然共生的状态，根植于人类社会发展的固有规律，而不是由人的主观创作决定其因果。随着社会经济不断地发展，这种共同体形态逐渐转变为“抽象共同体”（也称为“货币共同体”）[3]。马克思将人从物的纠葛中分别开来进行研究，试图做到人在物质中的解放。但人终究还是要回到社会中，故马克思还将国家视为一种共同体形态，认为国家是一种“虚幻共同体”，是一种生于社会但高于社会的异化性力量。唯有不断运用文化来超越这种力量，才能不断地削弱其异化的可能，从而达到“真正共同体”的形态。由此，马克思揭示了人类社会关系的未来状态和人类社会发展的最高形态。作为推进中国—东盟关系的积极方案，中国—东盟共同体的建设能在该思想渊源中找到根据，探寻共同体发展之路径规律。

---

[1] 马克思主义理论以揭示虚假共同体的实质和阐释新的共同体，即真正的共同体为手段，以实现人的自由发展为目的，并且提出了“人的本质是人真正的共同体”的观点。马克思强调遵循共同体内在生成逻辑，使其逐渐走向“真正的共同体”，其认为真正的共同体就是共产主义社会，即能够实现人的解放和自由。

[2] 刘荣军、张镭宇：《人类命运共同体思想对马克思共同体思想的传承与创新》，《东南学术》2022 年第 2 期。

[3] 赵永帅、秦龙：《马克思共同体形态理论的世界政治意蕴》，《河海大学学报》（哲学社会科学版）2019 年第 1 期。

（三）西方世界主义理念

世界主义的核心观念是每个人都拥有某些基本权利❶，康德是现代世界主义的集大成者。就国家之间的关系而言，他主张通过法律形式实现一种有秩序的和平。他所构想的以“自由国家的联盟制度”为基础的和平的国际秩序，成为第一次世界大战后成立国际联盟和第二次世界大战后成立联合国的思想理论基础。世界主义所蕴含的“每个人不仅是民族国家的一员，也是人类社会的一员”的理念与中华传统文化“家国一体”的理念颇有共通之处。在12～13世纪，意大利的神圣罗马帝国统治瓦解，分裂成许多王国、公国、自治城市和小封建领地，引起了国内一波又一波移民潮❷。但是移民只能暂时地逃避国内的混乱状态，由于强烈的法律规范差异、风俗习惯差异及政治形态的差异，移民的意大利人并没有享受到切实的权益保护。随着移民数量的增加，他们越来越意识到法律权益保护的重要性。由此产生了以孟西尼为代表的意大利学派。他们认为可以建立一种超乎国家形态的国际私法体系，以此来对移民的公民进行保护。为国际私法的发展奠定基础的意大利法学家巴尔多鲁以承认一个超乎国家范围的国际私法为前提，提出著名的法则区别说，为西方的国际私法乃至于世界范围内的国际私法研究奠定了根基。

19世纪中后期，国际主义学派奠基人德国法学家萨维尼（Savigny）关于法律共同体的观点体现在法律关系说之中。从历史法的角度出发，萨维尼主张存在一个各民族的法律共同体，并提

---

❶ 世界主义思想（cosmopolitanism）在西方源远流长，在古代主要以斯多葛派（Stoics）的“世界公民”观念和使徒保罗的基督教兄弟观念为代表，在近代主要以康德的“世界政府”构想和马克思的共产主义理论为代表。

❷ 章尚锦主编：《国际私法》，中国人民大学出版社，2005，第21页。

出了平等研究国家国内法和外国法的倡议。提倡以法律关系本身的性质作为研究的出发点，由此来探讨法律冲突的解决方案。萨维尼的学说深刻影响着后世，直至现在的国际私法立法中也有体现，如最密切联系原则的设定便是如此。韩国学者柳炳华在提出关于国际共同体的观点时提及，国际法是共同体产生的预设，是各主权国家交往的桥梁，若仅依据国家间的协议进行交往而形成的国际法律共同体难免缺少法律固有的完整性和权威性，而通过国际组织的决议可在很大程度上摆脱这一现状。作为著名国际主义法学派人物之一的德国法学家巴尔在针对是否存在法律共同体的说法时提出，当不同国家或不同法律共同体的国民或成员发生法律交往时，国际私法需对其中的法律适用问题作出解答。法国的魏斯还认为世界存在一种超国家的国际私法，强调创建一个超乎国家性质的国际私法体系[1]。

由此，共同体思想延续到当代，诞生了不同类型的共同体，如东盟共同体、欧盟共同体等。尽管这些共同体的发展程度、合作内容皆有所不同，但其谋求发展的共同愿望是一致的，这是共同体思想付诸实践的体现。

二、“中国—东盟法律共同体”的概念和内容

阐释“中国—东盟法律共同体”在国际法中的概念和内容，是“中国—东盟法律共同体”思想的重要理论基础。“中国—东盟法律共同体”是为了共同维护中国—东盟海洋环境保护等秩序和共同促进可持续发展而提出的设想，其概念衍生于“中国—东盟

---

[1] 彭芩萱：《人类命运共同体的国际法制度化及其实现路径》，《武大国际法评论》2019 年第 4 期。

命运共同体”的概念❶。只要中国与东盟各国之间会因相互协作来应对风险制定政策，因执行相应政策而建立责任机制，需要相互合作，“中国—东盟法律共同体”就不是一种假象，而是可加以构建的“万丈高楼”。

（一）“中国—东盟法律共同体”的概念

“中国—东盟法律共同体”是将法律共同体思想运用在区域合作上的尝试。为更好地契合中国与东盟各国的发展利益，本文将“中国—东盟法律共同体”界定为：中国及东盟各国在相互尊重主权平等及互不干涉内政的前提下，尊重各方的文化传统及交易习惯，基于发展可持续经济的共识，互相协作，针对海洋环境保护等方面共同制定一系列法律、条约等形成的联合体❷。同时也将会依据共同制定的法律维护各国的海洋环境利益。更确切而言，即指中国与东盟各国以主权平等为基础，以法律共同体为载体，基于双方日益加深的战略互信、共同的国家利益及法律共识，为了确定相互间的权利与义务，解决双方共同面临的海洋环境保护挑战而建立的法律规则体系。由中国与东盟各国制定的强行法、条约、具体法律制度等构成。

（二）“中国—东盟法律共同体”的内容

我国南部省份与东南亚国家无论在经济发展还是在文化交流上，都存在着千丝万缕的关系。例如，广西壮族自治区与越南边境约 1 020 公里，是中国和东盟之间唯一有陆地和海上通道的省

---

❶ 曾加：《“一带一路”倡议下我国海权的国际法分析》，《中共青岛市委党校．青岛行政学院学报》2020 年第 6 期。

❷ 左海聪：《人类命运共同体思想与国际经济法律制度的变革》，《法学杂志》2020 年第 1 期。

份❶，得天独厚的血亲和地缘关系直接拉近了我国与相关国家的交往。由此，“中国—东盟法律共同体”可按需而建。“中国—东盟命运共同体”是政治、安全、经济、文化和生态五位构成的有机统一体，而“中国—东盟法律共同体”是“中国—东盟命运共同体”在法律领域的细化和深化，在海洋环境保护层面，其主要包含的内容是如何通过与各国的法律合作，充分运用法律手段为海洋环境保护提供高效、便捷、绿色的法律保障。此外，中国与东盟各国需严格按照各方签订的行为准则等具有法律效力的文件进行环保执法。为了各方便利及其海洋环境保护的需要，中国与东盟各国可在平等协商的基础上签订各项协定、行为准则等，以可持续发展为目标，共建绿色和谐的海洋环境。

三、“中国—东盟法律共同体”背景下我国海洋环境保护面临的挑战

“中国—东盟法律共同体”是在“中国—东盟命运共同体”背景下的尝试，结合我国海洋环境保护权益的保护现状进行思考，笔者认为，在“中国—东盟法律共同体”设想下，我国海洋环境权益保护遇到的挑战将与“中国—东盟命运共同体”的实践遇到的挑战相契合，但是后者的挑战侧重体现在科技、经济、文化等方面，呈现出综合性的特征，前者侧重点将体现国家间对海洋环境保护的重视程度、法律基础差距和国际法的阙如等方面，专业性与针对性较强。

（一）各国对海洋环境保护的程度存在差距

就目前而言，因区域内的国家之间经济发展程度不一，法系

---

❶ 潘霓：《广西边境地区安全问题与治理》，《广西警察学院学报》2020 年第 2 期。

背景不同，国情不一，相关国家之间形成了不同的环境保护理念、原则和治理标准。如以优美的国内环境闻名世界的新加坡，无论是对陆地环境保护还是对海洋生态环境的保护，都制定了一系列严格且完整的立法体系。在海洋环境保护中，更是采取了严格的法律体系，在规定内容及其执行中都体现了积极严格的保护态度。对于海洋生态环境的保护，采取了循序渐进的过程，重视程度不断得到提高，早期在港口贸易提升经济的领域产生了大量的海洋生态破坏和环境问题，但如今却尤为注重环境对城市发展的影响，在填海造陆工程中利用焚化垃圾和工业垃圾作为填海材料的做法便是上述理念的体现❶。其海洋法律体系较为全面，体现了经济效益与海洋环境效益的有机结合。无论是在国内立法还是在国际合作中，都竭力注重海洋生态环境的保护。而印度尼西亚、越南、泰国等作为亚洲垃圾入海较为严重的国家，在国内立法、国际合作层面对海洋环境保护的态度与新加坡存在一定差距，它们对海洋环境保护的重视程度较低，立法技术略有不足❷。可见，国家间对海洋环境保护的重视程度存在差距是不争的事实，同样也是“中国—东盟法律共同体”设想在海洋环境保护推进中的影响因素之一。

（二）海洋环境保护制度不完善

“中国—东盟法律共同体”的表现形式之一为各项相关制度。而这需要各相关国家在完善自身制度的基础上进行法律合作，方能更好地支撑海洋环境保护制度在国际层面的交流。目前，国内学者关于海洋环境保护权益法律问题的探讨相对单薄，对现有国

---

❶ 王勤：《新加坡全球海洋中心城市构建及其启示》，《广西社会科学》2022 年第 4 期。

❷ 《东盟国家向海洋垃圾“宣战”》，海外网，https：//baijiahao. baidu. com/s?id = 1637818815827391677&wfr = spider&for = pc，访问日期：2022 年 10 月 13 日。

际法如《联合国海洋法公约》（以下简称公约）的研究不够透彻，难以实现对相关国际法的充分利用，理论基础的缺乏直接影响了我国海洋环境保护的制度构建。且在立法层面，国内法与公约衔接不足，如相关措辞的表述与公约存在差异。然而，公约本身的缔约性质决定了其并不能对所有与海洋相关的事宜进行全面且细致的规定，因为这忽视了各国之间存在的多种差异，故其规定多是在求同存异的基础上对相关内容进行不特定的约束，缺乏一定的针对性。这在一定程度上影响了公约本身的强制力，也影响了各国对公约的落实。加之各国对公约的履行需综合考量其中的利益关系，趋向性较为明显，使得部分缔约国对公约内容的履行呈现出参差不齐的状况。

（三）我国对海洋环境治理规则构建的参与不足

我国对海洋环境治理规则多以“软法”的存在方式为主，虽缺乏一定的强制性，但部分“软法”却推进了国家间的实践，如联合国环境大会等机构的相关决议在应对海洋环境治理中发挥着不可磨灭的作用❶，各国纷纷以自愿性承诺的方式来表示对决议的遵守。但是在海洋环境治理规则层面，我国呈现出参与不足、立法技术性缺乏等问题❷。当前国内学术界对于海洋环境治理规则的概念、特征、形成过程、影响因素等基础理论难以进行充分讨论，理论研究起步较晚，基础较为薄弱，因此，对于海洋环境治理规则的构建难以提出完整性、权威性观点，从而影响规则构建的参与水平。此外，相关的海洋环境标准尚未建立，存在立法空白，也影响着我国对海洋环境治理规则的构建。

---

❶ 邱寅莹：《国际软法在东盟环境合作中的作用》，《学术探索》2017 第 6 期。

❷ 刘惠荣、齐雪薇：《全球海洋环境治理国际条约演变下构建海洋命运共同体的法治路径启示》，《环境保护》2021 年第 15 期。

（四）区域海洋环境保护机制不完善

法律合作机制的构建也是海洋环境保护的基础。但就目前而言，中国与东盟各国在区域海洋环境保护机制层面尚未成熟。区域海洋环境保护机制是中国与东盟各国海洋环境保护的重要领域，可为区域海洋环境保护提供可供判定的标准，辅助各项制度的执行。但目前中国与东盟各国在该领域还未对海洋环境保护相关的标准进行统一确定，如最低环境标准机制、冲突解决机制、惩罚机制等都存在缺漏[1]。最低环境标准机制尚未得到统一，将直接导致执行标准不一；冲突解决机制不确立，将降低区域海洋环境保护规定的生命力；惩罚机制存在缺漏，将直接影响法律执行的效果。三者的缺漏都将导致混乱的局面，对海洋环境利益的侵害认定易产生分歧。不利于区域海洋环境的保护。唯有对机制予以完善，才能对相关条约的执行提供切实可行的标准。

四、“中国—东盟法律共同体”背景下我国海洋环境保护的出路

（一）建设更为紧密的“中国—东盟命运共同体”

海洋环境保护不仅是“中国—东盟命运共同体”推进的重要内容，也是中国“21 世纪海上丝绸之路”建设不能回避的重要内容。不同的国情自然会造就不同的环境保护理念，故各国对海洋环境保护的程度存在差距是必然的结果，但这不应该成为中国与东盟各国海洋环境保护合作的消极影响因素。各方需在尊重主权的基础上寻求共同点，面对共同存在的海洋环境保护问题进行合

[1] 潘晓滨、王梓茭：《“一带一路”倡议下中国与东盟环境保护合作法律路径探析》，《天津法学》2020 年第 1 期。

作，从而实现共赢。因此，我们需要在审视各国对海洋环境保护差异的基础上寻求共识，加强互信，才能为“中国—东盟法律共同体”的推进提供有力的支撑。而这个共识，即是共同面对的关于海洋环境污染的挑战。对此，中国—东盟要建设更为紧密的中国—东盟命运共同体，建立共同针对海洋环境保护的法律体系。

我国与东盟各国地理位置密切，血亲和地缘关系难以磨灭，交往密切。面对各国在海洋环境保护上存在的差距，首先要提升战略互信，推进未来五年各领域的合作，加强基础设施互联互通合作；其次要提升经贸合作，进一步实施好《中国—东盟自由贸易协定》，鼓励投资、相互开放市场，促进澜沧江—湄公河合作，再次加强技术创新合作，在大数据、区块链、远程医疗方面创造新亮点，加强防疫合作，共同建立应急医疗物资储备，建立中国—东盟公共卫生应急联系机制。促进经济合作，推动形成紧密联系的中国—东盟关系❶。“中国—东盟命运共同体”是有利于增进人民福祉，促进各国经济繁荣的合作道路。唯有建设更为紧密的“中国—东盟命运共同体”，才能在此基础上进行“中国—东盟法律共同体”的构建。基础越稳固，合作越深化，构建就越完善。

（二）充分研习国际法，形成中国—东盟法律新制度

我们有必要在审视海洋环境保护现状的基础上提出，由各国共同制定基本法律制度，在不违背国际法及中国—东盟签订条约的基础上，对中国及东盟各国的海洋环境保护建立相应的制度❷。将各项可涉及的问题进行预设，适当将各项海洋环境损害纠纷的

---

❶ 马其南、赵畅：《论构建人类命运共同体的世界历史价值》，《学校党建与思想教育》2021 年第 19 期。

❷ 何志鹏、耿斯文：《全球海洋环境治理——“对世义务”的困境与“海洋命运共同体”的功能展现》，《大连海事大学学报》（社会科学版）2022 年第 1 期。

解决制度纳入立法范围，为问题的解决提供可行的法律依据。需要指出的是，建立新的法律制度并非否定现有公约的作用，而是要在不违背现有公约的基础上充分利用公约，形成中国—东盟法律制度。将各项争端的解决方式及各项事项的规定纳入新的层面上来，是为了更及时有效地促进中国与东盟各国的法律合作，为各当事方提供准确的行为准则和依据。此外，作为“中国—东盟法律共同体”思想源泉，人类命运共同体思想应作为中国对东盟国家进行制度构建的思想基础。当各国的交往互相具有利益相似性时，即是利益联合体形成的契机，利益共同体能促进各方真正做到在共同谋求可持续发展的框架下对海洋环境保护问题进行商议❶。

（三）提升国际海洋环境法的制度性话语权

对于海洋环境治理规则的构建，除了要对理论基础进行夯实，还需要提升国际海洋法的制度性话语权。国际海洋法的制度性话语权是国家综合实力的体现，国际海洋环境法层面的制度性话语权衡量的标准主要是国家综合实力的高低，此外还体现在国家对公约的执行中、国内立法与公约的衔接程度中。在中国—东盟国家的关系上，还表现为我国在与东盟各国的交往中，因此在遵守公约的基础上，我国需如实、精准、恰如其分地用语言进行表达，通过国际海洋环境法制度性话语的描述来推进我国海洋环境权益的保护❷。同时，在中国—东盟的关系中，我国虽积极参与，在构建“中国—东盟法律共同体”上做出不少贡献，但由于大国强权

---

❶ 孙超、马明飞：《海洋命运共同体思想的内涵和实践路径》，《河北法学》2020 年第 1 期。

❷ 张晏瑲：《由法律视角论中国特色的海权合作发展模式》，《江苏大学学报》（社会科学版）2020 年第 1 期。

政治的干涉及其他原因，我国并未得到与自身综合国力相称的国际海洋法制度性话语权。这需要我们进一步提高对国际海洋事务的参与力度、在坚决维护海洋环境权益的基础上充分表达履行国际海洋法的思想。在立法技术性层面，我国需要完善各项海洋环境保护法律❶，努力提高全民海洋环境意识，让民众认识到海洋环境保护的重要性，并为加强海洋环境保护贡献力量。

（四）加快海洋环境保护机制建立进程

最低环境标准机制、冲突解决机制、惩罚机制等机制的建立，需要分层次进行针对性分析。对于最低环境标准机制与惩罚机制，我国与东盟各国可通过签订多边条约的形式进行统一，对于特殊领域如跨学科、专业性强的内容，可通过协议进行补充❷；对于冲突解决机制，双方可摒弃传统贸易优先或环境优先的单一性做法，借鉴《北美自由贸易协议》的做法，采用冲突最小的优先适用方式，在充分协商的基础上对冲突进行合理化处理❸；此外，在机制构建思想基础层面，我国海洋环境保护机制的构建应坚持“和平合作、开放包容、相互学习、互利共赢”的精神来增加持久的世界影响力。一旦中国—东盟各国通过海洋环境保护这一路径建立了互信，“中国—东盟法律共同体”的倡议将无往不利。

五、结论

针对海洋环境的保护，我国与东盟各国越发注重以国际法律

---

❶ 吴妤婷、白佳玉：《基于可持续发展目标的海洋资源综合立法》，《资源科学》2022 年第 2 期。

❷ 杜浩渺：《碳中和目标下海洋地球工程的国际法规制和政策启示》，《中国环境管理》2021 年第 6 期。

❸ 熊黎：《中国—东盟环境附属协定的法律框架设计》，《广西大学学报》（哲学社会科学版）2021 年第 4 期。

合作的方式进行维护，如《中国—东盟环境合作战略及行动框架2021—2025》中提到的可持续城市与海洋减塑等❶。很显然，国际法已然变成处理国际问题的重要方式。在此种背景下，对于极具国际性的海洋环境问题，受地理环境影响，涉及面尤为广泛，依靠国际法来处理国际环境问题符合国际思想潮流。本文提出的“中国—东盟法律共同体”设想同样遵循了依靠法律来规范海洋环境保护问题的规律。同时，该设想与中国海洋环境保护的最佳结合，就是根据海洋环境观的内在逻辑来构建海洋环境保护的法律合作机制。为中国—东盟的海洋环境保护提供完善的行为准则及依据，只有行为具有依据，结果才能获得合法性的辨析。通过法律合作的方式，能推动更为紧密的“中国—东盟”关系，加强中国与东盟各国的国际交往，促进海洋环境保护向法制化方向发展。自1991年正式对话以来，中国积极与东盟各国在各项事务上平等协商共建，积极签订各项条约。历史与实践证明，只有以法律合作的形式才能形成中国—东盟环境保护责任共同体框架❷；中国—东盟关系建立在更加稳固的法律基础上，能更好地推动双方关系长期稳定发展。不管是“一带一路”倡议还是“中国—东盟法律共同体”的构建尝试，都是人类命运共同体思想运用在具体方面的实践，共同体理念的尝试应成为妥善解决海洋环境保护问题的路径。而“中国—东盟法律共同体”便是在寻求法律共识的基础上，希冀建立一个平等有序、共建共享的海洋环境保护合作环境，为海洋环境现存问题的解决提供一个较为完整的法律框架，这是

---

❶ 《中国—东盟环境合作战略及行动框架2021—2025》，EISP中国—东盟环境信息共享平台，http：//www. lmec. org. cn/chinaaseanenv/zlyxdjh，访问日期：2022年10月13日。

❷ 刘志云：《新时代中国在“国际法竞争”中的大国进路》，《法学评论》2020年第5期。

本文写作的愿景及初衷。在新的法律框架下，海洋环境的保护将会有充分的法律依据。但我们需要对“中国—东盟法律共同体”的参与构建人员设立相应条件。首先，“中国—东盟法律共同体”的参与的条件需秉持不干涉他国内政的原则；其次，拥有独立辨析的客观分析能力，这能在一定程度上拒绝受到他国新冷战思维的影响；最后，参与构建人员需拥有足够的法学专业素养。

此外，中国在持续推进中国—东盟战略伙伴关系的同时，还应积极就海洋环境保护议题与东盟保证信息畅通，即及时通过社交媒体回应海洋环境保护动态，增强互动的及时性、有效性，以求共同维护海洋环境保护地区的稳定与和平，由此来促进各国协同向上，共创干净无污染的海洋环境愿景。

“一带一路”中国海外利益保护能力建设*

王 栋

（山东科技大学文法学院 青岛 266590）

摘 要： 伴随着中国国力的不断增强，对外投资规模的不断扩大，中国在海外的利益规模不断扩大，但是与此相配套的海外利益保护能力，尤其是法律保护能力，没有能够做到同步发展，有许多问题亟待解决。《中华人民共和国仲裁法》需要作出适用主体方面的修订。涉外仲裁的“内部报告制度”需要改革。中国应当探索制定《中华人民共和国海外投资保险法》。应当进一步加强海外风险预警制度建设，完善领事保护工作机制，并同时加强外交保护制度建设，发挥外交保护保障作用。应当加强对ISDS仲裁机制建设的探索，推动“亚洲投资法院”的建设。

---

* 本文系教育部哲学社会科学研究重大课题攻关项目“新时期中国海洋战略研究”（项目批准号：13JZD041）的阶段性成果。

【作者简介】王栋，山东科技大学文法学院讲师。

关键词：海外利益；仲裁法；内部报告制度；海外投资保险法；ISDS。

近年来，随着中国经济发展逐步加快，尤其是自2013年“一带一路”倡议提出以来，我国的海外投资规模快速增长，至2021年，我国已经超越美国，成为世界第一大对外投资国。我国海外利益越来越多。当世界进入百年未有之大变局时，不管是国家还是公民、法人等利益主体，都不能不关心我国海外利益的维护，当然主要是在受到侵犯或有遭受侵犯之虞时对我国海外利益的维护。但是，由于种种原因，我国维护海外利益的能力明显不足，其中包括对维护海外利益所作的准备不充分。在作为国家战略的海洋战略中，对维护海外利益我们不能不做类似“亡羊补牢”的工作。

一、海外利益保护的立法建设

提高海外利益保护能力需要以国内完善的立法体系为法律基础。我国在国际社会中长期以资本流入的发展中国家身份参与国际关系，海外利益规模较小，导致国内立法体系在海外利益保护上存在诸多缺陷和漏洞，亟待完善。中国共产党第十九届中央委员会第四次全体会议（以下简称十九届四中全会）提出：“加强涉外法治工作，建立涉外工作法务制度，加强国际法研究和运用，提高涉外工作法治化水平。”[1] 这为进一步完善海外利益保护立法提供了有力支持。

（一）修订《中华人民共和国仲裁法》

随着“一带一路”建设进入高质量发展的快车道，海外投资

---

[1] 《中共中央关于坚持和完善中国特色社会主义制度、推进国家治理体系和治理能力现代化若干重大问题的决定》，人民出版社，2019，第38页。

规模急剧扩大，国际经济交流与活动日益频繁，跨国投资争端也将不可避免地增多。跨国投资争端按照主体类型不同，可分为三种：其一是平等的民商事主体之间的争端；其二是投资者与东道国之间的争端（investor - state dispute settlement，以下简称“ISDS”）；其三是投资者母国与东道国之间的争端。第三类争端除了少数由国际政治、外交等因素引起，往往由前两种争端未能得到妥善解决演变而来。对于平等民商事主体之间的投资争端，投资者可以选择求助于东道国国内司法保护，但是由于各国法律制度和司法环境存在较大差异，往往给投资者带来较大的司法成本，保护效果也往往不尽如人意。因此，国际商事仲裁成为大多数跨国投资者青睐的争端解决途径。对于投资者与东道国之间的争端，最为通行的路径是寻求 ISDS 仲裁机制保护。

2018 年，党中央提出：“支持具备条件、在国际上享有良好声誉的国内仲裁机构开展涉‘一带一路’国际商事仲裁”。[1] 不过，现行《中华人民共和国仲裁法》（以下简称《仲裁法》）似乎不能为开展这些工作提供充分的法律支持。根据维护海外利益的需要，我国应当通过尽快修订《仲裁法》，完善我国的涉外仲裁制度。

第一，建立涉外仲裁案件否定性裁定的“有限上诉制度”，替代“内部报告制度”。

我国的仲裁制度属于“双轨制”。对涉外仲裁裁决的司法审查，主要依赖于最高人民法院建立的“内部报告制度”。“内部报告制度”要求受理案件的人民法院对于涉外、涉港澳台仲裁司法

---

[1] 《中共中央办公厅、国务院办公厅印发〈关于建立“一带一路”国际商事争端解决机制和机构的意见〉》，中国政府网：http：//www. gov. cn/xinwen/2018 - 06/27/content_5301657. htm，发布时间：2018 年 6 月 27 日。

审查案件，如要作出否定性结论的——即拟认定仲裁协议无效、不予承认（认可）和执行仲裁裁决、撤销仲裁裁决的，须逐级报请最高人民法院审定。[1] 对于国内仲裁协议或裁决的司法审查，最终权限则一般由中级人民法院行使。[2] “内部报告制度”是最高人民法院为应对地方保护主义及下级法官裁判水平较低而建立的一套临时机制，是为了弥补《仲裁法》的缺陷而创立的制度，在中国承认与执行外国仲裁裁决方面，其重要作用和价值应予肯定。实践中，“内部报告制度”已经成为我国确保高质量执行公约的必要手段。[3] 但是“内部报告制度”是由最高人民法院以“通知”“规定”“复函”[4] 等形式创设的，一直存在合法性危机。与此相关，“内部报告制度”的执行也存在执行不严、耗时过长、欠透明性、“内外有别”、标准不一等问题。虽然最高人民法院近年来密

[1] 最高人民法院自1995年以来，先后下发了《关于人民法院处理与涉外仲裁及外国仲裁事项有关问题的通知》《关于人民法院撤销涉外仲裁裁决有关事项的通知》《关于承认和执行外国仲裁裁决收费及审查期限问题的规定》三个文件，确立了针对涉外仲裁案件的“内部报告制度”。参见朱科：《国际商事仲裁司法审查案件内部请示报告制度的转型》，《法学杂志》2017年第6期。

[2] 仅北京等少数省市规定，相关中级人民法院在裁定撤销国内仲裁裁决，或通知仲裁庭重新仲裁之前，须先报请高级人民法院进行审查。参见沈伟：《我国仲裁司法审查制度的规范分析——缘起、演进、机理和缺陷》，《法学论坛》2019年第1期。

[3] 该制度对于保证国际仲裁司法审查案件的质量，统一国际商事仲裁司法审查的标准和尺度，维护我国司法权威和司法公信力，彰显我国支持仲裁的政策价值取向和认真执行1958年联合国国际贸易法委员会《承认及执行外国仲裁裁决公约》等国际公约的严肃态度，具有重要意义，因而得到了国内外仲裁法学界的高度评价。参见朱科：《国际商事仲裁司法审查案件内部请示报告制度的转型》，《法学杂志》2017年第6期。

[4] 根据“内部报告制度”的要求，我国人民法院对涉外仲裁案件作出否定性裁定，都必须依赖最高人民法院的复函。

集发布了一批新的司法解释,[1] 弥补了“内部报告制度”存在的一些缺陷，比如力图使“内外双轨制”的仲裁司法审查制度走向“并轨”，但是，“内部报告制度”的性质不明确、程序不透明、审查期限不受限等问题[2]仍未得到解决。通过修订《仲裁法》，使之与《民事诉讼法》相协调，不仅可以用国家立法明确“内部报告制度”的身份，同时可以弥补其缺陷。

“内部报告制度”不属于诉讼法意义上的审判监督关系，而属于“审前监督制度”。它要求有关中级人民法院把本应由该中级人民法院依法独立作出裁判的案件，逐级请示至最高人民法院，并以最高人民法院的意见作为管辖法院的意见对外作出裁判。它使可能作出否定性裁定的涉外仲裁案件形式上由相关中级人民法院一审终审，但实际上经历三审程序。这既与我国“两审终审制”的审级制度相悖，也使上下级法院之间关系不适当的复杂化。[3] 不仅如此，在案件逐级上报至最高人民法院的审查过程中，由于各级法院一般都只进行书面审查，这就造成双方当事人向仲裁机构和法院陈述理由、发表意见的机会丧失。在这样的程序下，最终裁定结果的公正性只能寄托于最高人民法院法官的公正。

对完善“内部报告制度”，朱科先生建议建立对涉外仲裁案件

---

[1] 2017 年 5 月 22 日最高人民法院发布了《关于仲裁司法审查案件归口办理有关问题的通知》，2017 年 12 月 26 日最高人民法院发布了《关于仲裁司法审查案件报核问题的有关规定》《关于审理仲裁司法审查案件若干问题的规定》，2018 年 2 月 22 日最高人民法院发布了《关于人民法院办理仲裁裁决执行案件若干问题的规定》。

[2] 沈伟:《我国仲裁司法审查制度的规范分析——缘起、演进、机理和缺陷》，《法学论坛》2019 年第 1 期。

[3] 朱科:《国际商事仲裁司法审查案件内部请示报告制度的转型》，《法学杂志》2017 年第 6 期。

否定性裁定的“有限上诉制度”，以上诉救济代替审判前的审查救济。[1] 我们认为，“有限上诉制度”方案能够将“内部报告制度”转化成为《民事诉讼法》之内的制度，可以解决上述“内部报告制度”性质不清等问题。不过，按朱科先生的方案，涉外仲裁案件否定性裁定的裁决权力将交由高级人民法院行使。现阶段似不宜将对涉外仲裁案件否定性裁定的司法权力全部交给高级人民法院。最高人民法院设立国际商事法庭，建立“一站式”国际商事纠纷解决机制[2]等制度建设，为解决此问题提供了契机。

根据国际商事法庭的相关规定，[3] 对纳入“一站式”国际商事纠纷解决机制的仲裁机构所受理的国际商事纠纷案件，当事人可以根据相关规定，在申请仲裁前或者仲裁程序开始后，向国际商事法庭申请证据、财产或者行为保全；在仲裁裁决作出后，可以向国际商事法庭申请撤销或者执行仲裁裁决。国际商事法庭具有最高审级，能够实现对案件的一审终审，并省去了“内部报告制度”逐级上报的冗长过程。可以预见，符合条件的仲裁案件的当事人，会越来越多地倾向于选择国际商事法庭作为一审法院。对于仲裁机构未纳入机制，或当事人未选择国际商事法庭作为一审法院的案件，可以将国际商事法庭确立为“有限上诉机制”的专门上诉法院。这可以保证在“有限上诉制度”下，涉外仲裁案件

---

[1] 朱科：《国际商事仲裁司法审查案件内部请示报告制度的转型》，《法学杂志》2017 年第 6 期。

[2] 2018 年 6 月 29 日，最高人民法院宣布成立国际商事法庭，推动形成“一站式”国际商事纠纷解决机制。并确定中国国际经济贸易仲裁委员会等 8 家机构作为首批纳入“一站式”国际商事纠纷多元化解决机制的仲裁和调解机构。参见《“一站式”国际商事纠纷多元化解决平台》，国际商事法庭官方网站，http: //cicc. court. gov. cn/html/1/218/321/323/index. html，发布时间：2018 年 6 月 28 日。

[3] 《“一站式”国际商事纠纷多元化解决平台》，国际商事法庭官方网站，http: //cicc. court. gov. cn/html/1/218/321/323/index. html，发布时间：2018 年 6 月 28 日。

否定性裁决的司法权力依旧由最高人民法院行使。

综上所述，“内部报告制度”改革的可行方案为：（1）取消“内部报告制度”，在《仲裁法》中规定，除由最高人民法院国际商事法庭作出的一审判决外，一审法院对涉外、涉港澳台仲裁案件作出否定性仲裁后，当事人可以向国际商事法庭提起上诉；（2）国际商事法庭对上诉案件所作的判决为终审判决，不设置再审程序；（3）国际商事法庭处理上诉案件时，依照《民事诉讼法》关于民事案件二审程序相关规定进行审理；（4）国际商事法庭对上诉案件的审查范围，仅限于上诉人提出上诉且法律有规定的事由。

第二，修改《仲裁法》第2条对仲裁适格主体的限制性规定。

《仲裁法》第2条规定：“平等主体的公民、法人和其他组织之间发生的合同纠纷和其他财产权益纠纷，可以仲裁。”这一规定排除了国家成为我国仲裁适格主体的可能性。这导致我国的ISDS机制建设长期停滞，无法处理投资者—东道国之间的投资争端。投资者在海外投资利益受到东道国政府非正当的国有化、征收等行政侵害时，可以通过ISDS机制，直接诉诸国际仲裁庭，而不是依赖母国政府保护。这有利于国际投资争端解决的非政治化，也避免了东道国法律体制中可能存在的司法腐败、地方保护主义、效率低下等因素对争端解决的干扰。相较于传统的外交和司法解决方式，ISDS机制具有明显优势，已经得到国际社会的广泛认可。随着“一带一路”建设的不断推进，我国海外投资承受东道国政府不当行政行为打击的政治风险不断增长。积极参与国际ISDS机制的建设和改革，鼓励和推动中国资本通过ISDS机制路径维护海外利益，应当成为中国的战略选择。诚然，目前国际通行的ISDS机制也存在诸多弊端，改革迫在眉睫。正因如此，中国才应当以积极的姿态参与该机制改革，贡献中国方案。2016 年 12 月 1 日起深圳国际仲裁院实施新规则，首次规定我国内地仲裁机构可以受理投资者—国家之间的争端（ISDS）案件。[1] 这被学界视作对 ISDS 机制国内适用的重要探索，是仲裁机构在最高人民法院支持下为“一带一路”提供法律保障的创举，也反映了中国投资者对 ISDS 机制的迫切需求。但是，如不修改《仲裁法》第 2 条对参与仲裁主体资格的限制性规定，在中国国内法体系中 ISDS 机制就缺乏合法性基础，民间仲裁机构对 ISDS 机制适用的探索与尝试，也将因缺乏法律支持，成为无源之水。

我们建议，《仲裁法》第 2 条增加一款，作为第 2 款，规定：“投资者与东道国之间有关国际投资的争端，适用本法。”

（二）制定“中华人民共和国海外投资保险法”

相较于 ISDS 机制，海外投资保险制度，是更为便捷、高效的海外投资政治风险保护机制。海外投资保险，是一国政府或一种专门建立的公营机构对本国海外投资提供的保护，它通过政府或者公营机构对风险承保，来降低投资者损失。在政治风险发生后，海外投资企业可以利用海外投资保险制度提供的保障措施减少自身损失。保险机构对投保的投资者支付保险金，投资者得到补偿之后，海外投资保险机构取得代位向东道国政府索赔的权利。[2] ISDS 机制需要投资者通过国际仲裁主张权利。实力较弱的投资者，往往无力负担仲裁过程中的时间成本和经济成本。而将政治风险

---

[1] 郭雪晴：《我国商事仲裁机构受理国际投资争端可行性——以深圳国际仲裁院新仲裁规则为视角》，《〈上海法学研究〉集刊》（2019 年第 17 卷总第 17 卷），第 114－123 页。

[2] 梁开银：《论海外投资保险代位权及其实现——兼论我国海外投资保险立法模式之选择》，《法商研究》2006 年第 3 期。

转移给专门的海外投资保险机构，由政府背书，由海外投资保险机构负责向东道国政府求偿，能够更有效地保护投资者的利益。美、日、德等资本输出大国已经建立了完善的国内海外投资保险制度。1985 年 10 月 11 日在世界银行年会上通过的《多边投资担保机构公约》建立的多边投资担保机构（Multilateral Investment Guarantee Agency）也为世界各地的投资者提供了多边国际投资政治风险保险机制。我国目前也已签署该公约，成为该公约的成员方。

我国在海外保险制度的建设上已经进行了较长时间的探索。2001 年 12 月 18 日正式揭牌运营的中国出口信用保险公司（以下简称中国信保）是我国唯一一家能够承接海外投资保险业务的政策性保险公司，开展海外保险业务已经近 20 年。我国也已核准参加《多边投资担保机构公约》。但遗憾的是，我国至今没有在立法层面出台一部对外投资保险的基本法律。海外投资保险属政策性保险，与通常的商业保险不同。《中华人民共和国保险法》只调整商业保险，并且只规范在我国境内从事的保险活动。[1] 海外的投资保险不适用该法。该法自然也未建立涉及海外为投资保险制度。目前，我国海外投资保险制度的法律依据只有一些低位阶的部门规章。[2] 比部门规章效力更低的文件有《中国出口信用保险公司章程》、《中国出口信用保险公司投资保险业务承保管理暂行规定》、中国信保官方网站中的《投保指南》。其中一些只是公司内部业务管理文件。所以，我国已经探索许久的海外投资保险制度，实质

---

[1] 《中华人民共和国保险法》第 3 条规定：在中华人民共和国境内从事保险活动，适用本法。

[2] 2005 年国家发展和改革委员会发布的《关于建立境外投资重点项目风险保障机制有关问题的通知》、2006 年国家开发银行和中国出口信用保险公司联合发布的《关于进一步加大对境外投资重点项目金融保险支持力度有关问题的通知》。

上处于法律规定模糊混乱、无法可依的状态。这使我国的海外投资保险制度缺乏法律基础，导致投资者在理赔过程中难以寻求司法保护。由于法律没有提供充分的保护，致使投资者选择通过对外投资保险制度保护投资利益的积极性大受挫伤。[1]

美、日、德等老牌资本输出大国，都通过国内立法建立海外投资保险制度。起草制定一部细致明确的“中华人民共和国海外投资保险法”，通过立法的形式，建立我国的海外投资保险制度，应当成为提升我国海外利益保护能力的重要战略举措。

海外投资保险制度大致可以分为三种模式：（1）以美国为代表的双边保证模式。在美国，想要投保的海外投资者需要符合一个法定条件，那就是要在与美国有双边投资保证协定的国家投资。[2] 美国对外投资保险采取的是一种双边投资保证的模式。[3]（2）以日本为代表的单边保证模式。这种模式不以双边投资保证协定为承保的前提，可以有效弥补本国与东道国可能缺乏双边投资安排，或者虽有双边投资安排但投资保护不充分等缺陷。[4]（3）以德国为代表的“混合”保证模式。德国的海外投资保险模

---

[1] 据“中国信保”官网发布《2018 年度报告》统计，虽然承保金额增长明显，但是不同的保险类型其发展规模相差比较悬殊，短期出口信用保险承保金额明显占据主要位置，承保金额为 4 814 亿美元，海外投资保险承保金额只是其 12% 左右，为 581.3 亿美元。如今我国是资本净输出国并且是第二大对外投资国，我国海外投资数目与日俱增，上述数据反映出的海外投资保险发展情况与我国在全球的投资地位是不符的，改变我国企业海外投资保险投保不足的现状十分必要。（参见《2018 年度报告》，“中国信保”官方网站，http：//www.sinosure.com.cn/js/nb2018/nb.html，访问时间：2020 年 3 月 15 日）

[2] 姚梅镇：《国际投资法》，武汉大学出版社，2011，第 221 页。

[3] 史晓丽：《构建中国海外投资保险制度的法律思考》，《国际贸易》2013 年第 11 期。

[4] 潘晓明：《构建中国企业海外投资保护体系——以日本经验为借鉴》，《国际经济合作》2017 年第 9 期。

式是双边为主、单边为辅的“混合”模式。在这种模式下，投资者以德国与该被投资国有双边投资保证协定为投保前提。但这一前提性要求又非绝对不可突破。如果某国的国内法环境被德国认定为适合开展投资，即使与该国无投资保证协定，本国投资者也可投保。

有学者认为，我国应当采用与德国类似的“混合”保护模式，❶ 考虑到我国与世界各国尚未普遍签订投资保证协定，如果用“双边保证模式”，则有些国家的投资者将无法投保。混合模式则不存在此问题。因此，我们也倾向于采用混合模式。

综上所述，“中华人民共和国海外投资保险法”应当包含以下内容：（1）明确规定海外投资保险业务性质为国家专营。参考德国立法模式，规定中华人民共和国中央人民政府（国务院）为法定保险人，由国务院指定经营机构（如“中国信保”。不过，不宜将其确定为唯一机构），负责业务办理。（2）明确规定承保机构在将损失金额支付给投保者后，获得代位求偿权，为承保机构行使代位求偿权提供国内法依据。（3）明确规定项目审批权与经营权分离。由国务院下设专门委员会行使审批权，建议名称为“国务院海外投资保险委员会”。重大项目的审批应由外交部、财政部、商务部等相关部门派设专员参与决定，“重大项目”标准由国务院确定。❷（4）以现有业务和规定为基础，对海外保险险别、费率、

---

❶ 梁开银先生认为：“可以选用折中模式，其中以双边模式为主，单边模式根据具体情况作为补充。”参见梁开银：《论海外投资保险代位权及其实现——兼论我国海外投资保险立法模式之选择》，《法商研究》2006 年第 3 期。

❷ 2015 年 10 月之后，保额超过 3 亿美元保单的审批权限从中国信保调整到财政部，中长期出口信用险和海外投资险，经财政部审批后，还需再报国务院办公厅征求外交部、商务部意见后批准。相关经验可以作为参考。参见闫茂春：《海外投资政府审批流程》，《国际工程与劳务》2017 年第 4 期。

承保条件加以规定。（5）确立“混合”保护模式。合格东道国应当为与我国已经签订双边投资保护协定的国家。在与我国尚未签订双边投资协定的国家进行的投资，一般不予承保，但重大项目的投资，可以向“海外投资委员会”申请投保，“海外投资委员会”应当依据“重大项目”审批规定，会同相关部门综合评估，确定是否承保和保险费率为多少等事项。（6）明确投保人与承保机构之间产生的纠纷，可依据该法及《民事诉讼法》的相关规定，提起民事诉讼。

二、海外利益领事与外交保护能力建设

按照国际法规定，国籍国对在外国的本国公民拥有属人管辖权。因此，国籍国可以对在外国的本国公民进行“外交保护”和“领事保护”。外交保护指“一国在它的国民遭受另一国国际不法行为的损害，而那些国民通过正常途径不能得到满足时，有权向其受害的国民提供保护”[1]。“损害实际发生”“用尽当地救济”是外交保护的国际法基本原则。中国外交部领事司在《中国境外领事保护和服务指南（2007年版）》中对“领事保护”做了以下定义：“领事保护，是指派遣国的外交、领事机关或领事官员，在国际法允许的范围内，在接受国保护派遣国的国家利益、本国公民和法人的合法权益的行为。”[2] 可以看出，领事保护不需要“损害

---

[1] 1924年，常设国际法院在其对马弗罗马蒂斯巴勒斯坦特许权案的判决中阐明：“一国在它的国民遭受另一国国际不法行为的损害，而那些国民通过正常途径不能得到满足时，有权向其受害的国民提供保护。这是国际法的一条基本原则。”这被认为是当代外交保护国际法原则的确立。参见万霞：《海外中国公民安全问题与国籍国的保护》，《外交评论》2006年第6期。

[2] 《中国境外领事保护和服务指南（2007年版）》，发布时间2018年6月22日，泰州市人民政府官方网站，http：//www. taizhou. gov. cn/art/2018/6/22/art_48629_1682785. html，访问时间：2020年3月8日。

实际发生”，也不以“用尽当地救济”为条件。这种保护属于“当地救济”中的一种方式。它是外交保护的前置常态性、职权性预警和应急保护机制。而外交保护则是领事保护机制用尽后的兜底性保护方式。两种保护机制均是我国维护海外利益的重要手段，我国在两种保护机制的构建方面已经做了多年的探索，但是依然存在许多不足。

（一）构建海外风险预警制度，完善领事保护工作机制

十九届四中全会提出：“构建海外利益保护和风险预警防范体系，完善领事保护工作机制，维护海外同胞安全和正当权益，保障重大项目和人员机构安全。”[1] 21 世纪以来，中国逐步建立了中央、地方、驻外使领馆、企业和公民个人“五位一体”的境外安保工作联动网络，形成了立体式领事保护机制模式，[2] 海外安全应急和保障能力取得了长足进展。在 2011 年利比亚撤侨行动中，中国首次动用军事力量，仅用 12 天就撤离了 3 万多我国在利比亚的侨民，这是一次举世瞩目的国家力量展示。2015 年 3 月也门国内政坛爆发危机，中国在也门的 629 名侨民受困，面对美国都无法进行的撤侨行动，中国利用在亚丁湾执行任务的军舰安全完成撤侨行动。在对这些卓有成效的行动赞叹之余，我们也应该看到我国的领事保护工作机制还存在诸多不足。

第一，领事保护的法律制度建设不足。

《中华人民共和国领事特权和豁免条例》是中国在领事事务领域的立法，但是，该条例只规定了其他国家领事在中国的特权和豁免等法律问题，没有规定如何保护我国在海外的领事。我国与

---

[1] 《中共中央关于坚持和完善中国特色社会主义制度、推进国家治理体系和治理能力现代化若干重大问题的决定》，人民出版社，2019，第 38 页。

[2] 夏莉萍：《中国地方政府参与领事保护探析》，《外交评论》2017 年第 4 期。

领事保护有关的文件还有外交部领事司发布的《中国领事保护和协助指南》、国务院制定的《涉外突发事件应急预案》等。这些文件对中国海外公民的领事保护都没有提供系统的规定。

2018年3月初，外交部结合工作实践，起草了《中华人民共和国领事保护与协助工作条例（草案）（以下简称《征求意见稿》），并公开征求公众意见。这将是当代中国第一部关于领事保护与协助工作的专门立法。《征求意见稿》共38条，分总则、领事保护与协助案件处置、预防性措施与机制、法律责任和附则五章，内容涵盖了领事保护与协助的职责与履责原则，中国公民、法人和非法人组织的基本权利义务，不同情形下的领事保护与协助职责，预防性领事保护有关措施与机制等。

虽然在预警信息发布渠道❶、旅行社未尽提醒义务时的责任承担❷等方面的规定依旧模糊，但是总的来说，《征求意见稿》简明细致、体系完善、责任明确，具有较强的可操作性。从法律位阶上看，起草中的“领事保护与协助工作条例”属于行政法规。在制度初创时期，先制定一部行政法规是符合实际的。不过，考虑到我国海外利益保护需求越来越强烈，在条件成熟时应尽早启动“中华人民共和国领事保护法”的立法程序。

---

❶ 《中华人民共和国领事保护与协助工作条例（草案）》（征求意见稿）第24条规定：“外交部和驻外外交机构应当密切关注有关国家的安全形势，根据情况发布海外安全提醒。”该草案未明确预警信息发布渠道。

❷ 《中华人民共和国领事保护与协助工作条例（草案）》（征求意见稿）第26条规定：“组织中国公民出国旅游的旅行社应当密切关注外交部、国务院旅游主管部门发布的海外安全提醒及境外旅游目的地安全风险提示，并就目的地国家存在的安全风险，向旅游者作出真实说明和明确警示，并采取防止危害发生的必要措施。旅游经营者通过网络销售境外交通、住宿等单项旅游产品服务的，应当通过在网站显著位置标明或者出行前告知等适当方式，提示旅游目的地国家存在的安全风险。”但在该草案“法律责任”一章未说明，旅行社未尽提醒义务的，应当承担何种法律责任。

（二）加强外交保护制度建设，发挥外交保护保障作用

外交保护通过将国民“私权利”上的纠纷上升为国家之间的争端，为海外国民提供用尽当地救济后的保护，是保护海外利益的一项重要制度。不过，在以往的外交实践中，我国极少对我国公民、企业提供外交保护。在有关我国海外华人合法权益受损的相关案例中，我国都是通过领事保护或协助的形式维护相关利益的。[1] 从维护海外利益的实际需要看，我国应加强对外交保护的国际法规则的研究，积极参加相关国际法的制定，[2] 及时建立健全我国自己的外交保护制度。

但是“孟晚舟案”，让我们看到了我国政府的外交保护力量，展示了中国强大的外交保护实力。对于孟晚舟案，中国多次表明严正立场，美、加两国滥用他们之间的双边引渡条约，对中国公民无理采取强制措施，是对中国公民合法权益的严重侵犯。同时，我国敦促美方立即撤销对孟晚舟女士的逮捕令，不要发出正式引渡请求，并敦促加方立即释放孟晚舟女士，切实保障她的合法、正当权益。这些都是中国政府对自己的公民孟晚舟女士行使外交保护的方式。最终，在中国政府的外交保护努力之下，孟晚舟在结束被加拿大方面近 3 年的非法拘押后，乘坐中国政府包机抵达深圳宝安国际机场，顺利回到祖国。“孟晚舟案”是中国外交保护能力建设进程中的里程碑事件，极大提振了中国人民对党和国家外

---

[1] 在 1998 年印尼屠杀华人事件、1994 年越南非法逮捕福建商人陈立众事件、2004 年南非发生的多起侨民被抢被害事件、2010 年中日撞船事件、中国建筑工人在苏丹和埃及境内相继遭到绑架劫持等典型案例中，我国政府也未对权益受损的国民提供外交保护，只是在事件发生后，通过领事保护的方式，表达抗议或者密切关注等。

[2] 在联合国《外交保护条款草案》的立法过程中，我国政府就曾积极参与，并阐述了我国的立场和建议。

交保护能力的信心，也向全世界展示了中国政府对本国公民合法利益提供保护的决心。同时，也提醒我们重新审视外交保护制度建设的重要性。中国的外交保护制度在许多方面都还处于萌芽阶段，有着巨大的制度建设潜力。

从维护海外利益的实际需要看，我国应加强对外交保护的国际法规则的研究，积极参加相关国际法的制定，及时建立健全我国自己的外交保护制度。此外，还应完善外交保护的指导性政策。外交保护国内立法只是外交保护实施的一个方面，大量的外交保护行为，需要用指导性政策去统领。例如，对哪些案例需要进行外交保护，要根据国家外交工作的需要来酌定。这就需要制订完善的指导性政策来配套执行。

三、海外利益司法和仲裁保护能力建设

为更好地服务“一带一路”建设，2018 年 1 月 23 日，中共中央办公厅、国务院办公厅印发《关于建立“一带一路”国际商事争端解决机制和机构的意见》（以下简称《意见》）。《意见》提出，最高人民法院设立国际商事法庭，牵头组建国际商事专家委员会，支持通过调解、仲裁等方式解决“一带一路”国际商事纠纷，推动建立诉讼与调解、仲裁有效衔接的多元化纠纷解决机制，形成便利、快捷、低成本的“一站式”争端解决中心，为“一带一路”建设参与国当事人提供优质高效的法律服务。[1] 我国在增强海外利益司法保护能力和商事仲裁保护能力建设上已经迈出了坚实的步伐。不过，在海外利益司法和仲裁保护能力建设方面，我

---

[1] 《中共中央办公厅、国务院办公厅印发〈关于建立“一带一路”国际商事争端解决机制和机构的意见〉》，中国政府网，http://www.gov.cn/xinwen/2018-06/27/content_5301657.htm，访问时间：2020 年 3 月 15 日。

们还有很多事要做。

对于国际司法和仲裁机制建设的重要性与意义，可以参考英国国家建设进程中“国王法庭”发挥的重要作用。

福山对英国国家兴起历史进行了深入考察，并指出普通法发展在英国国家建设进程中的至关重要的作用[1]。对于这段历史，我们有必要花费笔墨加以详细梳理。

普通法并不是惯例法的自发演变，它与早期国家的兴起密切相关，并凭借国家权力而取得最终的统治地位。事实上在诺曼征服之后，英国向全国颁布统一的普通法，已变成扩展国家权力的主要工具。11 世纪的英国国王法庭的主要服务是充当上诉法庭，若有人不满意领主法庭或庄园法庭所提供的裁判可向国王法庭提出上诉。从自身利益出发，国王也希望扩充自己法庭的司法权，因为它的服务是收费的。向国王法庭提出上诉可增强国王的威望，他可以推翻地方领主的裁决，从而削弱后者的权威。英国的国家建设进程明显带有司法先行的特点。国王法庭基于其提供正义所获取的权威，将司法权力不断延伸，最终促使英国确立了统一的法治体系，并且在这个过程中，普通法体系得到了广泛的认可与拥护，成为凝聚社会共识的基础。

“英国模式”是典型的判例法思维的体现。在国际贸易中，判例法模式相对于大陆法模式具有明显的比较优势。那么在“一带一路”建设进程中，能否探索以“英国模式”的方式，走向区域化的司法（仲裁）机制统一。即通过建设“一带一路”一站式纠纷解决机制，尤其是积极建设“一带一路”ISDS 争端解决机制，为“一带一路”经济纠纷与争端提供公正的、可执行的裁判（包

---

[1] 弗朗西斯·福山：《政治秩序的起源》，广西师范大学出版社，2012。

括平等的商事纠纷与投资者—国家之间的争端），并在不断的司法案例积累中逐步总结成为统一的、普适的区域国际法体系。而这种建设路径的前提是建设“一带一路”区域的“国王法庭”。

（一）探索创立“一带一路”ISDS机制新规则

1966年10月正式生效的《关于解决国家和其他国家国民投资争端公约》（以下简称《华盛顿公约》）设立了解决投资争端国际中心（The International Center for Settlement of Investment Disputes，以下简称“ICSID”）。该机构的仲裁规则被称为ICSID规则。联合国第31次大会通过《联合国国际贸易法委员会仲裁规则》。该规则也是为国际投资者所普遍采用的规则。这些规则为处理国际投资争端发挥了积极的作用，但也都存在这样那样的不足。从维护我国海外利益的实际需要和我国在国际投资市场上不断提升的地位等来看，旧有的各国际争端解决机构均已无法承担“国王法庭”的作用。我国应当努力主导创制一套新的ISDS机制和规则，建设具有亚洲特色的“国王法庭”。

欧盟积极探索创立的多边投资法院（Multilateral Investment Court）仲裁机制，取得了较好的成果。欧盟—加拿大全面经济与贸易协定、欧盟—越南自由贸易协定以及欧盟—新加坡投资保护协定采用两审终审的投资法庭制度（Investment Court System）用以取代以仲裁为核心的ISDS机制。[1] 这些有益的尝试和大胆的创新为我国主导建设新的ISDS机制提供了样板。我国也可以采用投资法院模式，以亚洲基础设施投资银行为抓手，主导建立覆盖“一带一路”共建国家的争端解决机构。其中细节包括：

---

[1] 邓婷婷：《欧盟多边投资法院：动因、可行性及挑战》，《中南大学学报》（社会科学版）2019年第4期。

首先，组织机构可以参考 ICSID 的机构设置：（1）设理事会，以理事会为最高权力机构；（2）设立秘书处，由秘书长负责处理日常事务。

其次，采用上诉机制。设初审法庭和上诉法庭两级。国际投资仲裁的突出缺陷是“一裁终局”，缺乏纠错机制。“两审终审制”可以弥补这一不足。

最后，传统的 ISDS 机制存在费用过高❶、审理时间冗长❷等问题。我国主导创立的制度应当设置审理时限，规定较低的收费标准。

（二）升级中外双边贸易协定

从双边层面来看，“一带一路”共建国家中已有 53 个国家同中国签订了避免双重征税协定。有 57 个国家与中国签订了双边投资协定（Bilateral Investment Treaty，以下简称 BIT）。其中有 49 个 BITs 引入了国际仲裁机制。但总的来说，与“一带一路”共建国家缔结的与投资有关的条约，存在以下问题。

（1）BIT 缔约不充分，不能覆盖“一带一路”所有投资者及其投资，有些 BITs 缺乏 ISDS 机制。尽管中国已经与 132 个国家签署了 BIT，其中 104 项 BIT 已经生效，表面上已经覆盖了中国对外

---

❶ 由于仲裁员的收入取决于案件的审理时间与复杂程度，案件审理时间越长，仲裁员的费用越高，在有些案件中，仅是首席仲裁员的仲裁费就高达 93 万美元。UNCTAD 的报告显示，投资仲裁案件的费用在近年扶摇直上，包括法律顾问与仲裁费在内，ISDS 案件的平均费用为 800 万美元，有些案件甚至超过 3000 万美元。（参见邓婷婷：《欧盟多边投资法院：动因、可行性及挑战》，《中南大学学报》（社会科学版）2019 年第 4 期。）

❷ 根据 2012 年的数据，解决投资争端国际中心（ICSID）的案件平均审理时间为 5 年。其他的研究也表明，在现有的仲裁体系下，ISDS 案件的平均审理时间为 3 ~ 4 年。如果涉及裁决的撤销，则时间将再延长 2 年。参见邓婷婷：《欧盟多边投资法院：动因、可行性及挑战》，《中南大学学报》（社会科学版）2019 年第 4 期。

直接投资流向的190个国家（地区）的69.47%，但是中国投资主要流向地国，如委内瑞拉、安哥拉、巴西等国，未与中国签署过BIT；伊朗等国与我国签订的BIT未生效。[1] 有些BITs缺乏ISDS机制，如中国与泰国、中国与土库曼斯坦间的BITs。如果一旦发生ISDS争端，根本无法援引ISDS机制予以维权。

（2）国际仲裁适用的争议范围较窄。从我国与“一带一路”共建国家之间的BITs来看，大部分BITs都规定，只有与征收补偿数额有关的争议可通过国际仲裁解决。有部分BITs则规定，除补偿数额争议外，缔约双方同意的其他争议也可以提交国际仲裁。只有与缅甸、伊朗、土耳其、也门、希腊、塞浦路斯、罗马尼亚、乌兹别克斯坦、俄罗斯、印度之间的BITs将国际仲裁适用的投资争端扩大到了其他投资争议。

根据上述情况，我国有必要在推进创立新的ISDS机制的基础上，逐步与“一带一路”共建国家开展新一轮双边贸易谈判，实现BIT网络的全覆盖，将ISDS机制和海外投资保险的代位求偿权尽可能地纳入全部BITs之中。

总之，中国正面临“两个身份”转变的重要节点，一个是从国际法规则运用者向国际法规则创造者的转变，另一个是资本流入国向对外投资国的身份转变，完善海外利益保护能力的建设是这一时期的重中之重。十九届四中全会提出：“加强涉外法治工作，建立涉外工作法务制度，加强国际法研究和运用，提高涉外工作法治化水平。”这为进一步完善海外利益保护立法提供了有力支持。这一建设工作应当坚持在党的领导下，国内、国际两个制度环境建设并重，才能达到身份转变的要求。

---

[1] 梁咏：《国际投资仲裁机制变革与中国对策研究》，《厦门大学学报》（哲学社会科学版）2018年第3期。

我国海域使用权辨析

李　健

（中国海洋大学法学院　山东青岛　266100）

摘　要：我国海域使用权的学理争议主要有三种，分别是公权说、私权说和折中说。其中，私权说中的“用益物权说”是当前绝大多数学者认可的一种观点，笔者赞同将“用益物权说”作为海域使用权学说基础的观点。在2021年，浙江省象山县将海域使用权进行的细化是一次大胆的创新尝试，这次创新更加明确了我国海域使用权的用益物权性质。鉴于海域的开发和保护是一体两面的关系，加强对海洋环境的保护同样也是一项不可忽视的课题，通过对海域使用金的收集方式、分配和使用作出调整，将海域使用金作为我国海域环境保护专项资金，专门用于海洋环境保护领域等方式，将更有利于当前我国海域使用与保护的有效融合，以促进我国海洋的合理开发和海洋环境的保护。

【作者简介】李健，中国海洋大学法学院环境与资源保护法学专业2020级硕士研究生。

关键词：海域使用权；性质；海域使用；海洋环境保护

引　言

我国自1993年便开始对海域使用权进行探索。国家海洋局和财政部于1993年5月发布的《国家海域使用管理暂行规定》明确了我国海域使用权的概念，并确立了海域的有偿使用制度和使用许可证制度。2001年10月27日通过的《中华人民共和国海域使用管理法》（以下简称《海域使用管理法》）基本构建了我国海域物权的制度框架。2002年颁布的《海域使用管理法》正式将海域使用权纳入我国的立法进程。2007年通过的原《中华人民共和国物权法》（以下称为原《物权法》）也确立了我国的海域使用权，并将其放置于用益物权编之中，我国由此便正式确立了海域使用的物权制度。2021年1月1日起，我国正式施行的《中华人民共和国民法典》（以下简称《民法典》）沿袭了原《物权法》中的制度安排，在"物权编"中明确了对民事主体海域使用权的保护。2021年浙江省象山县将海域使用权进行了创新性的划分，即在原有的基础上将海域使用权划分为五项权能——海域水面使用权、海域水体使用权、海域海床使用权、海域底土使用权以及综合使用权。

纵观整个海域使用权的立法进程，我国海域使用权在法律中的地位不断提高，并且随着我国社会的进步不断发展、完善。在后民法典时代，海域的使用和保护是我国海洋开发的一体两面，借此在海域使用权的立体使用方式推出之际，对海洋环境的保护也需要我们加以深入思考、认真面对。本文拟对我国海域使用权加以简单辨析，以便对我国海域使用权的后续开展和海洋的环境保护提供借鉴。

一、我国海域使用权含义的界定

海域使用权辨析的前提是厘清海域使用权的含义，而要想对海域使用权有完全的把握和认识，我们需要以海域使用权的基础——海域——作为切入点进行分析。总体而言，海域就是一片立体海水区域，根据地理位置特性，海域是位于一国陆域之外却又在国家管辖主权之内的一片海水区域，超出此部分便是国家管辖之外的区域。基于此，笔者对海域从向内和向外两个方面对海域的范围进行界定。[1] 向外而言，根据1982年的《联合国海洋法公约》的具体规定，一国所享有主权的海域包括内水、领海、毗连区、专属经济区和大陆架，但主权国家在毗连区、专属经济区和大陆架并不享有完全的主权[2]，针对上述三种海域是否包含在海域使用权覆盖范围之内现在还存在争议，因为这不是本文讨论的侧重点，且我国现行的立法并没有将其纳入海域使用权的内涵中去，所以本文所讨论海域使用权中的海域，不包括毗连区、专属经济区和大陆架。向内而言，是根据《海域使用管理法》第2条[3]和第3条[4]的规定，来确定海域使用权所指的海域范围。基于对向

---

❶ 张定军：《论我国海域使用权客体的界定》，《海洋开发与管理》2008年2期。

❷ 《联合国海洋法公约》第33条规定“沿海国可在毗连其领海称为毗连区的区域内，行使为下列事项所必要的管制：(a) 防止在其领土或领海内违反其海关、财政、移民或卫生的法律和规章；(b) 惩治在其领土或领海内违反上述法律和规章的行为。”即主权国家在毗连区只针对违反其海关、财政、移民或卫生的法律和规章的相关行为有管辖权。除此之外，我国例外地加上了国家安全一项。

❸ 《海域使用管理法》第2条规定：“本法所称海域是指中华人民共和国内水、领海的水面、水体、海床和底土。内水是指中华人民共和国领海基线向陆地一侧至海岸线的海域。在中华人民共和国内水、领海持续使用特定海域三个月以上的排他性用海活动，适用本法。”

❹ 《海域使用管理法》第3条规定：“海域属于国家所有，国务院代表国家行使海域所有权。任何单位或者个人不得侵占、买卖或者以其他形式非法转让海域。”

内和向外两方面的分析，海域使用权所指的海域是在一国陆域和非完全主权海域之间的一片海水区域，包括水体和海洋的底土。对我国而言，其具体指的是我国内水和领海的水面、水体、海床以及海床下附的底土，而不包括譬如毗连区、专属经济区和大陆架等国家没有完全主权的区域，用海主体❶对内水或领海的水面、水体、海床或底土的使用中所享有的权利总称为海域使用权。

二、不同视角下的海域使用权辨析

虽然《民法典》已经将海域使用权❷规定在了“用益物权”部分，但要想对海域使用权作全面的辨析，就需要综合分析不同争议中的海域使用权性质。综观整个海域使用权的学理争议，主要有三种声音：公权说、私权说和特别法的范畴说。

（一）公权说中的海域使用权

因为海域的使用常常关乎社会的公共利益，甚至与国家的安全战略也密不可分，尤其是海域的具体使用，如海域的审批、利用、转让等活动，也经常被附加了公法上的义务，而且在海域使用的监督方面也少不了管理的规定。❸ 基于上述的原因，公权说的学者认为海域使用权是一种公权，一般性的主体无法作为海域使用权的权利或义务主体，只能由国家或者政府部门担当其权利或者义务的真正主体。除此之外，将我国的《海域使用管理法》作为理论依据是该学说的另一种理论解释角度，因为该法律的立法

❶ 在本文中，用海主体、海域的具体使用者或海域使用权的具体享有者为同一种人，具有同样的含义。

❷ 海域使用权是指民事主体基于县级以上人民政府海洋行政主管部门的批准和颁发的海域使用权证书，而依法在一定期限内使用一定海域的权利。

❸ 王克稳：《论公法性质的自然资源使用权》，《行政法学研究》2018 年第 3 期。

目的就是规范公权力主体海域使用的管理职能，海域使用权的设立和变动都以该法为依据[1]，依据该法规所为的行为属于公法上的一种行为，因此海域使用权在性质上也是一种公法上的权力。

笔者认为公权说的论证思路有值得可取之处，但又不乏值得商榷之点。首先，根据法的位阶关系，我国法律所确定的各种权利大都以公权作为最根本的保障。比如作为最典型的私权——公民的私有财产权，归根结底也是在分配制度前提下的一种权利保护，而分配制度源自于《中华人民共和国宪法》（以下称《宪法》）的规定，而《宪法》是一部典型的公法，因此说私有财产权受到公法的保护是有迹可循的，而且总体而言，公法决定了财产的分配，而私法发挥维护财产分配的状态和具体落实的作用。其次，且不谈刑事领域的公诉行为和行政领域的行政行为，即使民事主体在行使自己的民事权利之时，也要受制于公权的兜底保障。比如，一般的民事侵权只需要《民法典》中规定的一般性救济即可，但是当被侵权的手段、数额、方式、种类等达到了刑事高度，被侵权人便可以诉诸公权的救济。从这个角度来看，公权说对海域使用权论证的涵盖范围显得宽泛。

（二）私权说中的海域使用权

私权说的学者从海域使用主体的角度加以论证。虽然国家对海域享有所有权，但是各个私权利主体的海域使用行为才是真正发挥作用的因素。私权说内部又有几种不同的理论争议，主要有“物权说”“准物权说”“特殊物权说”“用益物权说”“准用益物权说”“自然资源使用权说”等，而在“用益物权说”内部又生成

---

[1] 程博：《物权法视角下海域使用权流转法理基础探析》，《鲁东大学学报》（哲学社会科学版）2020年第5期。

了“用益权说”“土地使用权说”“独立典型用益物权说”三种不同的意见。

（1）“物权说”认为海域存在于人身体之外，能够满足人们的某种需要并且能够为人力所控制、支配，因而该学说认为可以将海域作为民法上的“物”，进而将海域使用权认定为一种物权。该学说已经认识到海域使用权的民事权利特性，并且也意识到海域本身所具有的物的特征。但部分学者认为海域不能作为民法上的物，原因是民法上的物必须满足“是独成一体的有体物”这一要素。对于海域来说，一方面，它无法独成一体，因为海水具有流动性并且伴随着洋流和潮汐的变化而发生变化，海域本身就是一个由不断流动的海水组成的水体，无法将单个海域独成一体。另一方面，由于海水的流动性，海域也无法作为一种有体物，那些只有被特定化了的海水——比如被装进了某个容器内的海水——才能够成为一种有体物，但这很明显又不是“海域”。物权法理论也在不断地丰富发展，其中最主要的就是对“物”的理解。其实，物权的标的已经不再局限于本文上述所说的有体物，所以物权的设定不会在集合物体上出现矛盾或障碍。究竟什么是物权法理论上的“独立的有体物”，我们应该按照现实使用的需要或权利设定的要求来解释，不能再局限于其存在方式或物理属性。因此，不仅仅是海域，海洋的水体、海面、底土、海床等都可以被视为民法上“物”。

（2）“准物权说”认为海域使用权不符合民法对“物”要求，因而不属于民法上的“物”，但是它在使用效力上与物接近，因而被视为一种物权，类比适用物权制度的相关规定。[1] 该学说已经认

---

[1] 龚远星：《海域使用权的准物权性质分析》，《海洋环境科学》2005 年第 2 期。

识到了海域接近于民法上的物，只是在含义理解时，出现了争议。在汉语中，“准”字通常情况下被理解为“像”“类似”的意思，例如，“准军事化管理”可以理解为“像军队一样地管理”。因此，该部分学者将海域使用权表述为“一种类似于物权的权利”。

（3）“特殊物权说”的学者认为海域使用权是一种物权，但是在立法上应该属于特别法的规定范畴。❶ 但是将海域使用权归属于特别法范畴的做法不经济，如同“用大炮打小鸟”。为了保持法的逻辑和条理，避免冗杂，我们也应该尽量去分析法律的背后逻辑，尽量用一般法去解释、归纳、解决这样的最基本问题，减少动辄将具有争议的法律划分到特别法的行列。但是该部分学者将特殊物权说作为海域使用权的理论基础，并没有完全达到偏离正轨的道路，将海域使用权认定属于物权的范畴是值得肯定的，因为该部分学者已经意识到了海域的物的属性，并没有为传统的物权法理论框架所束缚。

（4）内容最丰富的是“用益物权说”，笔者也非常同意“用益物权说”这一理论。因为“用益物权说”内容丰富，其最直接的表现就是内部又有不同的声音，包括“用益权说”“土地使用权说”“独立典型用益物权说”，而每一种理论争议都有一定的可借鉴之处。

第一，“用益权说”❷ 认为海域和土地一样都是不动产，他们的所有权归属不是一般意义上的私主体而是国家❸，而海域使用权的主体为了收益，在所有权为国家的海域上享有占有、使用和收

---

❶ 任静远、王国侠：《海域使用权登记性质的行政法分析》，《国家行政学院学报》2012 年第 6 期。

❷ 王如敏、孙岑：《物权视角下深海海域物权制度探究》，《辽宁省法学会海洋法学研究会 2016 年学术年会论文集》，2016，第 139 页。

❸ 国家在一定程度上可以作为私主体一员。比如发行国债，但这仅视为特殊情况。

益的权利，因而海域使用权便是一种用益物权。笔者同意海域使用权为用益物权范畴的观点，其分析思路如下：我国的《海域使用管理法》已经明确规定了中华人民共和国内水、领海的水面、水体、海床和底土属于国家所有，国务院代表国家行使海域所有权。这便确立了国家对海域的所有权，并且此种规定在我国的《民法典》物权编中也再次得到重申。因此，我国在法律的层面上，就已经将海域作为用益物权的客体之一，此时海域虽然满足了以上规定，但其背后的所有权主体是国家。国家作为一个组织，自然不能作为直接的权利主体来行使海域使用权，最后仍需要民事权利主体（自然人、法人、有关组织）完成对海域的直接利用。因此，以民法的权利作为切入点，实现对国家所有的公有性质的海域的规范。其实，我国农村的“土地承包经营权”、“宅基地使用权”以及城市的“建设用地使用权”，都是按照上述的路径，将民法的用益物权作为链接国家所有和民事主体使用的纽带。

但有的学者对此提出了疑问，我国的用益物权是建立在土地的基础之上，无论是土地承包经营权、建设用地使用权、宅基地使用权，抑或是地役权，他们都以土地作为基础。海洋和土地虽然同样都具有无法移动的特点，海域也有“土地”❶ 作为载体，同时他们也有相应的使用价值，但是海床或底土毕竟不是海域使用权发挥主要作用的对象，因为海域和土地的利用对象并不一样。根据上述对我国海域界定的分析，我国海域使用权的利用对象包括一国的内水、领海的水面、水体、海床和底土，所以海域使用是一种立体的使用方式；而土地利用的对象是该区域土地的表层土壤或土地上方的空间，这对土地而言是一种类似于平面的利

---

❶ 海域的“土地”载体一般为海床或底土。现“土地”二字是将海床、底土归纳后的统称。

用。从这个角度看，对海域的利用方式要比土地复杂得多，况且因为海床富有矿产资源，所以海域使用权又涉及和采矿权、探矿权的竞合，因而海域使用权也不能仅仅以“用益物权”加以概括。

其实，上述的理由只是将海域使用权的具体现象加以描述，不算是对一种权利的分析，要知道，对土地和海洋的利用的确都离不开空间这个要素，但对土地和海域的使用都是一种立体的形式，比如建设用地不会仅仅使用地表的土壤，地基或者地下楼层其实都是对土地的一种立体使用。因此，从这个角度看，土地和海洋的空间利用形态没有大的区别，都是对国土的一种空间性的利用，那些没有使用地下的工程不是说它没有利用地下空间的权利，只是因为空间开发、地理因素抑或是资金的因素，没有将本可以使用的权利加以使用。这些未加使用的权利并不代表其不存在。另外在环境保护方面，海洋的环境保护固然重要，但土地的环境保护又何尝不是呢？因为海洋水体和海洋生物的高度融合，环境保护的意义就更加重要是不容置疑的。但我们反观土地的使用，对于建设用地来说，其建设方或建设完成后的使用权利人同样都要遵循着这块区域的环境保护义务，不得随意污染这块国土；对于土地承包经营权的客体——农田用地来说，农户虽然利用的只是土壤表层的土壤，但农药、化肥的大量使用，其剩余的部分随着雨水渗入地下，随着地表径流汇入江河湖泊，同样还会造成立体的污染，对农田表层土壤的利用不代表对农田深层没有污染的可能性，反观我国的现状，深层的农田土壤污染其实是已出现的。只是我们在利用海洋和土地的过程中，环境保护的价值和意义需要我们更加关注，而不是将环境保护的部分也纳入该权利的性质分析中去。因此，上述的观点在海域使用权的分析方面欠缺事实支持。

第二，“土地使用权说”的学者直接将海域使用权等同于土地使用权。其分析思路就是以我国土地的使用作为分析的底层逻辑，比如我国的土地使用权在城市和农村不同，农村有土地承包经营权和宅基地使用权，城市有建设用地使用权。但是按照这个分配的逻辑，土地的使用中并没有包括海域使用权。在法学的理论不断发展的今天，土地使用权的内涵和外延不是固定不变的，即使将海域使用权纳入土地使用权的“管理”范围也有其合理性，只是因为有更好的学说——“用益物权说”来承载海域使用权。况且土地使用权的权利基础就是用益物权，我国的用益物权也是以土地为基础建立起来的，如果再将海域使用权归结为“土地使用权”，不但显得矛盾，而且多此一举。因此“土地使用权”这一学说便缺少了更好的解释力，而且这一学说因为没有考虑到海域使用权不仅包括海床和底土，水体以及水面也应该纳入考虑的范围之内，而显得说服力明显不足。

第三，“独立典型用益物权说”将海域使用权界定为典型的用益物权，但是其本身又无法融入土地使用权的框架之中，因而作为一种独立的权利而存在，即是与土地使用权相并列的一种用益物权的权利类型。这一学说在本质上和“土地使用权说”没有任何实质性的不同，只是在学说的框架安排上，“独立典型用益物权说”单独“另立门户”，而“土地使用权说”将其纳入土地使用权的范畴之内。海域使用权如果按照用益物权说来进行后续的制度安排，不但学理上前后贯通，而且在实践中也会因为其在整个理论框架内，而能够更加有效地处理实践中的问题。

（5）“准用益物权说”认为海域使用权属于物权的范畴，而且也属于用益物权的范畴，但是和用益物权的区别就是该权利获得的方式是行政特许。[1] 第一，该学说没有明确的理论观点，海域使用权属于物权的范畴还是用益物权的范畴，该学说并没有给出一个完整且合理的解释；第二，用行政许可作为区分权利性质的标志不具有可行性，不是一般的学理划分的方法，因为这样的划分过于直观化和表面化，而没有分析其权利本质是什么，因此将海域使用权认定为“准用益物权说”不具有说服性和合理性。

（6）“自然资源使用权说”认为海域和我国的矿藏、水流一样，都是国家的自然资源，而海域使用权就是对海域这种自然资源的使用。[2] 但是我国的“海域使用权”和“自然资源使用权”明显不是属于一个层级的概念范围，自然资源使用权应该包括海域使用权、探矿权、采矿权、取水权等具体的权利，而且在当前海域开发不断深入的背景下，海域使用权本身也不再仅仅是一种权利，而是一个权利束。因此，该学说直接将海域使用权认为是自然资源使用权，这不但在表面的概念层级上就有明显的逻辑缺陷，而且在具体的利用方式上各种自然资源的使用具有很大的差异性，根本无法直接适用于同一概念。

（三）特别法授权说中的海域使用权

另外有少部分学者对海域使用权的性质还有其他的思考，比如海域使用权应该例外规定于特别法的范围，而不应该划分于像《民法典》这样的一般法之中；或者将海域使用权定位为海域物权；[3] 或者认为海域使用权有民法上物权的对世性和支配性，但反

---

[1] 王克稳：《论公法性质的自然资源使用权》，《行政法学研究》2018 年第 3 期。

[2] 王克稳：《论公法性质的自然资源使用权》，《行政法学研究》2018 年第 3 期。

[3] 尹田：《海域物权的法律思考》，《河南省政法管理干部学院学报》2005 年第 1 期。

对将其视为民法上的物，即“单纯物权否定说”等。[1] 但是将海域使用权划归为特别法的范畴和上述“特殊物权说”的论证思路本质上还是一样的，只是将权利的外在形式换了一个位置，没有说明海域使用权的具体权利归属；而“单纯物权否定说”一方面离不开民法的框架，另一方面又不认可民法框架内的全部内容，本身就造成了自我逻辑的矛盾，而海域使用权的分析需要提供建设性的意见，因此，该观点也有部分商榷空间。

（四）后民法典时代的海域使用权

正如上文所言，2021 年浙江省象山县将海域使用权进行了创新性的划分，即在原有的基础上将海域使用权划分为五项权能，具体包括海域水面使用权、海域水体使用权、海域海床使用权、海域底土使用权以及综合使用权。[2] 这极大地丰富了我国当前关于海域使用权的理论和实践；作为实践的一部分，浙江省海域使用权划分的创新性，对当前我国海域使用权的反向理论推进和海洋经济的发展具有非常重大的意义。就该海域使用权的创新意义，无论是在地方经济发展、海洋开发、当地居民生活水平提高，还是助力脱贫攻坚工程等方面，都具有非常重要的地位。而海洋的使用和环境的保护，二者犹如一枚硬币的两面，一体两面，二者不可失衡。所以，当前在追求海洋精细化使用的过程中，不能忽

---

[1] 叶知年：《海域使用权基本法律问题研究》，《西南政法大学学报》2004 年第 3 期。

[2] 《象山县海域分层确权管理办法（试行）》第 6 条。具体如下：海域水面使用权的用海行为主要包括电力工业用海、娱乐旅游用海、路桥用海等，包括海上风电、跨海大桥及附属设施、海水浴场等。海域水体使用权的用海行为包括筏式养殖、网箱养殖、底播养殖等。海域海床使用权的用海行为主要是海底工程用海，包括电缆管道用海、海底隧道用海等。海域底土使用权的用海行为主要是工矿用海，包括固体矿产开采用海和油气开采用海等。海域综合使用权的用海行为主要是路桥用海，跨海大桥的修建，对海域的水面、水体、海床和底土都有使用，权利主体要取得海域使用权，应当申请综合使用权。

视了海洋环境的保护。而基于上文对于海域使用权私权视角下的分析，认为将“用益物权说”作为海域使用权的理论基础更具有可行性。经济基础决定上层建筑，海域使用金的收集和使用也在影响着海洋环境的保护，基于此，在海域使用权是一种用益物权的前提下，对我国的海域使用金提出以下建议。

在横向使用方式上，将海域使用金作为我国海域环境保护专项资金，专门用于海洋环境保护领域。海域作为国家的自然资源，基于自然资源归国家所有的法律规定和“用益物权说”的理论分析，我国的海域自然归国家所有。于法于情，单位和个人所缴纳的海域使用金是国家基于海域所有者的身份而得到的“使用费”，所以海域的使用者都应该缴纳该笔费用。但《海域使用管理法》第33条规定，国家实行的是海域有偿使用制度，即“单位和个人使用海域，应当按照国务院的规定缴纳海域使用金。海域使用金应当按照国务院的规定上缴财政”。但是我国海域使用金不是海域使用税，海域使用金和税收不应该殊途同归，即最后都上缴于财政。但基于海洋环境的特殊性和我国对海洋环境保护的紧迫性，海域使用金应该“取之于海，用之于海”，即应该储存于以省为单位的地方财政专门账户，并且专门用于海洋的修复与生态保护。这不但可以减少开发利用者对海洋生态保护的压力❶，同时还能够降低地方政府在环境保护上的资金压力。

海域使用金的使用构想具体如下：在纵向使用方式上，将所收集的海域使用金储存于以省为单位的地方财政专门账户，并接受审计和监察。在平时，可以将该部分资金用于风险低的投资产品或者委托基金公司用于购买风险低的理财产品，目的是让该部

---

❶ 程博：《试论海域使用权登记制度之完善——以〈不动产登记暂行条例〉修订为视角》，《长春师范大学学报》2021年第3期。

分资金保值增值。在本省的海域出现污染或海洋环境需要进行改善、治理的时候，可以从该账户中提取，专门用于本省的海洋环境保护事业。在横向使用方式上，当各省出现本省的海域使用金不足以维持本省海洋环境保护的时候，可以向其他省份借。但无论海域使用金被应用于哪一省份，其使用的目的不应该发生变化，即应该用于海洋环境的保护事业。与此同时，仍然坚持污染者担责的规则原理，不会因为有了该部分海洋环境保护的资金而减少污染者对海洋环境损害的责任。

三、结语

海域使用权的各个理论在整个海域使用权性质研究的过程中都有其独特的历史地位，我国海域使用权的不断发展，离不开上述的各个学说争议所做出的贡献。当前浙江省对海域使用权的细化是一次大胆尝试，进一步丰富了我国对海洋的使用方式。随着《民法典》对我国海域使用权的确定和各个持“用益物权说”的学者对海域使用权的深入分析，用益物权作为海域使用权的学理基础更具有合理性、可行性、整体性、流畅性。在海域使用的保护方面，因为海洋的使用和保护相辅相成，二者相互独立却又互为依存。所以，用海主体在海域使用的过程中，需要增强对海域的环境保护责任意识，相关的海洋主管部门也应该完善、细化海域使用过程中的执法规范；最重要的是，海域使用金的收集和分配一定要“取之于海，用之于海”，将海域使用金的分配方式加以改变。随着我国的不断发展，海域使用的过程中还会出现新的、复杂的情况，本文只是笔者对海域使用的过程中所需要注意事项的一点反思，具体如何落实，还需要海域使用主管部门进一步认可、强化。

立法、制度及政策研究

我国海洋生态修复法律制度立法研究

——服务于《海洋环境保护法》的修订

刘卫先、乔洪沛

（中国海洋大学法学院　山东青岛　266100）

摘　要：我国有关海洋生态修复的法律文件虽然种类较多，但规定分散，并无专门详细的法律规定。现有法律制度存在效力层级低且可操作性不强，海洋生态修复中的责任主体不明确，具体目标不健全，外部监督机制和修复过程约束机制均不完善，修复资金的来源较为单一等问题。这使得海洋生态修复成功率不高，海洋生态系统退化得不到根本遏制。对此，在海洋生态修复法律制度的建设过程中，应当对海洋生态修复统筹规划，确定修复的对象范围及目标标准，明确修复过程中的权责主体，建立修复工程的全过程监督机制，并通过多元化的资金渠道保障海洋生态修复。

【作者简介】刘卫先，中国海洋大学法学院教授、博士生导师。乔洪沛，中国海洋大学法学院硕士研究生。

关键词： 海洋生态修复；立法；海洋环境保护法

海洋生态修复是指协助受损的生态系统进行恢复的过程，即利用其自身的修复能力，并配以必要的人工辅助措施，使衰退的海洋生态系统恢复到原来或接近原来状态的结构和功能。从海洋生态修复中人工措施的实施程度上，可将其分为自然生态修复、人工促进生态修复和生态重建。自然生态修复是指采取相应的措施减少和消除人为因素造成的环境压力，遏制海洋生态系统的退化，使其得以自然恢复。人工促进生态修复是指通过判断生态系统自我修复能力的水平，来选择实施必要的物理、化学、生物等人工干扰措施，以使海洋生态系统得以恢复。而当海洋生态系统受损严重至完全退化甚至丧失时，则采用必要措施重新建立生态系统，这个过程被称为生态重建。生态重建还包括在一些没有某些生态系统的区域建立新的生态系统。需要法律调控的海洋生态修复行为只包括人工促进生态修复和生态重建。

一、我国海洋生态修复的现状及问题

中国的海洋生态系统修复工作开始于 20 世纪 50 年代，历程可以分为 3 个阶段。第一阶段是 1980 年前，这一时期的海洋生态系统修复工作较为简单，只有一些小区域的红树林种植项目；第二阶段是 20 世纪 80 年代初到 90 年代末这个时期，主要是一些红树林项目和海水水体修复项目；第三阶段是从 21 世纪开始的，这一时期海洋生态修复涉及的范围更广，包括红树林、珊瑚礁、海草床、沿海沙滩、自然岸线、海岛等，涉及的区域也更大。

尽管海洋生态系统修复工作涉及的类型越来越多，内容也越来越丰富，但海洋生态系统退化并没有得到根本的遏制。海洋生态系统修复的成功率不高，主要存在以下几方面的问题。

1. 对海洋生态系统的认识不够，对海洋生态退化的原因、海洋生态基准等基本事实认识不足，导致在海洋生态修复中对海洋生态系统的自然修复重视不够，过度强调人工修复，而且，在海洋生态人工修复中往往以海洋生态系统结构修复为主，对海洋生态系统功能的修复不足。

2. 对海洋生态系统的整体性认识不够，现实中以单一物种、单一群落的修复或小面积修复为主，对大尺度、系统性以及不同物种之间协同作用的海洋生态进行修复的较少。

3. 对海洋生态修复的目标认识不清楚，对海洋生态修复应当达到什么标准才算实现了修复目标，没有统一的依据可循。

4. 对海洋生态修复缺乏系统的调查、监测、评估和监督管理；统筹规划不足，不同部门之间的管理衔接不足；资金来源渠道单一，资金保障不足。

二、我国海洋生态修复法律制度的现状及问题

（一）我国海洋生态修复法律制度的现状

目前，我国海洋生态修复没有专门详细的法律规定，相关规定分散在不同的法律、法规、规章、政策等规范性文件中，主要内容如下。

1. 《海洋环境保护法》

《海洋环境保护法》第 20 条第 2 款规定："对具有重要经济、社会价值的已遭到破坏的海洋生态，应当进行整治和恢复。"

2. 《中华人民共和国渔业法》

《中华人民共和国渔业法》第四章专门规定了渔业资源的增殖和保护。该法第 28 条规定："县级以上人民政府渔业行政主管部

门应当对其管理的渔业水域统一规划，采取措施，增殖渔业资源。县级以上人民政府渔业行政主管部门可以向受益的单位和个人征收渔业资源增殖保护费，专门用于增殖和保护渔业资源。渔业资源增殖保护费的征收办法由国务院渔业行政主管部门会同财政部门制定，报国务院批准后施行。”

3.《海洋生态损害国家损失索赔办法》

国家海洋局于2014年印发的《海洋生态损害国家损失索赔办法》第3条规定涉及海洋生态修复，即“海洋生态损害国家损失的范围包括：……（二）海洋生物资源和海洋环境容量（海域纳污能力）等恢复到原有状态期间的损失费用；……（四）修复受损海洋生态以及由此产生的调查研究、制订修复技术方案等合理费用；如受损海洋生态无法恢复至原有状态，则计算为重建有关替代生态系统的合理费用”。

4. 国家海洋局《关于进一步加强海洋生态保护与建设工作的若干意见》（国海发〔2009〕14号）

该意见第3条第4款明确规定，“积极开展海洋生态修复和建设工程”。各级海洋部门要在典型海洋生态系统集中分布区，外来物种入侵区，海岛、气候变化影响敏感区等区域实施一批典型海洋生态修复工程，建立海洋生态建设示范区，因地制宜地采取人工措施，在较短时间内实现生态系统服务功能的初步恢复。

5.《海岸线保护与利用管理办法》

国家海洋局于2017年印发《海岸线保护与利用管理办法》，该办法第四章专章规定“岸线整治修复”。其中第18条规定了岸线整治修复的负责部门。第19条规定了海岸线整治修复项目的重点工程。第20条规定了海岸线整治修复的资金来源。

6.《湿地保护修复制度方案》

国务院办公厅于 2016 年发布《湿地保护修复制度方案》，明确规定建立“退化湿地修复制度”，主要规定如下。

第一，明确湿地修复责任主体。对未经批准将湿地转为其他用途的，按照“谁破坏、谁修复”的原则实施恢复和重建。能够确认责任主体的，由其自行开展湿地修复或委托具备修复能力的第三方机构进行修复。对因历史原因或公共利益造成生态破坏的、因重大自然灾害受损的湿地，经科学论证确需恢复的，由地方各级人民政府承担修复责任，所需资金列入财政预算。

第二，实施湿地保护修复工程。国务院林业主管部门和省级林业主管部门分别会同同级相关部门编制湿地保护修复工程规划。坚持自然恢复为主、与人工修复相结合的方式，对集中连片、破碎化严重、功能退化的自然湿地进行修复和综合整治，优先修复生态功能严重退化的国家和地方重要湿地。

第三，强化湿地修复成效监督。国务院湿地保护管理相关部门制定湿地修复绩效评价标准，组织开展湿地修复工程的绩效评价。由第三方机构开展湿地修复工程竣工评估和后评估。建立湿地修复公示制度，依法公开湿地修复方案、修复成效，接受公众监督。

7.《海洋生态损害技术评估指南（试行）》

国家海洋局于 2013 年制定《海洋生态损害技术评估指南（试行）》，对海洋生态损害的修复目标和修复方案作出了相应的规定。

（1）关于修复目标的规定，即“8.5.1　海洋生态修复目标”

海洋生态修复应将受损区域的海洋生态修复到受损前原有或与原来相近的结构和功能状态，无法原地修复的，采取替代性的措施进行修复；根据损害程度和该区域的海洋生态特征，制订修复的总体目标及阶段目标。

（2）关于修复方案的规定，即“8. 5. 2　海洋生态修复方案”

针对海洋生态修复目标，制订海洋生态修复方案，要求技术上可行，能够促进受损海洋生态的有效恢复，修复的效果要能够验证，海洋生态修复方案应包括：生态修复的对象、目标、内容、方法、工程量、投资估算、效益分析等。

8. 《自然资源部办公厅关于推进渤海生态修复工作的通知》（自然资办函〔2019〕616 号）

该通知明确要求“提高项目实施的科学性”，渤海生态修复重在恢复生态功能。

9. 《财政部关于印发〈海洋生态保护修复资金管理办法〉的通知》（财资环〔2020〕24 号）和《财政部办公厅、自然资源部办公厅关于组织申报中央财政支持海洋生态保护修复项目的通知》（财办资环〔2020〕3 号）

根据该管理办法和通知，海洋生态保护修复资金重点支持“蓝色海湾”综合整治行动和海岸带保护修复工程。

10. 自然资源部、国家林业和草原局印发的《红树林保护修复专项行动计划（2020—2025 年）》

该行动计划强调对红树林实行整体保护原则；强化红树林生态修复的规划指导，实施红树林生态修复；加强红树林的检测与评估；加大资金政策支持，推进市场化修复；加强宣传、公众参与和国际合作等。

11. 《全国重要生态系统保护和修复重大工程总体规划（2021—2035 年）》

国家发展改革委、自然资源部于 2020 年 6 月印发了《全国重要生态系统保护和修复重大工程总体规划（2021—2035 年）》，对全国重要的生态系统保护和修复重大工程进行了总体规划，其中海洋生态领域的重大工程只有海岸带保护和修复工程。该规划将海洋生态保护修复的规划目标明确为使“海洋生态恶化的状况得到全面扭转，自然海岸线保有率不低于35%”，进而确定以“海岸带”为抓手，“以海岸带生态系统结构恢复和服务功能提升为导向”，“重点推动入海河口、海湾、滨海湿地与红树林、珊瑚礁、海草床等多种典型海洋生态类型的系统保护和修复”。该规划同时强调加大政府的财政投入，制定激励社会资本投入生态保护和修复的政策措施，按照谁修复、谁受益原则，通过赋予一定期限的自然资源资产使用权等产权安排，激励社会投资主体从事生态保护修复。

（二）我国海洋生态修复法律制度存在的主要问题

从我国现有的相关法律、法规、规章和政策等规范性文件的规定来看，我国目前的海洋生态修复法律制度还存在较大的缺陷和不足，已经严重滞后于我国海洋生态修复的实践，无法满足我国海洋生态修复的实际需求，更无法有效保障我国海洋生态修复的顺利开展并取得理想的修复效果。总体而言，我国目前的海洋生态修复法律制度主要存在以下问题。

1. 有关海洋生态修复法律制度的主要规范性文件的效力层级太低，缺乏海洋生态修复制度的顶层设计，而且法律层面的规定太笼统，不具有可操作性。目前，我国海洋生态修复制度的相关规定分散于不同的法律、法规、规章和政策性文件中，其中法律层面的规定主要体现在《海洋环境保护法》第20条第2款和《渔业法》第28条，而且《渔业法》第28条的规定仅仅适用于渔业资源的增值，不适用于其他海洋生态要素及其生态系统的维护。《海洋环境保护法》第20条第2款的适用范围虽然较《渔业法》

第28条宽泛，但其仅仅适用于“具有重要经济、社会价值的海洋生态”。从某种意义上讲，《海洋环境保护法》第20条第2款只是在法律上确立了海洋生态修复制度，至于该制度如何实施和操作，《海洋环境保护法》并没有作出明确规定。在这种情况下，一些法规、规章和政策性文件在不同层面、不同维度对海洋生态修复制度作出了分散的规定，进而成为我国海洋生态修复法律制度的主要内容。这些规范性文件对海洋生态修复的分散性规定尽管在一定程度上增加了海洋生态修复制度的可操作性，但是它们不仅效力层级过低，而且对我国海洋生态修复制度缺乏统一一致的规定，对不同的海洋生态要素进行人为的割裂对待，使海洋生态修复缺乏整体性。

2. 海洋生态修复的外部监督机制不健全。根据我国现有有关海洋生态修复的规范性文件的相关规定，我国海洋生态修复的事务主管部门是自然资源行政主管部门，主要包括自然资源部和地方各级自然资源行政主管部门。例如，《湿地保护修复制度方案》规定林业部门主管湿地修复；《自然资源部办公厅关于推进渤海生态修复工作的通知》要求环渤海各省（市）自然资源主管部门要切实加强组织协调，落实各方责任，统筹组织实施；《红树林保护修复专项行动计划（2020—2025年）》规定自然资源部、国家林业和草原局会同相关部门负责对行动计划进行统一部署和指导监督，协调落实红树林保护修复任务；省级自然资源、林业和草原主管部门等负责本地区行动计划的组织实施，将红树林保护修复任务分解至市、县，落实保障措施。但是，根据2018年《生态环境部职能配置、内设机构和人员编制规定》（即生态环境部“三定方案”）的相关规定，生态环境部的主要职责之一就是“指导协调和监督生态保护修复工作”。也就是说，尽管生态修复的事权归自然资源行政主管部门，但生态环境主管部门负责对生态修复工作进行外部监督，确保生态得到有效保护。但我国目前海洋生态修复的有关规范性文件的相关规定并没有明确生态环境主管部门对海洋生态修复的监督职权与职责，从而导致生态环境主管部门对自然资源行政主管部门主导的生态修复工作进行监督执法的履职行为缺少法律依据。

3. 海洋生态修复的责任主体不明确。海洋生态修复的顺利开展离不开明确的修复责任主体。如果没有明确的修复责任主体，在现实生活中不仅会导致不同主体之间相互推诿，甚至是无人负责，而且使相关的监督部门无从监督，进而不利于海洋生态修复的常态化实施。《海洋环境保护法》第 20 条第 2 款没有规定海洋生态修复的责任主体。《渔业法》第 28 条规定县级以上渔业行政主管部门负责渔业资源的增殖保护。国家海洋局《关于进一步加强海洋生态保护与建设工作的若干意见》规定，“各级海洋部门”要在典型海洋生态系统集中分布区、外来物种入侵区、海岛、气候变化影响敏感区等区域实施一批典型海洋生态修复工程，建立海洋生态建设示范区，因地制宜采取人工措施，在较短时间内实现生态系统服务功能的初步恢复。国家海洋局印发的《海岸线保护与利用管理办法》规定，“国家海洋局”负责编制全国海岸线整治修复五年规划及年度计划，建立全国海岸线整治修复项目库；“省级海洋行政主管部门”负责编制本行政区域内的五年规划及年度计划，提出项目清单，纳入全国海岸线整治修复项目库。国务院办公厅于 2016 年发布的《湿地保护修复制度方案》，明确规定了湿地修复责任主体。对未经批准将湿地转为其他用途的，按照“谁破坏、谁修复”的原则实施恢复和重建；能够确认责任主体的，由其自行开展湿地修复或委托具备修复能力的第三方机构进行修复；对因历史原因或公共利益造成生态破坏的、因重大自然灾害受损的湿地，经科学论证确需恢复的，由地方各级人民政府承担修复责任，所需资金列入财政预算。《自然资源部办公厅关于推进渤海生态修复工作的通知》要求环渤海各省（市）自然资源主管部门要切实加强组织协调，落实各方责任，统筹组织实施。自然资源部、国家林业和草原局印发的《红树林保护修复专项行动计划（2020—2025年）》规定自然资源部、国家林业和草原局会同相关部门负责对行动计划进行统一部署和指导监督，协调落实红树林保护修复任务；省级自然资源、林业和草原主管部门等负责本地区行动计划的组织实施，将红树林保护修复任务分解至市、县，落实保障措施；市、县履行红树林保护修复主体责任，负责建立红树林保护修复协调机制，组织实施红树林生态修复。《全国重要生态系统保护和修复重大工程总体规划（2021—2035年）》规定了认真落实中央统筹、省负总责的全国重要生态系统保护和修复重大工程工作机制；地方各级政府要切实承担起生态保护和修复的责任，编制有关重大工程实施方案，扎实开展工程建设，确保各项重大工程顺利实施；要明确责任主体和进度要求。

这些关于责任主体的规定，除了《湿地保护修复制度方案》所规定的湿地修复责任主体是法律意义上的修复责任主体，其他规定都是关于生态修复事权与职责的规定，并非法律制度上的修复责任主体。而对于生态修复事权与职责而言，《自然资源部职能配置、内设机构和人员编制规定》（即自然资源部“三定方案”）有了新的明确规定。自然资源部“三定方案”明确规定的自然资源部的海洋生态修复事权与职责如下：第一，负责自然资源调查监测评价。第二，负责统筹国土空间生态修复；负责……海洋生态、海域海岸线和海岛修复等工作。第三，负责海洋开发利用和保护的监督管理工作；负责海域使用和海岛保护利用管理。第四，加强自然资源的保护和合理开发利用，建立健全源头保护和全过程修复治理相结合的工作机制，实现整体保护、系统修复、综合治理。所以，在海洋生态修复中，自然资源行政主管部门主要负有管理职责，至于现实中的海洋生态修复责任主体是谁，目前并没有明确的法律规定。

4. 海洋生态修复的具体目标不健全。要检验海洋生态修复工程项目效果的好坏以及是否圆满完成了相应的修复任务，必须有明确具体的海洋生态修复目标。尽管海洋生态系统复杂多样，针对不同海洋生态系统的修复项目的具体目标也会存在一定的差异，但这并不影响从法律上对具体海洋生态修复目标的确定过程进行规制。恰恰相反，具体海洋生态修复目标的确定必须遵守一定的规则，以避免海洋生态修复目标的确定随意且背离科学要求。目前，我国相关规范性文件并没有对海洋生态修复的目标作出直接明确的规定，只是在《海洋生态损害技术评估指南（试行）》和《海洋生态损害国家损失索赔办法》中间接对海洋生态修复目标作出了规定。《海洋生态损害技术评估指南（试行）》规定："海洋生态修复应将受损区域的海洋生态修复到受损前原有或与原来相近的结构和功能状态，无法原地修复的，采取替代性的措施进行修复；根据损害程度和该区域的海洋生态特征，制定修复的总体目标及阶段目标。"根据该技术指南的规定，我国海洋生态修复的具体目标是使受损的海洋生态恢复到受损前的原有状态，如果达不到原有状态，则应使受损的海洋生态在结构和功能两个方面达到与原有海洋生态结构和功能相近的状态。《海洋生态损害国家损失索赔办法》将"海洋生物资源和海洋环境容量（海域纳污能力）

等恢复到原有状态期间的损失费用”作为“海洋生态损害国家损失”的一部分，也就是说，对海洋生态损害进行修复应当“恢复到原有状态”。

从这些间接规定可以看出，我国海洋生态修复所追求的目标是使受损的海洋生态恢复到受损前的原有状态，这实际上是“恢复原状”这一民事法律责任在海洋生态修复领域的具体应用。但是，这种恢复原状的目标对于海洋生态修复而言明显过高，难以实现。运用恢复原状的民事救济方法进行海洋生态修复存在操作上的困难。根据传统民法，在损害赔偿中适用恢复原状，应当具备“原物存在、原物的损害具有可恢复性、恢复原状具有经济性”三个条件。在海洋生态损害救济中要适用恢复原状，也应符合这三个条件。第一个条件，须在海洋生态损害中判断受损的环境要素能否成为民法中的“物”。因为不是所有的环境要素都能成为“物”，只有能够成为民法中“物”的环境要素受到损害，才可以获得侵权法的救济。第二个条件，须证明这些受损害的环境要素仍具有可恢复性。即海洋生态环境被污染、破坏后在现有的经济技术条件下能够恢复到被侵害前的状态。第三个条件，将这些被污染和破坏的海洋生态环境恢复到受损前状态和功能的经济代价要合理。然而，从当前的司法实践来看，恢复原状在海洋生态损害赔偿中虽有一定的适用空间，但普遍存在“原状及恢复标准认定难”“恢复原状的可行性判断难”“恢复原状过程监管难”等问题。究其原因，主要在于海洋生态环境与一般的“物”不同，其原来的状态本身就难以确定，如何评估修复的效果已达到受损前的状态与功能呢？海洋生态环境被污染和破坏后的结果常具有不可逆性和不可恢复性。即使可以“恢复”，也需要很长的时间和高昂的修复费用，经济上不可行。如果通过民事救济来实现海洋生态修复的目标，将海洋生态修复到损害发生之前的状态和功能，需要以彻底消除污染源为前提，这在现代化大生产的背景下基本不可能。通过降低恢复标准来达到恢复原状的要求，又会与恢复原状的概念与内涵相违背，也无法真正实现海洋生态修复的目标。

5. 海洋生态修复的过程约束机制不健全。从我国目前相关规范性文件的整体性规定来看，我国海洋生态修复过程一般是规划先行，然后编制修复方案并实施修复，最后是验收评估，但这些规定都是零星地分散于不同的规范性文件中。现有的法律规范缺乏对海洋生态修复过程的统一性规制。首先，相关法律规范对海洋生态修复的启动条件没有规定，导致现实中的海洋生态修复工作具有较大的随机性。从广义上讲，只要海洋生态遭受损害，就可以对其进行修复。但这种广义的生态修复启动条件不具有现实可行性。一方面，能够依靠海洋生态系统自身的修复功能实现生态修复的海洋生态损害不需要人工修复措施进行干预，因为人工干预的修复措施在一定程度上也是对海洋生态系统的一种干扰和破坏，而且增加了经济成本；另一方面，即使是较为严重的海洋生态损害，由于其损害的严重程度不一样以及该海洋生态系统所处的地理位置、经济文化的重要性等方面的差异，对其进行人工修复的优先性也应当存在差异，因为现实中需要人工修复的海洋生态损害面积过大，且用于修复海洋生态的资金有限。因此，有关部门应当对海洋生态做好监测工作，定期对海洋生态进行调查评估，保存好档案，以判断是否对特定海洋生态实施人工修复。其次，相关法律规范对海洋生态修复工程实施前和结束后缺乏环境影响评价要求，缺乏对海洋生态修复工程实施过程中的实时监测。海洋生态修复在本质上是一种对海洋生态的干扰活动，为了确保这种人为的干扰活动能够获得理想的积极效果，给海洋生态造成的负面影响最小化，应当在海洋生态修复实施之前对具体的修复方案进行环境影响评价，而且在海洋生态修复工程结束后及时对其进行跟踪评价和后评价；在海洋生态修复的实施过程中，应当对其进行环境监测。最后，相关法律规范对海洋生态修复监督机制的规定不完善。目前相关的法律规范主要从生态修复的事权与职责的角度规定了自然资源行政主管部门负责监管海洋生态修复。但是，由于海洋生态修复涉及的海洋生态要素和利益主体众多，同时也关涉多个相关的行政主管部门以及地方人民政府，仅仅依靠自然资源行政主管部门的监管无法确保海洋生态修复的顺利开展并达到理想的修复效果。因此，在现实中应当充分发挥地方人民政府，包括生态环境主管部门在内的其他相关部门以及企事业单位和社会组织等多方主体的力量，对海洋生态修复进行多方位监督。

6. 海洋生态修复的资金来源渠道单一。海洋生态修复是一项复杂的系统工程，一般都需要较大的资金支持。目前我国的海洋生态修复的资金主要来源于中央的财政拨款和地方政府的财政配套资金，缺乏有效的机制充分调动社会资本积极参与海洋生态修复。《海岸线保护与利用管理办法》强调中央财政和地方政府的资金支持。《湿地保护修复制度方案》根据湿地损害的不同类型，分别规定了责任人的资金投入和政府的资金投入。《红树林保护修复专项行动计划（2020—2025 年）》和《全国重要生态系统保护和修复重大工程总体规划（2021—2035 年）》在强调政府应加大对生态修复的财政投入的同时，也强调政府应采取一些政策措施，积极调动社会资本参与生态修复，探索和推动市场化修复机制。因此，采用法治手段确保海洋生态修复资金来源的多元化应当是海洋生态修复资金保障的有效措施之一。

三、我国海洋生态修复法律制度的修订思路与建议

为了有效解决我国海洋生态修复中存在的现实问题，针对我国目前海洋生态修复法律制度的现状及主要问题，提出的对我国海洋生态修复法律制度的修订的主要思路如下。

1. 对海洋生态修复统筹规划，明确我国海洋生态修复的对象范围。海洋生态修复在我国的海洋生态保护实践中具有一定的普遍性，而且也经过了较长的实践探索，但现实中仍然存在一些问题；面对我国海洋生态保护的紧迫性，根据生态文明建设的需求，国家需要建立并完善我国的海洋生态修复制度，明确海洋生态修复的基本原则，完善海洋生态修复的核心制度。因此，《海洋环境保护法》作为海洋环境保护领域的基本法，应当对海洋生态修复制度作出明确可操作性的规定。国家要对海洋生态修复制度进行顶层设计，对海洋生态修复工作进行统筹安排，沿海各级人民政府对国家海洋生态修复的统筹安排加以分解落实，明确海洋生态修复的对象范围。

有以下修订建议：国家对海洋生态修复统筹规划；国务院自然资源行政主管部门会同生态环境行政主管部门制订全国海洋生态修复规划；沿海省、自治区、直辖市人民政府根据全国海洋生态修复规划编制省级海洋生态修复规划，并负责实施。海洋生态修复应当遵循自然恢复为主、人工干预为辅的原则。

2. 明确生态环境行政主管部门在海洋生态修复中的职责与权限。根据自然资源部“三定方案”和生态环境部“三定方案”，自然资源行政主管部门拥有海洋生态修复的管理权，负有海洋生态修复的职责，而生态环境行政主管部门对海洋生态修复负有“指导协调和监督”职责，要在法律上将两个部门关于海洋生态修复

的职权与职责理顺，以便于海洋生态修复的顺利实施。自然资源行政主管部门拥有海洋生态修复的事权，当然要对海洋生态修复的过程和效果实施监督并负责；生态环境行政主管部门应当对海洋生态修复及其对海洋生态环境的影响实施外部监督，其本身并不对海洋生态修复工程项目负责，而是从海洋生态环境保护的角度对海洋生态修复工程项目进行环评、监测等。

有以下修订建议：自然资源行政主管部门会同有关部门对海洋生态修复工程实施监督管理，生态环境行政主管部门负责海洋生态修复工程项目环境影响评价报告的审批和实施监督，并对海洋生态修复工程的环境影响实施跟踪监测和后评估。

3. 建立海洋生态修复工程的全过程监督机制。为了准确把握海洋生态损害的状况，自然资源行政主管部门应当作好海洋生态的调查，评估海洋生态状况。并且，海洋生态修复工程实施前应当进行环境影响评价，预防修复工程对海洋生态造成二次损害。为了加强对修复过程的有效监管，国务院自然资源行政主管部门应当会同国务院有关部门制定《海洋生态修复技术标准》，明确海洋生态修复的技术操作标准。为了确保海洋生态修复工程的效果，应当制定海洋生态修复工程效果的第三方评估机制。

有以下修订建议：国务院自然资源行政主管部门会同国务院有关部门制定《海洋生态修复技术标准》，明确海洋生态修复过程的技术操作规范。自然资源行政主管部门应当进行海洋生态的调查，评估海洋生态状况。对破坏严重、无法通过自然过程恢复且有必要进行人工干预的海洋生态实施修复。海洋生态修复工程实施前，由海洋生态修复责任主体对修复工程进行环境影响评价，将环境影响评价报告书（表）报生态环境行政主管部门审批，并由生态环境行政主管部门监督实施。海洋生态修复工程完成后，由海洋生态修复责任主体委托第三方机构对海洋生态修复工程的效果进行评估，将评估结果报自然资源行政主管部门备案，作为海洋生态修复工程验收的前置条件。

4. 明确海洋生态修复的责任主体。明确海洋生态修复的责任主体既是海洋生态修复得以顺利实施的前提之一，也是确保我国海洋生态修复常态化的一项重要制度。在现实中，海洋生态修复责任主体的确定首先应当遵循生态环境保护法的基本原则，即“谁破坏、谁修复”；对于那些历史遗留的海洋生态损害或者找不到破坏者的海洋生态损害，应当由政府承担海洋生态修复责任。

有以下修订建议：海洋生态修复责任人承担海洋生态修复责任；海洋生态修复责任人可以自己实施海洋生态修复，也可以委托第三方主体实施海洋生态修复。海洋生态修复责任人根据以下情况确定：（1）海洋生态的破坏者是海洋生态修复责任人；（2）海洋生态破坏者之间有争议的，由自然资源行政主管部门确定海洋生态修复责任人；（3）海洋生态破坏者变更或终止的，变更或终止后的权利义务承担者为海洋生态修复责任人；（4）对于历史遗留的或找不到破坏者的海洋生态损害，沿海省级人民政府为修复责任人。

5. 完善海洋生态修复的目标标准。海洋生态修复需要有明确的修复标准来判断海洋生态修复是否实现了修复目标。尽管目前个别相关规范性文件将海洋生态修复的目标规定为恢复海洋生态系统服务功能，但是海洋生态系统服务功能究竟要恢复到什么程度和水平，并不明确。在相关司法实践中，一般都以“恢复原状”作为生态修复的追求目标。但是，对于已经遭受严重破坏的海洋生态系统或者生态系统而言，恢复原状已经是不可能的了。将海洋生态修复目标确定为“使海洋生态服务功能恢复到受损前的状态”明显不合实际。所以，在确定海洋生态修复目标时除了要考虑技术可行性之外，还要考虑整体性、经济合理性、合规性等因素。

有以下修订建议：国务院自然资源行政主管部门应当根据海洋生态保护的需要，综合考虑海洋生态修复的整体性、修复技术的可行性、修复的经济合理性等因素，制订海洋生态修复的目标标准。

6. 建立多元化资金保障机制。海洋生态修复制度应当确保海洋生态修复资金来源的多元化，不能够仅仅依靠国家的财政投入。鉴于此，法律应当明确规定海洋生态修复资金多元化保障机制。其一，中央财政和地方政府财政要加大对海洋生态修复资金的投入力度；其二，要激励社会资本投入海洋生态修复；其三，有必要建立海洋生态修复专项基金，确保海洋生态损害得到及时有效的修复；其四，确立海洋生态修复责任人最终负责制，建立海洋生态修复的责任追偿机制。

有以下修订建议：国家建立海洋生态修复专项基金，用于历史遗留的或找不到破坏者的海洋生态损害的修复支出；海洋生态破坏者实施海洋生态修复，可以申请使用海洋生态修复专项基金，然后再补偿。沿海省级人民政府按照“谁投资、谁受益”的原则，采取激励措施，鼓励社会主体投资实施海洋生态修复。

我国地方立法中海岸带综合协调责任研究*

刘　旭

（广西大学法学院　南宁　530004）

摘　要： 政府在海岸带管理中起主导作用。目前国内已有的14部地方立法中，大多设立了海岸带综合管理协调机制，包括联席会议机制、综合管理协调机制、议事协调机制和海岸带领导小组，但大都存在一个共同的问题：未能成立一个级别相对较高的海岸带综合管理协调机构或者未能明确责任承担机构。因此，海岸带综合协调机制可能出现迟延、无力和虚设的情形。有鉴于此，设置权威性更高的海岸带综合协调机构，以及下设综合协调机构的日常事务处理机构十分必要。

关键词： 地方立法　海岸带　综合协调

---

* 广西哲学社会科学规划研究课题“中国—东盟生物多样性保护统一立法研究”（21FFX010）。

【作者简介】刘旭，广西大学法学院讲师，法学博士。

政府承担环境保护责任、履行环境管理和生态保护职责，是践行“责任政府”的重要体现，构成我国政府环境责任的理论基础❶。政府环境保护的责任确认从1979年《环境保护法（试行）》到1989年《环境保护法》再到2014年《环境保护法》，在制度变迁中不断发展完善。地方政府的环境保护责任也就是地方政府在环境保护方面应该履行的职责。地方政府环境保护责任包括政治层面、法律层面和道德层面的责任。政治层面源于中央生态环保督察这一党中央作出的重大决策部署，主要包括严格执法、依法作为；心中有数、主动作为；忠诚履职、强化协调三个方面❷。政府环境保护责任在法律层面主要包括法律规定的政府在环境保护方面的责任和权力以及因政府违反上述责任和权力的法律规定而承担的法律后果❸。道德层面是地方政府在履行环境保护职责时需要满足群众和国家在思想道德上的基本准则❹，有利于树立良好的价值导向，提高人民的环保意识。三个层面的责任是建立健全政府环境责任体系的基石，为发挥地方政府在保护环境中的重要作用奠定了基础。

一、海岸带地方立法的现状及评析

2018年11月18日发布的《中共中央　国务院关于建立更加有效的区域协调发展新机制的意见》中提出“推动海岸带管理立法”的工作要求；2022年3月发布的《中华人民共和国国民经济和社会发展第十四个五年规划和2035年远景目标纲要》中更是明

---

❶ 闫胜利：《我国政府环境保护责任的发展与完善》，《社会科学家》2018年第6期。

❷ 杨庆东：《主动担起生态环境保护政治责任》，人民网 http://env.people.com.cn/n1/2019/0808/c1010－31283344.html，访问时间：2020年11月20日。

❸ 蔡守秋：《论政府环境责任的缺陷与健全》，《河北法学》2008年第3期。

❹ 龚至柔：《地方政府环境法律责任研究》，硕士学位论文，中南林业科技大学，2015。

确提出必须“加强海岸带综合管理”。对海岸带进行综合管理，政府是其主体。推动海岸带综合管理，需要健全的海岸带地方立法，特别是强化这一过程中地方政府的责任，才能实现这一目标。本文对2022年10月前，颁布生效的14部海岸带管理地方性法规和政府规章进行研究分析，试图通过对14部立法文本的研究整理（表1），分析海岸带地方立法的基本态势。

表1　我国海岸带管理现行有效的地方立法文本

立法省、自治区	立法性质	立法主体及通过时间	立法名称（实施/修改时间）
广西壮族自治区	地方性法规	防城港市人大常委会（2019.11.1）	《防城港市海岸带保护条例》（2020.3.1）
广东省	地方政府规章	惠州市政府（2018.12.06）	《惠州市海岸带保护与利用管理条例》（2019.1.1）有效期5年
海南省	地方性法规	海南省人大常委会（2013.3.30通过，2019.12.31修正）	《海南经济特区海岸带保护与利用管理规定》（2020.2.1）
	地方政府规章	三亚市政府（2016.10.11通过，2022.5.7修正）	《三亚市海岸带保护规定》（2022.5.7）
辽宁省	地方性法规	锦州市人大常委会（2017.11.20）	《锦州市海岸带保护与利用管理条例》（2018.3.1）
	地方政府规章	葫芦岛市政府（2015.11.17）	《葫芦岛市海岸带保护与开发管理暂行办法》（2016.1.1）

续表

立法省、自治区	立法性质	立法主体及通过时间	立法名称（实施/修改时间）
山东省	地方性法规	滨州市人大常委会（2019. 11. 1）	《滨州市海岸带生态保护与利用条例》（2020. 3. 1）
	地方性法规	东营市人大常委会（2019. 10. 24）	《东营市海岸带保护条例》（2020. 3. 1）
	地方性法规	潍坊市人大常委会（2019. 10. 25）	《潍坊市海岸带保护条例》（2020. 5. 1）
	地方性法规	威海市人大常委会（2018. 4. 24 通过，2022. 1. 15 修正）	《威海市海岸带保护条例》（2020. 1. 17）
	地方性法规	烟台市人大常委会（2019. 10. 29）	《烟台市海岸带保护条例》（2020. 3. 1）
	地方性法规	日照市人大常委会（2019. 4. 29）	《日照市海岸带保护与利用管理条例》（2020. 1. 1）
	地方性法规	青岛市人大常委会（2019. 5. 23）	《青岛市海岸带保护与利用管理条例》（2020. 1. 1）
福建省	地方性法规	福建省人大常委会（2017. 9. 30）	《福建省海岸带保护与利用管理条例》（2018. 1. 1）

现行有效的地方法律规范中，制定时间最早的是海南省人民政府于2013年3月30日发布的《海南经济特区海岸带保护与利用管理规定》，最新的是三亚市政府修正，于2022年5月7日发布的《三亚市海岸带保护规定》。我国海岸带地方立法的“高潮期”与习近平总书记在党的十九大报告中提出“坚持陆海统筹，加快建设海洋强国”以及2018年11月18日发布的《中共中央　国务院

关于建立更加有效的区域协调发展新机制的意见》中“推动海岸带管理立法”的工作要求的时间相契合。

我国尚无国家层面的海岸带管理法，目前的地方立法主体主要是省、市人大或者政府，仅海南省和福建省省级立法，市级立法居多，这在一定程度上说明海岸带管理的细致和优化。

二、海岸带地方立法中政府综合协调责任条款文本分析

14 部海岸带地方立法都规定建立海岸带管理综合协调机构，现通过对法律文本中地方政府综合协调条款的对比研究（表 2），分析其不足。

表 2　海岸带地方立法综合协调条款

条例名称	责任部门	综合协调条款
《防城港市海岸带保护条例》	市、区（市）人民政府	第四条第一款　市、区（市）人民政府应当加强对海岸带保护工作的统一领导，建立健全议事协调机制，协调和解决海岸带保护工作中存在的重大问题。 第五条第一款　自然资源主管部门负责海岸带保护的综合协调工作，负责海岸带资源调查、确权登记、规划以及海岸线向陆一侧海岸带的保护和监督管理工作。
《惠州市海岸带保护与利用管理条例》	市政府	第六条　市政府负责海岸带保护与利用的统筹规划、政策制定。……

续表

条例名称	责任部门	综合协调条款
《海南经济特区海岸带保护与利用管理规定》	省人民政府和沿海市、县、自治县人民政府	第五条第一款　省人民政府和沿海市、县、自治县人民政府应当加强对海岸带保护与利用管理工作的统一领导和组织、协调，建立健全海岸带保护与利用管理工作机制。
《三亚市海岸带保护规定》	市、区人民政府	第五条　市、区人民政府加强对海岸带保护工作的统一领导和组织、协调，建立健全海岸带保护工作机制。
《锦州市海岸带保护与利用管理条例》	市人民政府和沿海县级人民政府	第五条　市人民政府和沿海县级人民政府（含滨海新区管理委员会，下同）应当加强组织领导和统筹协调，将海岸带保护与利用纳入本行政区域国民经济和社会发展规划。
《葫芦岛市海岸带保护与开发管理暂行办法》	市人民政府、市海岸办	第五条　市人民政府成立市海岸带管理领导小组，负责审议海岸带专项规划及协调海岸带开发、利用、保护等重大事项和工作，并为市政府决策提出意见和建议。 第六条　市海岸带管理领导小组下设办公室（以下简称“市海岸办”），对海岸带实施综合管理和协调监督，其主要职责： （一）监督和指导有关海岸带法律、法规和规章的实施； （二）组织协调相关部门拟定海岸带专项规划和专业规划； （三）监督和指导海岸带范围内开发利用和治理保护项目建设，使其符合海岸带专项规划； （四）组织监督检查开发活动，协同有关部门查处违法行为、解决边界和资源等各类纠纷； （五）承担本级人民政府和有关上级海岸带行政管理部门委托的其他管理事项。

续表

条例名称	责任部门	综合协调条款
《滨州市海岸带生态保护与利用条例》	市、县（区）人民政府	第五条　市、县（区）人民政府应当加强对海岸带生态保护与利用管理工作的组织领导和统筹协调，将海岸带生态保护与利用纳入国民经济和社会发展规划，所需经费纳入本级财政预算。
《东营市海岸带保护条例》	市、沿海县（区）人民政府	第五条　市、沿海县（区）人民政府应当加强对海岸带保护、利用与管理工作的组织领导和统筹协调，将海岸带保护、利用与管理纳入国民经济和社会发展规划，所需经费纳入同级财政预算。 市、沿海县（区）人民政府应当建立完善海岸带综合管理协调机制，协调解决海岸带保护管理工作中的重大问题。
《潍坊市海岸带保护条例》	市、县（市、区）人民政府	第五条第一款　市、县（市、区）人民政府应当建立海岸带保护、利用与管理工作的组织领导和统筹协调机制，加强各县（市、区）、镇（街）和有关部门之间的协同配合。
《威海市海岸带保护条例》	市、区（县级市）人民政府	第六条第一款　市、区（县级市）人民政府应当加强对海岸带保护、利用与管理工作的统一领导，建立健全议事协调机制，整合管理力量，形成监管合力。
《烟台市海岸带保护条例》	市、沿海县（市、区）人民政府	第四条　市、沿海县（市、区）人民政府应当加强对海岸带保护工作的统一领导，将海岸带保护纳入国民经济和社会发展规划及年度计划，建立海岸带综合管理的协调机制，解决海岸带保护工作中的重大问题，所需经费纳入本级财政预算。

续表

条例名称	责任部门	综合协调条款
《日照市海岸带保护与利用管理条例》	市、区人民政府	第五条　市、区人民政府应当加强对海岸带保护与利用管理工作的组织领导和统筹协调，按照港口、产业、城市、海洋融合发展的要求，将海岸带保护与利用纳入国民经济和社会发展规划，所需经费纳入本级财政预算。
《青岛市海岸带保护与利用管理条例》	市、沿海区（市）人民政府	第五条　市、沿海区（市）人民政府应当加强对海岸带管理工作的统一领导，将海岸带保护与利用纳入国民经济和社会发展规划以及国土空间规划，所需经费纳入同级财政预算。 市、沿海区（市）人民政府应当建立完善海岸带综合管理工作协调机制，解决海岸带保护与利用工作中的重大问题。
《福建省海岸带保护与利用管理条例》	省人民政府及沿海设区的市、县（市、区）人民政府	第四条　省人民政府及沿海设区的市、县（市、区）人民政府应当加强对海岸带保护与利用管理工作的统一领导，将海岸带保护与利用纳入本行政区域国民经济和社会发展规划，建立海岸带综合管理联席会议制度，协调和解决海岸带保护与利用工作中的重大问题，联席会议的日常工作由同级人民政府海洋与渔业行政主管部门承担。

通过对比发现立法体例和内容具有相似性，其条款都集中在文本的前部，大都在第 4 条、第 5 条或者第 6 条。14 部地方立法规定大致相同，除海南省经济特区和三亚市要求人民政府加强“对海岸带保护与利用管理工作的统一领导和组织、协调”的工作要求以及葫芦岛市为“协调海岸带开发、利用、保护等重大事项

和工作”成立“海岸带管理领导小组”外，其余地方条例在政府综合责任方面的规定大致相同：一是对政府责任总体性规定，如建立海岸带综合管理机制；另一类是规定政府及其相关职能部门在规划、保护、修复、监督管理等方面的责任，在职责分工上兼顾了统筹协调和各部门各司其职相配合的管理体系。

14 部地方立法中，海岸带综合管理机制大致分为以下三种模式。

（一）联席会议模式

联席会议模式是由召集人或副召集人主持召开，以会议纪要形式明确会议议定事项。联席会议根据工作需要定期或不定期召开。福建省、日照市按照此模式开展海岸带管理的统筹协调工作。

福建省规定联席会议的职责是“协调和解决海岸带保护与利用工作中的重大问题”，“联席会议的日常工作由同级人民政府海洋与渔业行政主管部门承担”。山东省日照市要求“建立由海洋发展、自然资源和规划、生态环境、发展改革、文化旅游、交通运输、水利、应急管理、城市管理”组成的联席会议制度，会议定期召开，“讨论决定重大事项”。

（二）综合管理协调机制

综合管理协调机制是地方各级人民政府针对海岸带管理过程中的重大问题，用以协调人民政府、各职能部门各司其职、相互配合的工作机制。采取综合管理协调机制的地方主要有福建省、东营市、烟台市、潍坊市和青岛市，在机制建立的表述上稍有不同：东营市和烟台市要求各级人民政府建立“综合管理协调机制”；青岛市则是建立“综合管理工作协调机制”。针对的事由也有不同，东营市针对“协调解决海岸带保护管理工作中的重大问题”；烟台市针对“解决海岸带保护工作中的重大问题”；青岛市在海岸带“保护”的基础上增加了“利用”相关工作；潍坊市针对“海岸带保护、利用与管理工作的组织领导和统筹”建立协调机制。

（三）议事协调机制

议事协调机制是指地方各级人民政府，针对海岸带管理中的重大问题，加强沟通、确定职责以及充分考虑利益关系的协调机制，采取该模式的地方是防城港市和威海市。

防城港市规定了针对“海岸带保护工作中存在的重大问题”，建立议事协调机制用以协调和解决，由自然资源主管部门负责海岸带保护的综合协调工作。威海市为了加强“海岸带保护、利用与管理”统一领导，由海洋与渔业行政主管部门负责海岸带保护的综合协调工作，“建立健全议事协调机制”用以“整合管理力量，形成监管合力”。

三种模式在工作机制上有所不同，但是可以看出更多的相似性：一是针对海岸带管理的“重大”“综合性”事务；二是虽然机制名称不同，但都是由各级人民政府主导，需要整合职能部门力量，共同协作的工作机制。

三、海岸带地方立法中政府综合协调责任存在的缺陷及原因分析

国际海洋学者伊丽莎白·曼·鲍基斯女士认为：目前海洋管理存在的问题是权力不集中，分散政府责任且造成重复努力。[1] 在14部海岸带地方立法中，明确规定要建立海岸带管理综合协调机构，也对各职能部门在海岸带的管理中承担的职责作出了明确要

---

[1] 张辉：《国际海洋法与我国的海洋管理体制》，《海洋开发与管理》2005年第1期。

求。比如对规划的制订和实施、海岸带的保护、海岸带修复、海岸带监测、海岸带巡查和监管的职责都分属于不同的职能部门。涉及的管理部门十几个是常见的情况。通过对 14 部地方立法文本的全面分析，综合协调加各职能部门各司其职的机制要切实有效，更有赖于强有力的协调机制的运行，因此，可以分析出目前的协调机制主要存在三个方面的问题。

在海岸带地方立法中，设立了海岸带综合管理协调机制，包括联席会议模式、综合管理协调机制、议事协调机制和海岸带领导小组，无论哪一种综合管理机制，大都存在一个共同的问题：未能成立一个级别相对较高的海岸带综合管理协调机构或者未能明确责任承担机构。14 部地方立法中，对承担海岸带综合协调的职能部门规定有三种类型，责任主体是各级地方人民政府占绝对数量的类型，但是具体稍有差别，三种类型可能产生以下三类问题。

（一）海岸带综合协调机制可能迟延

三亚市、日照市、规定责任主体是市、区（市）人民政府；惠州市规定责任主体是市政府；海南省规定责任主体是省人民政府和沿海市、县人民政府；滨州市、东营市、潍坊市、威海市、烟台市、青岛市规定责任主体是市、县（市、区）人民政府和沿海县（市、区）人民政府。

各级地方人民政府对该行政区域的职责是全面的，贯彻执行党和国家的各项方针、政策、法律、法规及上级的决议和决定，负责本行政区的经济、社会发展，城市建设和管理，等等，各种事务繁多。实践中，人民政府对职能部门和工作进行综合协调的情况一般有两种：一是针对特殊时期、特殊事件展开的主动性综合协调；二是依据职能部门申请主持的综合协调。因此，就海岸带管理而言，不管是哪种情形，都可能是迟延的、非常态化的。

（二）海岸带综合协调机制的无力

第二类有三个立法例，是人民政府和海岸带主管部门共同负责。锦州市规定了由市人民政府和沿海县级人民政府海洋行政主管部门共同负责，协调管理工作。防城港市规定了市、区（市）人民政府“建立健全议事协调机制”，具体的协调工作由自然资源主管部门负责。福建省明确了省人民政府及沿海设区的市、县（市、区）人民政府应当“建立海岸带综合管理联席会议制度”，同时要求“联席会议的日常工作由同级人民政府海洋与渔业行政主管部门承担”。

承担协调责任的部门与其他部门属于同一行政级别，没有上下级关系，难以在协调工作中形成强有力的话语权，因此难以真正实现立法目的中的“协调”之责，可能存在协调能力不足的问题。以《防城港市海岸带保护条例》为例，其规定了市、区（市）人民政府“海岸带议事协调机制”，“自然资源主管部门负责海岸带的综合协调工作”，海洋主管部门，生态环境主管部门，林业主管部门，发展改革、财政、住房城乡建设、城市管理、农业农村、交通运输、水利、文化旅游、海事、港口等主管部门就海岸带不同范围、环境要素和事项各司其职，负责海岸带保护的相关工作。

根据立法者原意，各职能部门在人民政府的总体宏观协调下，自然资源主管部门具体负责协调工作，各司其职，依职权对海岸带进行管理。但是实践中，海岸带管理涉及职能部门众多，各职能部门在管理中容易出现权责不清、沟通不畅等问题。防城港市曾多次开展过联合执法，这需要多部门的相互配合，但在海岸带管理中，职能部门间的职权未能很好地统筹，进而导致管控交叉和管控模糊或空白的现象出现，使政府部门间难以默契配合。一旦冲突或者空白需要协调，因自然资源主管部门和其他部门之间都是同一行政级别，没有业务指导地位，不存在上下级隶属关系，所以自然资源主管部门对其他部门难以强有力地统筹协调的尴尬局面就出现了。

（三）海岸带综合协调机制的虚设

第三类是14部地方立法中唯一一个责任主体是专门成立的部门的立法例，就是葫芦岛市的做法：由市人民政府成立市海岸带管理领导小组，并在条例中规定了领导小组办公室“市海岸办”的职责。该立法例中设立了专门协调机构，海岸带管理领导小组，其地位是市人民政府的专设机构，并下设了办公室，即市海岸办，对葫芦岛海岸带实施综合管理和协调监督。但在对葫芦岛市人民政府和海岸带管理部门的工作实践考察中，几乎没有见到过该领导小组以及办公室。在该条例施行时的访谈中提及过，“规划建议市人民政府成立市海岸带管理领导小组，”并下设办公室。并在葫芦岛市人民政府的官网可以了解到，葫芦岛人民政府成立过葫芦岛市第一次海洋经济调查工作领导小组，但在调查工作结束后随即撤销了。2017年市政协主席就“海岸带保护和开发利用”展开调研的过程中，指出“市区两级政府要成立海岸带保护与开发利用工作领导小组，协调各部门开展综合管理，建立起海岸带管理的联动机制，形成工作合力”。由此可以佐证该领导小组一直未能实际开展工作。三种综合协调的模式中这种应当是最能产生实效的，但是未能践行。

四、海岸带地方立法中政府综合协调责任完善对策

海岸带的保护、利用和管理不仅涉及海洋、自然资源还有环境保护、港口、农业农村、交通等部门共同协作，单一的职能不

能实现海岸带有效管理的目标，这是客观现实需要。因此需要一个强有力的综合协调机构，可以实现跨部门协调事务管理工作。仅仅建立综合协调机构并不完整，容易形同虚设，因此需要配套的日常工作开展、监督等体系化的制度的构建，建立完整的领导小组、执行机构、日常监督、常规报告的综合协调体系。

（一）设置权威性更高的海岸带综合协调机构

海岸带管理工作涉及部门和利益众多，涉海部门在专业性管理过程中，统筹协调的难度很大，如果缺乏综合协调的机制，则不能根据海洋生态系统的整体性进行综合管理。目前运行的各平级部门之间的协调工作，很难做到稳定而高效。因此，海岸带综合管理的迫切要求是权威的协调机制的建立。

“理论上，加强海岸带管理统筹协调的途径有两类：一类是设立凌驾于各相关职能部门之上的权力综合体，执掌最高决策权；另一类是建立综合的统筹协调机构，为各辖区、各部门之间的统筹协调提供平台、途径和制度。”[1] 对这两种模式作适应性分析：第一种，设置凌驾于各相关职能部门之上的权力综合体。也就是将现在多个部门关于海岸带管理的职责让渡出来，赋予新建立的权力综合体管理海岸带的权力。可以想见，建立权力集中的新机构可以提高效率，但是由于权力的让渡必然会导致职能部门的职权转移，可能会增加新的矛盾点。再者，社会管理活动中诸多的需要综合协调的问题，如果都采取这样的模式，会造成机构冗杂，这与 2018 年国务院政府机构改革的初衷也不一致。

第二种模式是建立综合的协调机构，对海岸带保护、利用和

---

[1] 管松、刘大海、邢文秀：《论我国海岸带立法的核心内容》，《中国环境管理》2019 年第 6 期。

管理工作中的重大问题进行协调。由地方人民政府建立该协调机构，地方政府能统合各个职能部门，在各个职能部门中有较高的权威，由政府主要领导或者相关分管领导担任协调机构的负责人，会提高机构的执行效率。美国的国家海岸带协调机构的负责人是其商务部部长，在海岸带事务管理上有绝对的权威，值得我国借鉴。

（二）设置综合协调机构的日常事务处理机构

设置了权威性更高的海岸带综合协调机构，并不是万事大吉。对海岸带管理过程中的“重大问题”的把握，日常工作的开展都需要常设机构。需要在海岸带综合协调机构之下设置办公室，作为日常事务的处理机构，赋予其监督和指导海岸带法律、法规的执行；组织协调相关部门拟定海岸带专项规划；组织检查海岸带开发、利用活动等职责。办公室向海岸带综合协调机构作定期报告和年度报告，接受绩效考核。

五、结语

海岸带协调管理问题集中在三个层次：部门之间的协调、行政区域之间的协调、陆海统筹。基于海岸带管理实践中的现实问题，推动海岸带管理立法是当前急切的工作。本文基于地方立法中微观的视角，考察职能部门之间的综合协调问题，希望能为海岸带综合立法这座大厦添砖加瓦。

我国珊瑚礁保护立法研究及其完善

周　琪

（广西大学法学院　南宁　530000）

摘要：本文基于我国珊瑚礁资源丰富、面临严峻威胁、其保护价值突出，得出我国珊瑚礁保护立法的必要性，进而通过对当前我国现有珊瑚礁国家和地方保护立法文本列举并梳理，指出当前珊瑚礁保护立法存在的问题，一是立法数量少，存在立法空白，体现在缺乏规划目标和整体性重视不足上，二是已有立法存在不足，体现在生态补偿制度过于笼统、处罚力度过轻、专业性不足上。在此基础上对国家和地方珊瑚礁保护立法提出相应的完善建议，建立具有科学性、完整性的珊瑚礁保护立法体系。

关键词：珊瑚礁保护　立法　海洋环境

我国作为海洋大国，是海洋生态环境保护的拥护者和践行者，国家主席习近平同志于2017年10月在党的十九大上作报告提出“坚持陆海统筹，加快

【作者简介】周琪，广西大学法学院2021级硕士研究生。

建设海洋强国”的主张。一个健康的海洋生态系统离不开珊瑚礁，其有海洋中的“热带雨林”之美誉。珊瑚礁对于海洋环境治理、海洋灾害防治、减缓温室效应等方面拥有其不可忽视的作用与功能，有科研、经济、环境与社会价值，对建设海洋强国有重要的战略意义。

一、我国珊瑚礁保护立法的研究背景

本文的珊瑚礁指广泛意义上的珊瑚礁生态系统，珊瑚礁生态系统是一种有其特殊属性的海洋生态系统，以造礁石珊瑚为生物群体基础构成，在其中生活的物种包括珊瑚及其他同珊瑚群共生的海洋动植物。珊瑚礁的栖息空间十分复杂，几乎囊括了全部海洋生物门类中的物种，其总面积占全球海洋面积仅 0.2%，但能供养超过 25% 的海洋生物，对保持海洋系统稳定延续和健康发展举足轻重。

（一）我国珊瑚礁保护立法的必要性

我国珊瑚礁保护立法的必要性基于我国丰富的珊瑚礁资源、珊瑚礁面临的威胁、珊瑚礁保护价值这三个方面。

1. 我国珊瑚礁资源丰富

中国因海岸线辽阔、跨经纬度广而拥有极为富饶的珊瑚礁资源，主要表现为珊瑚礁分布广和物种多样性丰富。在珊瑚礁资源的分布方面，我国珊瑚礁分布面积近 3.8 万平方公里，这些珊瑚礁资源沿着我国沿海大陆架广泛分布于海南、广西、广东等省、自治区。在珊瑚礁物种多样性方面，我国总共拥有珊瑚礁物种高达 16 科 440 余种，其中拥有物种多样性最高的区域是南沙群岛。

2. 我国珊瑚礁面临的威胁

近年来，我国珊瑚礁现状不容乐观。随着人类对海洋的开发利用活动日趋频繁，加之全球气候变暖加剧，我国珊瑚礁处于明显退化的状态中，自 2005 年至 2018 年，不同区域的珊瑚明显呈现覆盖率下降的共同趋势。（见表 1）[1] 造成我国珊瑚礁退化的原因包括气候、开发活动和病害三大威胁。人类开发活动对我国珊瑚礁退化的影响首当其冲。此外，珊瑚病害暴发也是造成珊瑚礁覆盖率减退的原因之一

表 1　我国珊瑚礁分布省份平均造礁石珊瑚覆盖率

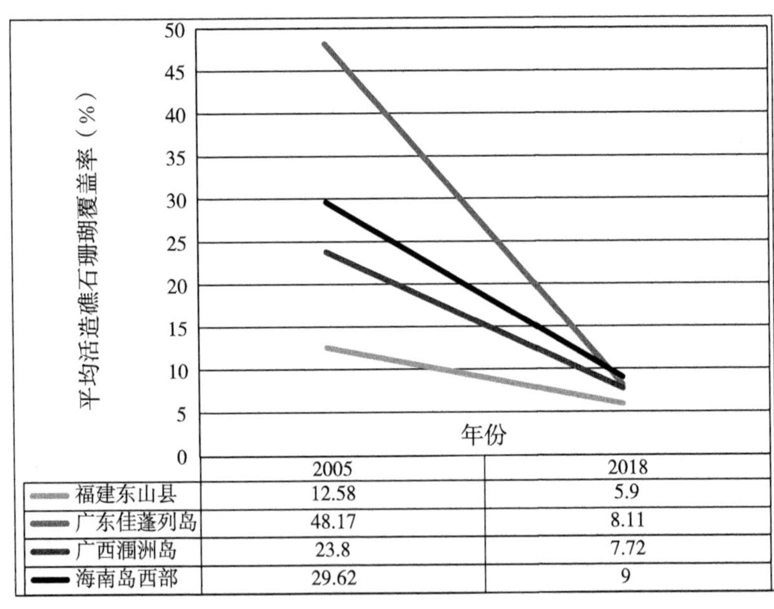

	2005	2018
福建东山县	12.58	5.9
广东佳蓬列岛	48.17	8.11
广西涠洲岛	23.8	7.72
海南岛西部	29.62	9

3. 我国珊瑚礁的保护价值

珊瑚礁生态系统作为一种重要海洋生态系统，其保护价值体

---

[1] 黄晖等：《中国珊瑚礁状况报告 2019》，海洋出版社，2021，第 13 页。

现在社会经济和自然生态两方面。

珊瑚礁保护的社会经济价值在于，首先，根据《联合国海洋法公约》的规定，珊瑚礁可以作为国家领土，是重要的国土资源组成部分。其次，这些珊瑚礁岛所处的位置盘踞要津，是海上交通的枢纽，也是我国构建海上丝绸之路的重要通道。最后，珊瑚礁蕴藏着丰富的渔业资源，鱼类大量生活在珊瑚礁中依靠珊瑚礁供给食物和栖息地，形成天然渔场。

在自然生态价值上，近岸珊瑚礁最显著的功能就是保护滨海堤岸。作为防止海岸线侵蚀的第一道天然防线，珊瑚礁由于其结构的特殊性与复杂性对海潮和波浪的减弱能力比一般的泥沙和礁石更强，可以有效地保障沿海居民的生产和生活。另外珊瑚礁对温室效应的缓和具有重要作用，珊瑚礁的形成过程中发生一系列的化学反应吸收大量二氧化碳，有益于增汇减排。

综上，为了发挥珊瑚礁作为海洋重要生态系统的组成部分的应有价值，践行珊瑚礁保护，珊瑚礁保护立法刻不容缓。

（二）我国珊瑚礁保护立法研究现状

近四十年来，为了呼应和支持海洋强国战略，我国国家及地方立法机关先后出台涉及珊瑚礁保护内容的法律、法规若干部，充分显示了国家对于珊瑚礁保护的重视。同时，国外对于珊瑚礁立法保护的先进经验也值得关注。

1. 国内对于珊瑚礁保护立法的研究

由于珊瑚礁保护立法起步较晚、专项立法较少，综合现有文献来看，国内学者的研究主要集中于地方省份关于珊瑚礁保护的法律方面的问题，往往将立法与司法、执法和实践中的法律问题混合讨论，没有将整体珊瑚礁保护立法作为研究对象。

在立法方面综合来说，主要是针对现有的珊瑚礁保护立法找出其中不足和立法空白两大方面。

在关于海南省珊瑚礁保护立法研究中，学者们认为存在以下不足，缺乏环境产权的强制性规定，环境资源难免遭到无限制的利用，造成“公地悲剧”，因此应当对环境产权作出规定与完善；❶处罚力度不足及没有对同步发展相应的生态经济作出规定，对应的完善建议有建立珊瑚礁生态补偿机制的体系化规定、有针对性地协调各方面立法保护措施；❷可操作性不强，建议减少弹性条款，尽快填补法律漏洞；❸在立法空白的观点上，有学者对广东省珊瑚礁保护立法现状评价为立法空白状态，即广东省对珊瑚礁保护暂无地方专项立法，也缺少综合性立法。❹

2. 国外对于珊瑚礁保护立法的研究

珊瑚礁在世界各地广泛分布，其中一些国家对珊瑚礁的保护模式和采取的措施对于我国珊瑚礁保护立法具有启示和借鉴意义。1997 年，为了抵御不断发生的自然灾害，各国对珊瑚礁保护提出了新策略，即建立珊瑚礁自然保护区。作为拥有珊瑚礁资源最丰富的国家，澳大利亚对于建立珊瑚礁保护区取得的成效最显著也是最成功的，它通过政府制定政策的方式进行自上而下的治理。海洋公园制度是澳大利亚创设的特殊的保护区制度，该制度于 1975 年在《大堡礁海洋公园法》中确定，具体为开放大堡礁海洋公园，在园内设立若干个委员会分别管理沿海、生态系统、旅游休闲等，各司其职，并建立起其特有的环境管理收费制度，为珊

❶ 王玉容：《海南珊瑚礁的现状及立法保护探讨》，《现代交际》2014 年第 3 期。

❷ 樊清华、汪冰：《海洋生态法下的海南珊瑚礁湿地保护立法初探》，《理论导报》2017 年第 6 期。

❸ 王婧：《海南省珊瑚礁保护的立法思考》，《才智》2011 年第 31 期。

❹ 施蕴文：《广东省珊瑚礁生态保护对策研究》，硕士学位论文，广东海洋大学农业系，2018。

珊瑚礁保护提供资金保障。❶ 同时澳大利亚对海洋立法也十分重视，从 1952 年至今已颁布了三十多部海岸带和海洋管理法规对海洋进行全方位管理。牙买加采取的是在全流域建立起一个专门的管理部门，统筹协调全流域内珊瑚礁的管理。菲律宾则采取社区共管的方式，沿海居民对其所在的海域资源较为熟悉，可以帮助管理者制定更加现实可行的政策。❷

二、我国珊瑚礁保护立法现状及评析

对现行有效的国家层面和地方层面涉及珊瑚礁保护相关内容的法律法规进行列举并梳理后得出，迄今为止，我国已经形成了以宪法为核心，以《环境保护法》《海洋环境保护法》《野生动物保护法》《海岛保护法》《海域使用管理法》等法律为基本内容，以行政规章、部门规章、地方立法及规章为补充的珊瑚礁保护立法体系。

（一）我国国家和地方珊瑚礁保护立法现状

国家层面以珊瑚礁为保护对象的相关立法及规定如表 2 所示。

表 2　国家层面立法

文件名称	立法位阶	相关规定
《中华人民共和国宪法》	法律	第九条　【自然资源】 第二十六条　【环境保护】

❶ 梅宏：《大堡礁海洋公园与澳大利亚海洋保护区建设》，《湿地科学与管理》2012 年第 4 期。

❷ 董跃、姜茂增：《国外海岸带综合管理经验对我国实施“陆海统筹”战略的启示》，《中国海洋大学学报》（社会科学版）2012 年第 4 期。

续表

文件名称	立法位阶	相关规定
《中华人民共和国环境保护法》	法律	第二十九条　【生态保护红线】 第三十一条　【生态保护补偿】
《中华人民共和国野生动物保护法》	法律	第十条　【野生动物分类分级保护】 第十七条　【野生动物遗传资源保护】 第二十一条　【禁止猎捕、杀害国家重点保护野生动物】 第二十八条　【禁止出售、购买、利用国家重点保护野生动物及其制品】
《中华人民共和国海洋环境保护法》	法律	第二十条　【政府环境保护职责】 第二十一条　【设立海洋自然保护区】 第二十二条　【海洋自然保护区设立条件】 第二十三条　【海洋特别保护区】 第二十四条　【海洋生态保护补偿制度】 第七十六条　【法律责任】
《中华人民共和国渔业法》	法律	第三十七条　【野生动物分级分类保护】
《中华人民共和国海岛保护法》	法律	第十六条　【政府环境保护职责】 第四十六条　【法律责任】
《中华人民共和国自然保护区条例》	行政法规	第十条　【自然保护区设立】
《中华人民共和国防治海岸工程建设项目污染损害海洋环境管理条例》	行政法规	第二十三条　【禁止海岸工程建设】

续表

文件名称	立法位阶	相关规定
《海上海事行政处罚规定》	部门规章	第三十九条　【法律责任】
《近岸海域环境功能区管理办法》	部门规章	第十一条　【禁止破坏珊瑚礁】
《海洋自然保护区管理办法》	部门规章	第六条　【海洋自然保护区】

在国家立法层面，与珊瑚礁保护有关的条文分布于各个部门法律和规章之中，大致可分为以下五个方面。

一是生态保护制度，分别在《环境保护法》第 29 条和 31 条中确定了“生态保护红线制度”和“生态保护补偿制度”，国家及各级人民政府对相关自然环境及生物负有采取措施的保护义务，而后在《海洋环境保护法》第 24 条简单细化为“海洋生态保护补偿制度”和“海洋生态保护红线制度”，但对如何落实制度未进一步明确。二是野生动物保护，以《野生动物保护法》为主要内容，第 10、17、21、28 条以禁止捕杀为主要保护方式分别对珍稀、濒危野生动物及遗传资源的保护作出规定；《渔业法》第 37 条保护珍贵、濒危水生野生动物，除科研、繁殖等特殊情况可以捕捞之外，一律严禁捕杀。三是自然保护区设立，《海洋环境保护法》在上位法中对《自然保护区条例》进行具体化，在海洋物种丰富的生态区域建立海洋自然保护区，在有特殊保护需求的区域建立海洋特别保护区。四是政府及部门职责，分别在《海洋环境保护法》第 20 条、《海岛保护法》第 16 条中规定政府及相关部门具有保护包括红树林、珊瑚礁等典型性、代表性的海洋生态系统的职责。五是法律责任，《海洋环境保护法》《野生动物保护法》等对于违反相应的义务性条款规定了相应的法律责任，我国现有的珊瑚礁保护立法在追究违法破坏珊瑚礁的行为责任上以行政处罚为主要手段，规定的违法行为包括对珊瑚礁进行破坏、污染、非法买卖、运输等，根据违法行为严重程度可导致责令改正、采取补救措施、罚款等行政法律后果。

地方层面以珊瑚礁为保护对象的相关立法及规定如表 3 所示。

表 3　地方层面立法

省份	文件名称	相关规定
海南	《海南省珊瑚礁和砗磲保护规定》	第一至二十九条　【立法目的及依据】、【适用范围】、【部门职责】、【政府职责】、【公众参与】、【宣传教育】、【珊瑚礁自然保护区】、【生态保护红线】、【禁止破坏】、【禁止买卖】、【禁止运输】、【禁止网络交易】、【海上建设】、【禁止排污】、【定期监测旅游容量】、【群众监督】、【部门监督】、【法律责任】
海南	《海南省环境保护条例》	第四十条　【海洋环境保护】
海南	《海南省自然保护区条例》	第十四条　【自然保护区】
海南	《海南省生态保护补偿条例》	第八条　【生态补偿制度】
海南	《海南省文明行为促进条例》	第十条　【公民环境保护义务】
广东	《广东省海域使用管理条例》	第三十一条　【重点保护海域】

续表

省份	文件名称	相关规定
广东	《珠海经济特区海域海岛保护条例》	第三十七条　【禁止破坏】 第四十五条　【海洋特殊保护区域禁止实施行为】
广东	《珠海市珊瑚资源保护管理办法》	第一至十五条　【立法目的及依据】、【适用范围】、【部门职责】、【珊瑚礁保护区】、【政府职责】、【禁止行为】、【禁止采挖】、【海上建设】、【禁止买卖】、【观光旅游】、【法律责任】
广西	《广西壮族自治区海洋环境保护条例》	第十九条　【海洋保护区】
广西	《北海市涠洲岛生态环境保护条例》	第十九条　【保护地貌地质】 第四十一条　【法律责任】
福建	《福建省海岸带保护与利用管理条例》	第十四条　【严格保护区域】

在地方珊瑚礁保护立法层面，有关于珊瑚礁保护立法的省份主要是我国珊瑚礁分布省份，即海南、广东、广西、福建。珊瑚礁保护立法遵循的整体思路为，国家立法设定大体上的制度框架，地方立法在不违反上位法的前提下，在国家立法设定的框架内细化珊瑚礁保护立法，即国家不是必须出台专门的珊瑚礁保护立法，而是由拥有珊瑚礁资源的省份从本地区实际情况制定专门珊瑚礁保护立法。珊瑚礁保护治理从属于整个海洋生态环境治理，国家

立法机关为海洋生态环境治理指明立法方向。这种思路也符合立法法的修改目的，自 2015 年《立法法》修改后，赋予所有设区的市地方立法权。地方立法的共同路线是根据上位法规定的五个方面出发进行细化，从政府及部门职责、经济活动、自然保护区、法律责任等一个或几个部分展开，表现形式有制定专门立法或融入综合立法。

在生态保护制度方面，仅有海南省在珊瑚礁专门保护立法和生态补偿条例中确立了生态保护红线和生态补偿制度，将珊瑚礁、红树林、海草床等重点海洋生态系统纳入生态补偿的范围中，政府执法者通过补偿的方式调动社会组织和个人参与海洋生态保护的行动中，退田还海，休养生息，自上而下地形成对海洋生态治理的合力。在野生动物保护方面，广东省《珠海市珊瑚资源保护管理办法》第 6 ~ 9 条分别禁止采挖、买卖珊瑚礁及其制品，《海南省珊瑚礁和砗磲保护规定》第 6 ~ 15 条在禁止采挖、买卖的基础上结合行为文明，倡导公民注意个人行为文明，有意识地保护海洋生态环境，不要踩踏、破坏珊瑚礁。在自然保护区的建设上，《海南省自然保护区条例》第 14 条提出应当对珊瑚礁、热带雨林等典型自然生态系统建立自然保护区，《广西壮族自治区海洋环境保护条例》第 19 条也作出了相应规定。在政府及部门责任方面，广东省和海南省在其专门保护立法中对上位法规定进行同步规定，规定各级政府及海关、交通、工商等有关部门有保护包括红树林、珊瑚礁等典型性、代表性的海洋生态系统的职责。在法律责任方面，地方立法与国家立法规定的法律责任大体一致，其中较为有创新性的是《海南省珊瑚礁和砗磲保护规定》根据违法所得数额处以两倍以上十倍以下的罚款。解决了上位法处罚力度不足的问题。

（二）我国珊瑚礁保护立法存在的问题

通过对有关珊瑚礁保护的国家立法和地方立法进行梳理，发现我国国家和地方珊瑚礁立法方面存在着诸多问题。

1. 珊瑚礁保护立法数量少而分散，存在立法空白

通过上述梳理可以发现，珊瑚礁保护立法总量共 74 条，包括生态保护制度、野生动物保护、自然保护区、政府及部门职责、法律责任五个方面，分散在 6 部法律、2 个条例、3 个部门规章之中，其中国家层面的立法 19 条，地方立法 55 条，海南省珊瑚礁保护立法较为完善和丰富，广东仅有珠海市于 2004 年对珊瑚资源保护作出了专门规定，广西两部综合性条例中仅有 3 条关于珊瑚礁保护的条文，与广西丰富的珊瑚礁资源和珊瑚礁退化率高的现状不相匹配。福建则只有 1 条涉及珊瑚礁保护的规定，远远不足以匹配珊瑚礁保护的立法需求。立法数量不足由此引发的问题是存在立法空白。

（1）珊瑚礁保护立法领域缺乏目标规划。在国家和地方珊瑚礁保护立法上，对政府及部门职责规定往往表述为各级人民政府及相关部门负责某一项工作，在各自的职责范围内执法，如《海洋环境保护法》第 20 条规定国务院和沿海地方各级人民政府对珊瑚礁保护工作负责。《海南省珊瑚礁和砗磲保护规定》第 3 条规定各级人民政府和相关环境主管部门在各自的职责范围内做好珊瑚礁保护工作。《珠海市珊瑚资源保护管理办法》第 3 条、第 5 条同样由市政府及渔业部门负责本地区的珊瑚礁保护监督管理工作。在国家层面，没有确定地方政府达成相关治理目标的责任，对于地方政府如何实现保护珊瑚礁的判断标准缺失。在这种前提下，地方政府环境治理自主权较大但怠于行使，即使是对珊瑚礁立法保护最丰富的海南省也未能结合其当地珊瑚礁资源现状确立其珊

瑚礁保护的科学目标规划，没有目标何谈治理和改善。

（2）珊瑚礁保护立法对整体性重视不足。鉴于当前我国珊瑚礁保护立法的内容相关分散，由地方省份根据本地需要细化相关立法，而这些立法都是仅以“珊瑚礁生态系统”为保护对象，十分笼统。珊瑚礁生态系统是一个集海洋生物、地质环境和海水质量等要素为一体的复杂系统，实现珊瑚礁有效保护离不开从预防危害行为发生到危害结果发生后的修复，从自然保护到财政保障的各方面统筹协调，分散的立法显然在相关环节的衔接上存在脱节。

①缺少对相关功能性生物的保护。珊瑚礁生态系统特殊性和生物多样性决定了对其保护不能仅停留在维持珊瑚礁的地质特征上。珊瑚礁生态系统是一个内部自我协调以应对环境变化保持自身稳定的生态系统，生活在其中的鱼类、底栖藻类等功能性生物的数量是珊瑚礁生态环境的健康和评价的重要指标。在现有的国家立法层面，以《野生动物保护法》为主要内容，对珍稀、濒危的重点野生动物进行立法保护，确立了相应的执法体系和法律责任。对珊瑚礁生态系统中保护级别不高的功能性生物的立法保护关注度不足。

②未确立珊瑚礁生态修复制度。珊瑚礁生态修复是指通过采取科学技术等方式促使珊瑚礁生态系统向健康良好的方向发展，或者利用珊瑚礁生态系统的自我修复能力，加以人工辅助，使已经被破坏的珊瑚礁生态系统逐步恢复至原始状态。

我国生态修复制度在《环境保护法》第 32 条得以明确，但多集中于森林、矿区和河流。在对珊瑚礁保护立法有关文本进行整合后总结得出，珊瑚礁保护立法条文多数表述为“禁止”某一行为❶，以“修复”“恢复”为关键词检索后发现，没有关于生态修复制度立法，相关联的立法仅有海南省在《海南省珊瑚礁和砗磲保护规定》第 5 条中规定鼓励科研机构及个人研究珊瑚礁生态恢复。由此可见，目前珊瑚礁保护的法律体系依旧处于被动地预防和禁止人为破坏的阶段，停留在鼓励技术研究的层面上，政府还没有真正地主动将珊瑚礁保护作为自己的责任。当破坏行为或者自然灾害导致珊瑚礁受到损害后，除了要进行相关责任人的追责，立法的最终目的是实现珊瑚礁的有效保护，治理和恢复是重中之重。

③珊瑚礁保护专项资金投入的规定缺失。法律的生命在于实施，法律的权威也在于实施。保障珊瑚礁保护立法得以实施的基础之一就是专项资金的投入，巧妇难为无米之炊，但目前地方立法机关未见有关于珊瑚礁保护的专项资金和财政支持的立法规定，这在一定程度上阻碍了珊瑚礁相关立法的顺利实施。

2. 已有立法存在不足

对于已有的珊瑚礁立法内容，存在处罚力度过轻和立法专业性不足的问题。

（1）对生态补偿制度规定过于笼统。2021 年 9 月，中共中央办公厅、国务院办公厅印发了《关于深化生态保护补偿制度改革的意见》（以下简称“意见”），并发出通知，要求各地区各部门结合实际认真贯彻落实。意见指出要运用生态补偿制度落实生态保护职责，推进生态环境治理的重要手段，经多领域实践后证明其是切实可行的方案。目前，《海洋环境保护法》第 24 条表述为：

❶ 如《海南省珊瑚礁和砗磲保护规定》第 9～15 条，禁止对珊瑚礁和砗磲进行买卖、运输、采挖等破坏活动。《珠海市珊瑚资源保护管理办法》第 9 条，禁止对珊瑚礁进行买卖。

"国家建立健全海洋生态保护补偿制度。"地方立法仅有海南省的珊瑚礁专门保护立法《海南省生态保护补偿条例》第 8 条确立了近海生态补偿制度。但对如何实现海洋生态补偿制度没有作出相应规制，国家层面立法作为上位法应当做建立生态补偿制度的先行者，为下位法的制定确定方向。海洋生态补偿制度的立法有待补充和完善。

（2）珊瑚礁保护国家立法处罚力度过轻。我国现有的珊瑚礁保护立法在追究违法破坏珊瑚礁的行为责任上以行政处罚为主要手段，在国家层面规定的法律责任中，处罚方式包括责令改正、采取补救措施和罚款。下位法的处罚方式和上位法差别不大。珊瑚色彩鲜艳数量稀少，因此国内外对于珊瑚和珊瑚礁制品的热度只增不减，珊瑚及其制品以克计价，价格在几百到上万元不等，《海洋环境保护法》第 76 条对于破坏珊瑚礁生态系统的法律责任规定，由海洋监督管理部门对违法者责令改正并处一万元以上十万元以下罚款。法律责任设定的处罚数额与非法售卖珊瑚礁制品的利润相比是小巫见大巫。而珊瑚礁的修复需要投入大量的人力、财力，还有可能有无法修复的风险，产生一系列的连锁反应，后续的渔业资源和经济效益也会因此受到负面影响，需要的经济投入较大。对于非法挖掘、破坏珊瑚礁的不法分子，法律责任无法与其造成的损害后果成正比，法律的威慑作用不足。相较于可能接受的行政处罚，巨额利润的诱惑可能使不法分子更愿意选择铤而走险。保护珊瑚礁生态系统不仅是国际法的义务，也是我国建设海洋强国的战略的基本要求，设置的违法责任条款应发挥其应有的威慑力。

（3）珊瑚礁保护地方立法专业性不足。立法空白的出现究其根本是由于在立法起草过程中，未充分听取相关珊瑚礁保护专家和机构的意见，立法论证程序上不完善。立法者对珊瑚礁保护的相关技术和机制的了解程度决定了珊瑚礁保护立法的科学性，回答如何确定珊瑚礁生态系统中值得保护的相关功能性动物、如何实现生态补偿制度等需要专业知识背景支撑的问题需要相关领域专家参与，因此专家评审意见在珊瑚礁保护立法中的重要性显而易见。国家确定了生态补偿制度和生态保护红线后，具有立法自主权的地方在珊瑚礁保护立法过程中，对科学性的衡量标准模糊，海南省在《海南省珊瑚礁和砗磲保护规定》第 8 条和《海南省生态保护补偿条例》第 8 条进行了同步规定，但也未能实现细化讨论。实现科学立法要确定科学性的标准，科学性包括理论和实践两个层面，这也是推动地方科学立法的前提。

三、对我国珊瑚礁保护立法的完善

珊瑚礁生态系统作为海洋生态系统的重要组成部分，仅依靠现有的立法体系无法全面有效地对其进行保护和修复，要在完善珊瑚礁相关立法时将“保持海洋可持续发展”作为立法目的，以“保护珊瑚礁生态系统”为立法宗旨，建设具有中国特色的社会主义珊瑚礁保护立法体系。在上述总结的珊瑚礁保护立法思路的基础上对珊瑚礁立法进行相应的完善。国家立法设定保护原则和大体制度框架，地方立法在不违反上位法的前提下，在国家立法设定的框架内细化珊瑚礁保护立法，即国家不是必须出台专门的珊瑚礁保护立法，而是由拥有珊瑚礁资源的省份从本地区实际情况出发制定专门珊瑚礁保护立法。

（一）完善立法体系，弥补立法空白

立法数量与保护程度成正比，在现有的国家和地方珊瑚礁保护立法上，对相应的立法空白进行弥补，首要行动是拥有珊瑚礁

资源的省份加快对珊瑚礁保护立法需求作出回应，目前四个省份只有海南省在近五年出台了相应的珊瑚礁保护专门立法，其他省份可以借鉴海南省立法经验出台珊瑚礁保护的专门立法，既可以由省、自治区立法机关进行立法，也可以由拥有珊瑚礁资源的市、县级人民政府进行相应立法，并持续跟随国家立法步伐进行完善。

1. 珊瑚礁保护地方立法领域缺乏目标规划

国家可实行珊瑚礁保护目标责任制和考核评价制度，在地方立法中，明确拥有珊瑚礁资源的县级以上人民政府的职责，将珊瑚礁保护工作纳入其当年的国民经济和社会发展规划，统筹珊瑚礁保护监督管理工作，组织协调其他部门共同配合进行珊瑚礁保护。

2. 建立整体连贯的珊瑚礁保护立法

整体立法即珊瑚礁保护的专门立法，责任主体是有珊瑚礁资源分布的省份。

（1）根据地方生物资源对相关功能性生物进行保护。我国地大物博，每个省份拥有其不同数量和种类的珊瑚礁及其相关功能性生物，地方立法宜根据地方实际，对其保护地区的优势种群给予相应的保护，注意对相关功能性生物的保护。

（2）建立并开展珊瑚礁生态修复制度。应将珊瑚礁生态修复制度增加至地方专门保护立法中，建立协调机制进行珊瑚礁生态修复，建立相应的珊瑚礁生态修复评估机制。在这个过程中，不仅要注重相应的科学技术研发，还要在修复过程中，提升珊瑚礁生态系统自我修复能力，对整个生态系统进行全面恢复。

（3）增加珊瑚礁保护专项资金投入的规定。在立法中明确地方政府和财政部门建立生态环境治理的专项资金，实现对珊瑚礁生态保护的资金供应。根据当地的实际情况，因地制宜，将资金用到“刀刃”上，结合本地的功能定位集中保障珊瑚礁保护的重点任务的完成。珊瑚礁作为一个完整的生态系统，各项资金分别用于不同部分的修复和保护之中，还要注意配合其他污染治理，从源头治理。在生态补偿制度的建设中，要对整治和关停的企业给予一定的资金补偿，实现“谁保护谁受偿”。与此同时，也要发挥市场导向作用，建立由政府主导，社会主体积极参与的融资机制，将企业排污权和生态补偿基金模式融入立法。

（二）健全现有立法

针对上文提出的珊瑚礁保护国家立法处罚力度过轻和立法专业性不足的问题，提出自己对完善现有立法的几点建议。

1. 完善珊瑚礁保护生态补偿制度

在国家立法中奠定珊瑚礁生态补偿制度的法律基础，明确生态补偿的范围、主客体、方式及标准，充分发挥各级人民政府对珊瑚礁生态环境保护的领导作用，为下位法中确定生态补偿制度提供依据。在生态补偿制度的建设中，拓宽参与生态补偿的渠道，让所有主体参与到生态补偿的行动中，从国家、社会、个人层面进行全方位覆盖，鼓励社会资本和市场主体参与珊瑚礁保护的投资和建设，将生态补偿制度市场化。建立起受益者和保护者的互动机制，合理界定权利与义务内容，使保护者得到应有补偿，对损害者处以合理赔偿。

2. 加大对破坏行为的惩治力度

我国对破坏珊瑚礁的生态损害行为一般界定为侵权行为，法律责任以行政处罚、民事侵权责任为主，只有在行为严重侵害生态环境时，才可能被追究刑事责任，违法成本低。但是珊瑚礁具有其特殊的生态特色，其受到破坏后，不论是清理还是修复都需要花费巨额资金，且耗费时间长。因此，应当加大对破坏珊瑚礁行为的惩治力度。

在财产处罚上，可以借鉴当前海南省有关破坏珊瑚礁行为法律责任的立法，根据违法情节的危害程度以违法所得倍数的形式确定罚款数额，加大违法成本以有效遏制违法行为的发生。

在刑事处罚上，首先，珊瑚礁立法保护条文对于刑事责任规定十分简易，多数表述为“构成犯罪的，追究刑事责任”。那么如何对“构成犯罪”的标准予以明确，刑法关于破坏环境资源保护的条文规定对于构成犯罪的标准是“情节严重的”，说明判断该标准时法官的自由裁量权较大，界定情节是否严重时法官的自由裁量权应当限缩，建议借助野生动物名录中以珊瑚礁生态系统中动植物稀有程度确定的保护级别，并结合破坏手段和造成的结果进行统一。在珊瑚礁国家保护立法中，在相关法律中确定构成犯罪的标准，有利于发挥刑法威慑力达到犯罪的一般预防和特殊预防效果。刑法作为最严厉的法律，其在立法中应当避免模棱两可的状况出现。其次，完善刑事责任十分必要。根据情节轻重对犯罪者判处财产刑或者自由刑。以刑法作为珊瑚礁生态保护的最后一道有力防线。

3. 完善地方立法程序，群策群力

科学性是地方立法的重要目标和关乎立法质量的直接效果的重要指标。地方立法的定位是在上位法的框架中对不明确、不具体的地方作出明确规定，因此当上位法出现立法空白时，地方立法作为下位法应当发挥其主观能动性填补立法空白。立法机关应以科学立法为原则，联合各治理主体和专家机构，群策群力，并且要充分对当地的珊瑚礁资源现状进行充分调查，结合地方实际制定专门保护立法。对于科学性的评价标准可以从立法的创新及技术完备性方面着手。

四、结语

法律是治国之重器，良法是善治之前提。当前全世界正处于百年未有之大变局，随着海洋经济的发展，为了维护和巩固我国海上权益，实现海洋强国建设的战略目标，落实生态文明发展观，必须坚持立法先行，发挥立法的引领和推动作用。当前我国已经建立起珊瑚礁保护立法体系，但立法的空白和已有立法的缺陷在一定程度上阻碍了珊瑚礁保护的立法运行，拥有珊瑚礁生态资源的省份和相应城市对珊瑚礁保护任重道远。

海洋生物多样性保护的立法研究

付建斌

（中国海洋大学法学院　山东青岛　266100）

摘　要：浩瀚的海洋，是孕育生命的温床。我国是世界上海洋生物多样性最丰富的国家之一，近年来，由于非法和过度捕捞、生境破坏、物种入侵、环境污染等因素的影响，海洋生物多样性面临着严重的威胁。《海洋环境保护法》是海洋环境保护的专门法，其在海洋生物多样性保护上存在着缺乏顶层设计、管理体制不协调、缺乏滨海湿地管控以及保护对象和具体保护制度不完备的问题。从现阶段海洋生物多样性保护实践来看，修订法律实有必要且具体可行。通过规定海洋生物多样性保护规划制度、明确管理体制、加强滨海湿地管控、完善其保护对象和保护制度等措施，以希望推动海洋生物多样性保护的进程，实现"保护海洋生物多样性，人与自然和谐共生"的目标。

【作者简介】付建斌，中国海洋大学法学院环境与资源保护法专业博士研究生。

关键词：海洋生物多样性；海洋环境保护法；修订完善

一、海洋生物多样性的保护现状及面临的问题

（一）海洋生物多样性的保护现状

《生物多样性公约》将生物多样性定义为："指所有来源的活的生物体中的变异性，这些来源除其他外包括陆地、海洋和其他水生生态系统及其所构成的生态综合体；这包括物种内、物种之间和生态系统的多样性。"海洋生物多样性是指海洋范围内多种多样活的有机体（动物、植物、微生物）有规律地结合所构成稳定的生态综合体，是构成海洋生态平衡的重要内容。[1] 生物多样性一般应当分为三个层次：生物物种多样性、生物遗传多样性和生态系统多样性。

1. 海洋生物物种多样性

物种多样性是所有物种及其变化的总和，是生物多样性在物种水平上的表现，这些物种是有机物、动物、植物以及微生物的集合。[2] 简单地说，物种的数量是物种多样性的直观表现。我国是世界上海洋生物多样性最丰富的国家之一，根据统计已经记录的海洋生物有超过 28 000 种，约占全球海洋生物物种的 12% 。虽然在我国海域海洋生物的种类很多，但是它们之中也有许多面临着灭绝的危险。海洋保护区是保护海洋生物物种多样性最有效的方法之一。因此，为了保护海洋生物多样性，我国逐渐建立起了海洋保护区网络。自从 1963 年我国的第一个海洋保护地——辽宁蛇

---

[1] 刘沫茹、姜涛：《我国海洋生物多样性的保护现状及法律对策》，《黑龙江省政法管理干部学院学报》2012 年第 2 期。

[2] 韦贵红：《生物多样性的法律保护》，中央编译出版社，2011，第 4 页。

岛老铁山国家级自然保护区建立以来，目前我国已经初步形成了以海洋自然保护区、海洋特别保护区为代表的海洋保护地网络体系。

2. 海洋生物遗传多样性

海洋生物遗传多样性是物种多样性和生态系统多样性的基础，也是生命进化和物种分化的基础，更是评价自然生物资源的重要依据。我国开展的海洋生物遗传多样性的活动首先关注海洋植物，较早开展的这方面活动有人工培育海带、紫菜和裙带菜，而对海洋动物这方面的活动起步较晚，但目前也已覆盖了鱼类、虾蟹类、贝类等许多种群。但是由于我国开展水产养殖活动缺乏有效的遗传资源管理，已经引起群体遗传多样性的“瓶颈”效应、遗传漂变、近交衰退等现象，造成养殖群体遗传多样性水平低于野生自然群体。❶

3. 海洋生态系统多样性

我国拥有黄海、东海、南海和黑潮流域 4 个大的海洋生态系统，另外还分布有河口、海湾、滩涂湿地、珊瑚礁、红树林、海草床、潟湖、岛礁、上升流等多种具有代表性的海洋生态系统。我国海岸线绵长，海域范围广，岛屿众多造就了多种多样的海洋生态系统，但是海洋生态系统的状态并不乐观。根据 2019 年中国海洋生态环境状况公报显示，在 2019 年监测的河口、海湾、滩涂湿地、珊瑚礁、红树林、海草床等 18 个生态系统中，处于健康状态的海洋生态系统仅有 3 个，处于亚健康状态的为 14 个。由此可以看出，我国的海洋生态系统多数处于亚健康状态，而亚健康指的是生态系统基本维持其自然属性，环境污染、人为破坏、资源的不合理开发已经超过了环境承载力，海洋生态系统已经不堪重负。

❶ 李宏俊：《中国海洋生物多样性保护进展》，《世界环境》2019 年第 3 期。

（二）海洋生物多样性面临的主要威胁

1. 非法与过度捕捞

海洋生物多样性面临的第一个威胁就是非法与过度捕捞的问题。在近代渔业中，捕捞技术与捕捞手段日益精进，使大量的海洋哺乳动物惨遭猎杀以及渔业资源急剧减少。海洋生物能够为人类提供诸如食物、医药、材料等商业经济价值，也因此被大量地非法与过度捕捞。最高人民检察院发布的2020年前三季度检察机关起诉破坏野生动物资源犯罪的数据显示，2020年1—9月，共起诉破坏野生动物资源的犯罪人高达15 154人，同比上升了66.2%。❶ 在这些犯罪人中，非法捕捞水产品的犯罪人是6974人，占比46%，位于各项犯罪人数量之首。除此之外，过度捕捞的问题也一直存在，几乎所有具有商业经济价值的海洋生物至少在某些地区都被过度利用了。❷ 国家海洋局第三研究所的相关人员通过对我国2011年之前的129种海域渔获捕捞量的研究分析得出，在1990年之后我国的渔获捕捞量显著下降，2011年开始平稳回升，但仍一直低于全球平均数。❸ 为此我国实行了捕捞许可制度、禁渔区以及禁渔期制度才使得渔获量有所回升，然而过度捕捞的问题并没有得到彻底解决。

2. 生态环境破坏

海洋生物多样性得以存在的基础是其生活在适宜的生态环境

---

❶ 闫晶晶：《最高检发布前三季度检察机关起诉破坏野生动物资源犯罪数据》，《检察日报》，https：//www.spp.gov.cn/zdgz/202011/t20201110_484451.shtml，访问日期：2020年12月10日。

❷ 马英杰、胡增祥：《试论我国生物多样性保护的法律制度》，中国海洋大学出版社，2006，第4页。

❸ 杜建国、叶观琼、陈彬、郑新庆：《中国海域海洋生物的营养级指数变化特征》，《生物多样性》2014年第4期。

中，生态环境的破坏会导致海洋生物多样性的减少。滨海湿地破坏严重，位于海滨的红树林生态系统、海草床生态系统以及珊瑚礁生态系统中生存着大量的海洋生物，它们的破坏会直接导致海洋生物多样性的减少。造成生态环境破坏的原因是多样的，其中人类的行为是最主要的因素。一方面，人们在近海的石油和天然气开发、海滩采砂、砍伐红树林等开发利用行为导致部分地区原有的海洋生态环境发生改变，致使海洋生物产生生存压力，面临无适宜生存环境的威胁。据有关统计，四十多年来我国沿海地区围海造地、开垦滩涂总面积已高达66万公顷，滨海湿地面积每年以2万多公顷的速度减少。❶ 另一方面，河流入海口以及近海浅水区是许多海洋鱼类洄游、繁殖的场所，填海造陆等近海、河口工程的建设对近岸海域生物的栖息地造成破坏，影响海洋鱼类的繁殖，导致鱼类数量大量减少。围填海工程侵占了滨海湿地，侵占了土著海洋生物栖息地，破坏了原来生物迁徙的道路，从而使生态环境破碎，增加了物种灭绝的风险。❷

3. 生物入侵

海洋外来生物入侵被世界环保基金会认定为海洋面临的四大威胁之一，其生态代价是造成本地海洋生物多样性不可弥补的消失、物种的灭绝以及遗传资源的丢失。❸ 外来生物入侵会对海洋生物多样性的保护以及人类生存环境产生不利影响，还会造成获取资源的减少以及产生高额的防治费用等问题。据有关统计，截至

---

❶ 刘沫茹、姜涛：《我国海洋生物多样性的保护现状及法律对策》，《黑龙江省政法管理干部学院学报》2012年第2期。

❷ 杜建国、陈彬、周秋麟、杨圣云、温泉、石洪华、俞炜炜、黄浩：《以海岸带综合管理为工具开展海洋生物多样性保护管理》，《海洋通报》2011年第4期。

❸ 李纯厚、贾晓平：《中国海洋生物多样性保护研究进展与几个热点问题》，《南方水产》2005年第1期。

2019 年，引进或者进入中国海洋的外来物种数量大约有 119 种，其中包括浮游植物、大型藻类等。❶ 这些外来生物因为没有天敌的制约，又有充足食物和生存环境从而大肆地生长繁殖，严重挤占土著生物的生存空间，造成土著海洋生物多样性的减少甚至灭绝。造成海洋生物入侵的原因主要是渔业引种繁育以及船舶压舱水。引种繁育是现代渔业一种生产方式，在未妥善处理引进的物种的情况下会致使其流入本地生态系统，若该生态系统适宜其生存，那么就会造成该生物的大量繁殖。船舶压舱水被认为是造成地域隔离水体间有害生物传播的最主要途径❷，外来生物会依附船舶进行易地转移，造成生物入侵。

4. 环境污染

我国是一个海洋大国，拥有超过 1.8 万公里的海岸线，管辖着大约三百万平方公里的海域。虽然我国海域辽阔、岛屿众多、资源丰富，但是近些年来随着用海范围不断地扩大，在经济迅速发展的同时海洋环境也在不断的恶化。首先，入海的污染物增多，随着沿海地区经济的发展，人口不断增加，导致工业废水和生活污水持续增多。陆源污染物的年入海量以 5% 的速度增加，同时海洋工程建设增多，船舶业发达等也造成了大量污染物进入海洋。其次，污染的范围不断扩大，从近海到外海，从海平面到海底，污染无处不在。海洋经济的不断发展，海洋活动必将增多，海上的污染源也会增加，污染的范围将会再次扩大。这些污染对海洋生物多样性造成了严重的威胁：一方面对海洋物种本身会产生一定的影响，使物种减少；另一方面又会对生物的生态环境造成破

❶ 李宏俊：《中国海洋生物多样性保护进展》，《世界环境》2019 年第 3 期。

❷ 薛源：《航运企业尽力保护海洋生物多样性》，《证券时报》2013 年 1 月 11 日，第 T08 版。

坏，间接影响生物多样性。

二、我国海洋生物多样性保护法律存在的问题

《海洋环境保护法》是海洋环境保护领域的基本法，其关于海洋生物多样性保护的规定主要体现在第三章“海洋生态保护”中：第一，该法第 20 条规定了对海洋生物典型生态系统的保护；第二，第 21—23 条是关于海洋自然保护地的规定；第三，第 25 条是外来物种管控制度的规定。由此看来，我国《海洋环境保护法》关于海洋生物多样性保护的规定存在很大的缺陷，无法满足新时期海洋生物多样性保护的需要。

第一，海洋生物多样性保护没有具体条款的专门规定，缺乏顶层设计。从我国目前的《海洋环境保护法》规定来看，对于海洋生物多样性保护的内容都是暗含在海洋生物多样性保护对象或威胁应对的法律条款中，并没有对于海洋生物多样性保护的直接规定，这严重影响了海洋生物多样性保护工作的进展，使海洋生物多样性锐减的不利趋势尚未得到有效的遏制。具体来看，《海洋环境保护法》对于海洋生物多样性保护主要体现在建立海洋自然保护地制度、保护典型海洋生态系统、外来物种管控等方面，是针对保护对象与威胁应对的规定，没有直接对海洋生物多样性保护的具体规定。然而，在世界海洋生物多样性锐减的趋势下，在我国海洋生物多样性保护工作进展不力的情况下，现实的紧迫性要求我们必须作出相应的回应来应对现实的需要。除此之外，地方性立法不足也与缺乏顶层设计有关，在没有顶层设计指导的情形下，地方政府会担心其立法会超越法律规定或与国家立法相抵触，进而不进行地方立法或不考虑本地区的实际情况，直接复制采用国家规定。从而造成地方立法不足，导致无法形成完善的海

洋生物多样性保护法律体系。

第二，海洋生物多样性保护管理机制不健全、不协调。根据现有相关规定，我国生物多样性的保护实行分部门和分级管理的监督管理体制。按照2018年国务院《生态环境部职能配置、内设机构和人员编制规定》（即生态环境部“三定方案”）的相关规定，由国务院环境保护行政主管部门负责监督生物技术环境安全，牵头生物物种（含遗传资源）工作，组织协调生物多样性保护工作。而省、自治区、直辖市人民政府环境保护行政主管部门主管本行政区域内生物多样性保护工作。国家林业和草原局在一些方面也负责生物多样性保护相关工作，比如管理各类自然保护地以及关于生物遗传资源的保护。自然资源部作为国家林草局的上级机关，同样也具有某些生物多样性保护的职责，比如具有海洋开发利用和保护的监督管理工作。由此呈现出生物多样性保护监督管理部门纷繁复杂，不协调的特征。在海洋生物多样性保护中，所涉及的管理部门非常多，需要环保、渔业、海事等部门的相互配合与合作，而现行《海洋环境保护法》对相关部门之间的协调规定欠缺，使得我国海洋生物多样性保护在监督管理体制上过于分散，严重影响了海洋生物多样性保护工作的进展。亟须明确环保部门、自然资源部门、林草部门、渔业部门等各自部门的监管职责。

第三，滨海湿地管控制度欠缺，无法对滨海湿地进行有效保护。滨海湿地作为海洋生态系统和陆地生态系统之间的过渡地带，受海陆共同作用的影响，是非常脆弱的生态敏感区，极易遭受破坏。根据《国务院关于加强滨海湿地保护严格管控围填海的通知》规定，滨海湿地包含着沿海滩涂、河口、红树林、珊瑚礁等典型海洋生态系统，而这些典型海洋生态系统蕴含着丰富的海洋生物多样性，一旦滨海湿地遭到破坏，会直接导致海洋生物多样性的减少。另外滨海湿地为人类提供了多种服务以改善生态环境和增加人类福祉：滨海湿地可以提供调节服务和支持服务来改善生态，提供供给服务满足人们生存需要，在教育、美学、科研、文化、精神等方面也具有重大的价值。《湿地保护修复制度方案》要求全国的湿地实行湿地面积总量管控，严格湿地用途监管，增强湿地生态功能，维护湿地生物多样性，全面提升湿地保护与修复水平；建立湿地分级体系，将全国湿地进行划分，列入不同级别湿地名录。而《海洋环境保护法》并没有滨海湿地相应的管控制度，导致滨海湿地管控不到位，直接影响了许多典型海洋生态系统的保护。

第四，海洋生物多样性保护的对象不全面，保护制度不健全。一方面，海洋生物多样性实际上包括物种多样性、遗传的多样性以及生态系统的多样性，应当从这三个方面进行规定。然而，从我国目前颁布的规范性文件来看，海洋生物物种多样性与海洋生态系统多样性的保护规定较多，而对于海洋生物遗传多样性的保护规定甚少。《海洋环境保护法》未对海洋生物遗传多样性进行法律规定，尽管《野生动物保护法》有所规定，但其适用对象却不全面。可见，对于海洋生物遗传多样性的保护匮乏。另一方面，《海洋环境保护法》缺乏海洋生物多样性保护制度，比如信息共享机制缺乏，无法有效及时地掌握海洋生物多样性保护工作的进展；海洋生物物种红色名录制度缺乏，不利于对濒危亟须重点保护的海洋生物物种的保护。因此，海洋生物多样性保护制度存在欠缺，同样影响了实践中对海洋生物多样性保护的效率与成果。

三、《海洋环境保护法》修订的必要性与可行性

（一）法律修改的必要性

1.《海洋环境保护法》对海洋生物多样性保护进行明确细化的规定是贯彻社会主义新时代习近平生态文明思想的需要。党的十八大以来，以习近平同志为核心的党中央领导全党全国人民大力推动生态文明建设，开创了社会主义生态文明建设的新时代。习近平同志在联合国生物多样性峰会上指出："要坚持生态文明，增强建设美丽世界动力。生物多样性关系人类福祉，是人类赖以生存和发展的重要基础。生态兴则文明兴。"因此，对海洋生物多样性进行立法保护是生态文明建设必不可少的内容。

2.《海洋环境保护法》对海洋生物多样性保护作出明确细化的规定是应对紧迫现实的需要。虽然我国拥有着丰富的海洋生物多样性，但是我国的海洋生物多样性保护面临着严峻的形势。这种严峻形势主要体现在海洋生物多样性的总体下降趋势尚未得到有效遏制。如非法与过度捕捞导致生物及其生态系统资源的过度利用，外来海洋生物入侵破坏着本地生物物种及其遗传资源，气候变化影响着物种的生存及其可持续利用，等等。面对不容乐观的海洋生物多样性现状，现实的紧迫性要求我们不得不加强海洋生物多样性的保护。

3.《海洋环境保护法》对海洋生物多样性保护进行明确细化的规定是弥补现存法律规定不足的需要。我国目前并没有一部专门针对生物多样性保护的立法，使现实中出现保护海洋生物多样性工作的法律依据分散，甚至无法可依的局面。除法律规定分散，不利于指导实践工作之外，现有的法律规定也存在不完善的问题。例如，对海洋生物多样性保护对象规定得不完善，使海洋生物遗

传资源的流失状况严重；对海洋生物多样性保护制度规定的缺乏，影响了实践中海洋生物多样性保护的效率与进展，等等。现有法律规定的不足，让我们保护海洋生物多样性工作的进展举步艰难，无法有效地解决现实的紧迫需要。

4.《海洋环境保护法》对海洋生物多样性保护进行明确细化的规定是履行国际义务的需要。我国于1992年签署《生物多样性公约》，于1993年1月5日正式批准，并且还批准了《卡塔赫纳生物安全议定书》《关于获取遗传资源和公平公正分享其利用所产生惠益的名古屋议定书》。另外我国还加入了《濒危物种国家贸易公约》《国际捕鲸管制公约》《关于特别是作为水禽栖息地的国际重要湿地公约》等。这些国际公约已经初步建立起国际生物多样性保护法律体系，而我国作为一个负责任的大国，一直积极履行国际义务，在生物多样性保护方面当然也不能例外。为了积极履行国际义务，与国际公约相衔接，我国需要完善关于生物多样性保护的法律规定，因此，完善对于海洋生物多样性保护的立法必不可少。

（二）法律修改的可行性

1. 相关政策导向

从20世纪开始，我国就一直关注生物多样性保护。1994年发布的《中国生物多样性保护行动计划》确立了7项目标；1999年发布了《中国生物多样性国情研究报告》，首次估算出中国生物多样性的价值；2007年原环保总局发布的《全国生物物种资源保护与利用规划纲要》是我国生物物种资源保护领域首部重要的纲领性文件，《国家重点生态功能保护区规划纲要》要求在海洋生态功能保护区，发展海洋生态养殖、生态旅游等海洋生态产业；2010年原环保总局印发《中国生物多样性保护战略与行动计划》

(2011—2030年)，为新时期的生物多样性保护工作提供了指导。为落实该计划我国又相继发布了《中国生物多样性红色名录——高等植物卷》《中国生物多样性红色名录——脊椎动物卷》《中国生物多样性保护优先区域范围》《生物遗传资源获取与惠益分享管理条例（草案)》《中国生物多样性红色名录—大型真菌卷》等一系列通知；到今天，生物多样性保护工作开展得如火如荼，国务院原总理李克强在2020年“国际生物多样性日”指出：各地区、各相关部门要坚持以习近平新时代中国特色社会主义思想为指导，贯彻党中央、国务院决策部署，坚持在发展中保护、在保护中发展，着力健全法规制度，大力实施生物多样性保护重大工程，扎实做好野生动植物资源保护，推动构建以国家公园为主体的自然保护地体系。在政策的指引下，生物多样性保护立法需要完善，海洋生物多样性作为生物多样性的重要组成部分，也需要健全相关法律规定。

2. 现有实践经验的支撑

我国一直致力于生物多样性的保护，并且采取的相关措施也取得了一些成就，这为海洋生物多样性保护立法奠定了基础。例如，在应对外来物种入侵方面，不断更新发布外来物种入侵名单，加强检疫工作，制定《中华人民共和国生物安全法》《外来入侵物种管理办法》提高外来物种入侵的应对与防范；在应对生态环境破坏方面，建立海洋自然保护地制度，建立生态修复制度对生态系统进行修复，我国已建立各级海洋自然保护区和海洋特别保护区（含海洋公园）273处，总面积达12万多平方公里；在应对气候变化方面，大力调整产业结构、转变经济增长方式，积极发展可再生能源和清洁能源，开展了一系列应对气候变化和保护生物多样性的行动，同时积极开展相关国际履约和生物多样性保护工作；在防治污染方面的行动更是不胜枚举，近年来，我国一直在开展各种生物多样性保护的宣传教育活动，不断提高社会公众的生物多样性保护意识，形成良好的社会风气。这些实践活动都为海洋生物多样性保护的立法工作提供了实践基础。

3. 域外经验借鉴

对于海洋生物多样性保护的法律规定，许多国家都走在世界前列，这为我们提供了很好的借鉴。美国在生物多样性保护上投入了大量的资源，主要用于自然保护和野生动物的管理，它在20世纪70年代就通过了《美国濒危物种法案》，把多种濒危物种从灭绝的边缘拉回现实。《美国海洋哺乳动物保护法案》在保护濒危的海洋哺乳动物，禁止对海洋哺乳动物的杀害以及对其栖息地的破坏方面发挥了重要的作用。《美国海岸带综合管理法》用制定政策和管理战略的方式，来解决海岸带资源利用冲突问题，在保护海洋生物多样性与海洋生态系统方面发挥了重要作用。欧盟的《欧盟鸟类指令》《欧盟栖息地指令》都着眼于生物及其生态系统的保护，其《欧盟共同渔业政策》和海岸带管理规定也在海洋生物多样性保护上发挥了重要作用。国外立法对我国海洋生物多样性保护的借鉴主要有：第一，海洋生物多样性保护对象要全面，要从物种、基因、生态系统三个方面进行保护；第二，海洋生物多样性保护手段要多样，信息共享机制必不可少；第三，海洋生物多样性保护规定要具体，明确具体的规定是在实践中有效发挥作用的前提。因此，在分析探索域外经验的前提下，能为我国海洋生物多样性保护提供有益的借鉴。

四、我国海洋生物多样性保护的修法思路

为了有效地解决海洋生物多样性保护的问题，顺利推进我国

海洋生物多样性保护工作，根据目前我国关于海洋生物多样性保护和法律存在的问题，提出我国海洋生物多样性保护的法律制度的修订思路如下。

第一，进一步完善海洋生物多样性保护的顶层设计，建立海洋生物多样性保护规划。面对我国海洋生物多样性保护的紧迫性，根据生态文明建设的需要，国家应当建立并完善海洋生物多样性保护制度。因此，《海洋环境保护法》应当对海洋生物多样性保护作出明确可操作性的规定。国家要对海洋生物多样性保护制度进行顶层设计，制订海洋生物多样性保护规划。由国家生态环境行政主管部门会同有关部门编制海洋生物多样性保护的规划，对生物多样性保护工作进行统筹安排。沿海省级人民政府生态环境行政主管部门需要根据国家海洋生物多样性保护规划制订本行政区域内的海洋生物多样性保护规划并组织实施，对国家海洋生物多样性保护工作的安排进行分解落实。

第二，建立健全海洋生物多样性保护的管理制度，强化政府责任。由于海洋生物多样性保护的管理规定以及实践中部门管理过于分散，导致海洋生物多样性的保护工作落实不到位。根据生态环境部“三定方案”的规定，生态环境部指导协调和监督生态保护修复工作，其中包括组织制定各类自然保护地生态环境监管制度并监督执法，指导协调和监督农村生态环境保护，监督生物技术环境安全，牵头生物物种（含遗传资源）工作，组织协调生物多样性保护工作。因此，按照规定应当确立国务院生态环境行政主管部门负责组织全国海洋生物多样性的保护工作。生物多样性保护法律有效性不足的原因之一是没有明确政府应该承担起海洋生物多样性保护的管理职责，政府在海洋生物多样性保护中管理责任的切实履行，对海洋生物多样性保护工作具有重要的意义。

因此，应当明确规定沿海县级以上人民政府环境保护主管部门对本行政区域内的海洋生物多样性保护工作进行综合管理。

第三，加强滨海湿地的管理控制，落实滨海湿地分级管理与总量控制制度。根据《湿地保护修复制度方案》第 4 项要求，我国应当建立湿地分级体系，根据生态区位、生态系统功能和生物多样性，对全国湿地进行划分，列入不同级别湿地名录，定期更新。滨海湿地作为湿地的一种，应当明确由国务院自然资源行政主管部门会同有关部门制定国家重要滨海湿地认定标准与管理办法，明确相关管理规则和程序，由省级自然资源行政主管部门会同有关部门制定地方滨海湿地和一般滨海湿地认定标准和管理办法。并对不同类型的滨海湿地采取不同的保护方式，以实现滨海湿地分级有效保护。另根据《湿地保护修复制度方案》第 7 项的要求，要落实湿地面积总量管控，确定全国和各省（自治区、直辖市）湿地面积管控目标，逐级分解落实。因此，应当由国务院自然资源相关部门确定全国滨海湿地的管控面积，然后由沿海各级人民政府负责本行政区域内管控目标的落实。

第四，完善海洋生物多样性保护对象与保护制度的规定，形成物种多样性、遗传多样性、生态系统多样性三个方面的保护。生物遗传资源也就是基因资源，在海洋生物多样性领域主要体现在水产养殖、海洋生物制药、工业原料等方面。近年来，由于人为的破坏和其他国家的窃取，导致我国生物遗传资源流失严重，严重影响了我国生物技术的科研、生产和进出口。这与海洋生物遗传资源多样性保护的欠缺存在很大的关系，因此，需要对海洋生物遗传多样性进行法律保护。建议确立统一的海洋生态环境调查制度，并把海洋生物多样性的调查纳入其中。国务院生态环境行政主管部门与沿海省级生态环境行政主管部门在海洋生态环境调查的基础上，建立信息共享机制并分别建立全国与省级海洋生物物种红色名录和海洋生物遗传多样性基因库，并负责相应的监督管理。

五、结语

海洋生物多样性的保护工作任重而道远。海洋生物多样性保护立法是保护海洋生物多样性的有效方式之一。立法是执法、司法与守法的前提，法律修订也是立法的一部分。在我国海洋生物多样性保护工作持续推进，在《海洋环境保护法》无法有效指导海洋生物多样性保护的背景下，修订《海洋环境保护法》势在必行。通过对海洋生物多样性保护的顶层设计、管理体制、滨海湿地管控以及海洋生物多样性保护对象和具体制度的完善等方面进行修订，以逐步实现海洋生物多样性保护，促进人与海洋和谐共生。

环保非政府组织监督生态环境损害索赔磋商的制度构建

乔洪沛

（中国海洋大学　法学院　山东青岛　266100）

摘　要：生态环境损害赔偿磋商是对环境公共利益的处分，需要社会公众的监督，而环保非政府组织恰好是监督环境公共利益处分的合适主体。相较于其他主体，环保非政府组织具有监督生态环境损害赔偿磋商的独特优势。但我国相关法律并没有对如何监督索赔磋商作出规定。对索赔磋商的监督应当从实质和程序两个层面进行，环保非政府组织应当在磋商前、磋商中和磋商后三个不同时间段以不同的方式介入监督。并且，为了保障环保非政府组织的监督效力，还需要从数量、独立性、合法性、威慑力等多个层面增强环保非政府组织的监督能力。

关键词：生态环境损害；索赔磋商；环保非政府组织；监督

【作者简介】乔洪沛，中国海洋大学法学院环境与资源保护法学硕士研究生。

中共中央办公厅、国务院办公厅于2015年印发了《生态环境损害赔偿制度改革试点方案》，之后在七个省市开展了试点工作，并取得了良好成效。2017年，中共中央办公厅、国务院办公厅印发了《生态环境损害赔偿制度改革方案》（以下简称《改革方案》），在全国范围内试行生态环境损害赔偿制度，加快推进生态文明建设。《改革方案》中规定了赔偿磋商的新方式，其指的是赔偿权利人可以和赔偿义务人就损害事实和程度、修复启动时间和期限、赔偿的责任承担方式和期限等具体问题进行磋商。但是，《改革方案》中并未对磋商的监督程序作出规定，而是由各试点区域自行探索，因而磋商监督的主体、监督方式、监督保障的内容处于不完备的状态。需要注意的是，在2015年《试点方案》中规定，在磋商未达成一致时，赔偿权利人应当及时提起诉讼。同时，赔偿权利人也可以不经过磋商直接提起诉讼。而在2018年的《改革方案》中，有关赔偿权利人可直接提起诉讼的表述被删除，这实际上已经表示磋商成为提起诉讼的必要前置程序。因此，对磋商程序的监督就显得更为重要。而目前磋商监督机制的缺失，正需要学界为磋商监督寻找合适的主体并构建完善的监督制度。

一、监督生态环境损害赔偿磋商的必要性

设定合适的磋商监督主体和监督方式，首先要厘清监督生态环境损害赔偿磋商的必要性。从生态环境的利益属性来看，其属于公共利益。生态环境损害赔偿磋商程序是对环境公共利益的处分，为防止环境公共利益遭到不当处分，自然需要对磋商进行监督。

（一）生态环境属于典型的公共利益

公共利益这一概念可以追溯到古希腊时期，它是与古希腊独

特的城邦制度造就的整体国家观念联系在一起的。亚里士多德将国家视作最高的社团，这个社团的最终目的是实现最高的善，而这种善在现实中指的就是公共利益。[1] 公共利益可以解释为与公众有关的好处。公共和利益又是主客体之间的关系，公共是指利益的受益对象，利益是指公共享受的内容。公共利益是一个抽象的内容，它无法被具象为某几类利益，确定某种利益是否属于公共利益需要具体分析该利益的属性、特征等内容。生态环境利益就属于典型的公共利益。环境是以人为主的环境，环境利益体现的是环境对人的需求的满足。干净的水、空气等资源在经济学家看来是公共物品，在法学家看来就是环境公共利益。[2] 可以说，生态环境利益是公共利益的下位概念，又可以称为环境公共利益。环境公共利益应该包括三个特征，即创造主体共同，受益主体普惠和环境公共利益易受侵害。创造主体共同即意味着环境公共利益的实现需要全体社会主体的共同努力。受益主体普惠意味着所有社会主体都应当享有环境利益。环境公共利益易受侵害是因为人类私益和环境公益之间时刻发生着冲突，双方的价值取向正好相反。环境公共利益是对环境私益的否定性主张，是抑制某些个人权利的理由。而生态环境损害在大多数情况下都是人类尽最大限度满足私益的结果。环境公共利益和私人利益的激烈对抗使得环境公共利益极易受到侵害。

（二）索赔磋商是对环境公共利益的处分

环境公共利益一词在农业文明时代是不存在的，在那时人们自然而然地享有享受美好生活环境的权利，在工业革命之后，环

---

[1] 胡建淼、邢益精：《公共利益概念透析》，《法学》2004 年第 10 期。

[2] 王小钢：《以环境公共利益为保护目标的环境权利理论——从“环境损害”到“对环境本身的损害”》，《法制与社会发展》2011 年第 2 期。

境污染加剧，环境自净能力难以赶上人类污染破坏环境的速度。在这种情况下，干净的水、空气等自然资源变得稀缺，所有社会成员享有美好环境的利益遭到了破坏，也就是生态环境损害所带来的危害。生态环境损害成了环境法要处理的逻辑起点，而环境公共利益成了环境法的价值目标。❶ 因而，应对生态环境损害的目的就是实现环境公共利益。制止和恢复对生态环境的损害就是在维护和增加环境公共利益。因此，对环境自身所造成的损害就是环境公共利益的损害。进行生态环境损害赔偿磋商的前提是出现环境损害。弥补生态环境损害是索赔磋商所要解决的问题，因而索赔磋商是对环境公共利益的处分。

（三）监督的目的在于防止环境公共利益受到不当处分

为了论证磋商监督的合理性，也有学者从其他角度提出了自己的观点，如公权行使监督说、自然资源国家所有权说和环境权说。

公权行使监督说是从生态环境损害赔偿磋商的性质出发，将生态环境损害赔偿磋商视为行政行为，具有公法效力。其具体又可分为行政合同说和行政裁决说。❷ 该观点认为，首先，我国环境保护法明确规定了行政机关进行环境保护的职能，而环境保护主要依靠行政机关代表全体公民行使公权力来维护。其次，在磋商的过程中，处处体现了行政机关行使公权力，如磋商的前置调查程序，磋商的启动程序，磋商方案的提出，磋商协议的执行，无不体现了行政机关公权力的背景。除此之外，行政机关与污染企业谈判时，天然处于强势地位，行政机关在磋商时，也必然会带

---

❶ 徐祥民、刘卫先：《环境损害：环境法学的逻辑起点》，《现代法学》2010 年第 4 期。

❷ 刘倩：《生态环境损害赔偿磋商法律属性探析》，《环境保护》2018 年第 17 期。

人权力思考，因此磋商行为是行政行为，磋商行为必然涉及公权力的运用，而公权力的运用必须有相应的监督机制。

该观点虽然能为赔偿磋商监督提供一定的依据，但是其范围有限。依照该理论，社会主体只能对行政机关行使公权力部分进行监督，包括调查、协议执行等部分。而整个磋商程序中最为重要的磋商部分，体现的是民事行为，是双方在平等基础上进行公正的磋商，与行政机关行使公权力无关。因而依据该理论，对双方如何进行磋商的监督是缺失的。

自然资源国家所有权理论是从全民所有即国家所有的角度来进行分析的。自然资源国家所有权理论自身又存在许多不同观点，包括私权说、公权说、公权私权混合说、双重所有权说等学说，其中较为重要的是私权说和公权说。公权说认为生态环境损害赔偿磋商或者诉讼是国家行使自然资源国家所有权的表现。而私权说则认为政府依据自然资源国家所有权行使权利时，因为其与诉讼标的具有直接利害关系，所以保护的是私益。但是，从《改革方案》中的规定来看，各学说的共通之处是根据宪法以及《民法典》物权编中有关自然资源国家所有的法律规定，将国家视为享有自然资源物权的主体。[1] 同时，由于自然资源国家所有即全民所有，国家所拥有的生态环境资源遭到损害即意味着全体公民的环境利益受到了侵害，因而对生态环境损害赔偿磋商不仅是国家自身利益的修补，也是对全体公民环境利益的修补。社会公众自然有权进行监督。

这种观点的问题在于自然资源国家所有目前是建立在民法的框架下，因而注重强调自然资源所拥有的经济价值，而自然资源

---

[1] 何军、刘倩、齐霁：《论生态环境损害政府索赔机制的构建》，《环境保护》2018年第5期。

所体现的生态价值是无法为任何人所占有的，但生态环境损害赔偿则注重对生态价值的保护。因而，自然资源国家所有权理论和索赔磋商监督不相匹配。

还有一种学术观点是环境权理论，有学者也称其为国家环境行政管理权。[1] 该理论在学界有激烈的争论，但其大致思想在于强调公民有享受美好环境的权利，而国家保护生态环境正是为了保障公民的这种权利，公民的环境权是国家保护环境的职责所在。国家负有维持良好生态环境的责任，一旦生态环境遭到破坏，公民环境权遭到侵害，国家有义务制止该行为。因而以该理论为基础，国家具有进行生态环境损害索赔的主体资格。有学者进一步根据公共信托理论指出生态环境利益本属于全民所有，全体公民通过社会契约或者公共信托的方式将自身的权益委托给国家，国家由此获得了环境公权力，政府在接受委托的同时，有义务制止侵害环境利益的行为，在必要时可以与破坏生态环境的责任人进行磋商。但是公民在将自身权利委托给国家时，依然保留了监督的权利。因为磋商关乎公民的环境权，所以公民有权对索赔磋商进行监督。

该观点的问题在于，首先，环境公共信托理论起源于美国，是建立在普通法基础之上的。但我国已经确立了自然资源国家所有的基础理论，我国法律中也没有提及环境权这一概念，环境权理论在制度上不适合我国。其次，环境权理论强调的是对公民有利的环境，往往是公民周边的生活环境，对于人迹罕至，远离生活区的生态环境，环境权理论一般少有关注，而公民也往往对远离自己的污染漠不关心。在生态环境损害赔偿案件中，许多污染

---

[1] 廖华：《生态环境损害赔偿的实践省思与制度走向》，《湖南师范大学社会科学学报》2021 年第 1 期。

都不是在居民周边发生的。因此环境权理论对于解释磋商监督并不合适。

以上三种理论学说，都是从权利的角度思考问题，也各有其缺陷。对索赔进行监督其实根本在于维护环境公共利益免遭不当处分，从这种角度解释比从权利角度解释更为合理。由于环境公共利益具有普惠性的特征❶，所有社会主体都要从环境公共利益中受到影响，在环境公共利益增加时，每个公民都能分享到增加的收益，而环境公共利益减少时，每个公民都会受到环境损害带来的不利益。环境公共利益实质上就是民众环境权利所关心的关键，只有公共的环境问题得到解决，每个公民享受美好生活环境的权利才能得以落实。生态环境损害是造成环境公共利益减少的根本原因，而生态环境损害赔偿磋商是对环境公共利益的弥补和恢复，涉及全体社会成员的利益，自然应当受到严格的监督。

二、环保非政府组织是较合理的监督主体

在理解索赔磋商需要监督、必须监督的前提下，应当对适合做磋商监督的主体进行筛选。虽然有权监督的主体众多，但环保非政府组织是最适合的主体。

（一）政府和公民都是环境公共利益的代表

由于生态环境损害赔偿涉及环境公共利益，其监督自然应当由环境公共利益的代表来进行监督。但是，传统的理论与实践将政府视作环境公共利益的唯一代表，也就剥夺了其他主体对环境公共利益的监督权，必须对这种看法予以驳斥。政府和公民都应当是环境公共利益的代表。首先，环境公共利益涉及的是所有社

---

❶ 朱谦：《环境公共利益的法律属性》，《学习与探索》2016 第 2 期。

会主体的利益，虽然政府被赋予监管、维护环境公共利益的功能，但并非社会公众将所有权利都交给了政府，也不能认定政府是环境公共利益的唯一代表，社会公众依旧享有对环境公共利益监督的权利。其次，政府在应对环境公共利益时并不天然具有优势。环境损害具有复杂性、科学上的不确定性等特征。生态环境是受到何种类型的污染物损害，暴露于污染物中的程度和时段如何，是否会超过生态阈值乃至引发对人类健康的损害，即便在最好的科学检测体制下，对于这些问题的回答也是非常困难的。而政府在处理环境问题的过程中又存在信息滞后的问题，因而难以及时发现并处理环境损害问题，这时就需要其他社会主体对环境公共利益的维护提供补充，为政府认定何为人民良好生活环境提供建议。同时公民和其他团体在公法和私法上也都享有阻止政府和企业侵犯其环境公共利益的权利。因此政府和公民都应当是环境公共利益的代表，在生态环境损害赔偿中都有权参与。

（二）政府和公民个人在监督磋商中的劣势

虽然政府和公民都可以代表环境公共利益，但并不意味着他们作为生态环境损害赔偿磋商监督的主体是合适的。首先，政府本身就对生态环境负有监管职能，造成环境损害是政府监管失职的表现。对生态环境损害赔偿展开磋商不是政府监管职责的延续，而是对其失职行为的弥补。政府参与磋商作为一种弥补行为，政府不应再作为磋商监督的主体。其次，政府已经是磋商的一方，虽然政府可以在磋商中制约赔偿义务人的行为，但是对于政府在磋商中的行为同样需要监督，否则就会陷入政府自己监督自己的困境。

公民个体直接参与磋商同样存在极大的缺陷。《改革方案》保障措施部分虽然明确规定了要通过创新各种方式鼓励公众参与，并公开生态环境损害调查、鉴定、修复等信息，保障公众知情权。[1] 但是公众个体参与存在无序性的问题，会浪费社会资源。[2] 第一，风险认知的不同易导致个体公众参与非理性化。公众参与磋商监督，是对生态环境受托者，即行政机关的管理行为的监督，防止其滥用权力或不作为，致使生态环境损害得不到修复。但是公众个体参与磋商的监督与磋商与专家、律师等第三方机构的参与是不同的。专家和律师与公众在风险评估和价值判断上往往不尽相同。风险是客观的，专家通过期待损失来评价管理风险，而非专业者用多元尺度进行评价。[3] 因此，专家认为合理的生态环境损害赔偿协议，在公众看来可能并不合理。这导致的是个体公众参与的非理性化。第二，公众个体化参与致使监督成本上升。与公众个体的信息反馈渠道相对应，政府同样需要设立公众个体的信息处理机构。但政府人力及物力资源均有限，无法对所有的公众建议予以回应。同时，公众建议中不乏有益的建议，但也会存在许多重复、不合理的建议。由行政机关全部处理会浪费社会资源，损害公共利益，这与生态环境损害赔偿磋商维护公共利益的初衷不符。

（三）环保非政府组织作为监督主体的独特优势

1. 环保非政府组织可以进行环境利益组织化表达

虽然《改革方案》规定了鼓励社会公众参与赔偿磋商，但公众个体的参与显然会提升监督的成本。因此应当选出公众的代表，对赔偿磋商进行监督。也就是将公众个体的意见组织起来向磋商

---

[1] 王金南：《实施生态环境损害赔偿制度　落实生态环境损害修复责任》，《中国环境报》2015 年 12 月 4 日，第 2 版。

[2] 朱谦：《公众环境行政参与的现实困境及其出路》，《上海交通大学学报（哲学社会科学版）》2012 年第 1 期。

[3] 彼得·泰勒－顾柏、詹斯·O. 金：《社会科学中的风险研究》，黄觉译，中国劳动社会保障出版社，2010，第 34 页。

的双方进行反馈。环保非政府组织可以凭借自身的特点和优势起到这样的作用。首先，环保非政府组织的信息发布实现了定期化，它们会定期向社会公众发布环境方面的信息，将小范围内的信息扩大传播。例如，自然之友自2005年开始每年都会自行组织专业人员编写《中国环境绿皮书》，对一年内中国发生的重大环境问题进行总结，向社会扮演一个信息提供者的角色。因此，可以由环保非政府组织扩大对生态环境损害赔偿磋商的宣传，这就使更多的公众人员加强对环境损害事件的了解。[1] 其次，环保非政府组织作为一个第三方机构，可以成为政府与公众个体之间的协调平台，它可以通过积极宣传，推动和促进社会公众参与磋商的热情，再将这些内容反馈给磋商的双方。

2. 环保非政府组织是具有专业知识的专门机构

生态环境的治理与修复具有很强的专业性和科学性，能够及时了解生态环境的损害情况是监督生态环境损害赔偿磋商的前提和准备条件。环保非政府组织一般由具有环境治理和环境修复等有关领域丰富经验的专业人员和志愿者组成。他们在应对生态环境损害方面的很多知识是许多政府官员远不能及的，因而环保非政府组织可以成为政府信息的咨询者。环保非政府组织在经过深入调查研究后对磋商程序进行监督，作出的建议是具备合理性和可信度的，对环境公共利益是有利的，因而环保非政府组织可以作为具有专业知识的专门机构，弥补政府失灵的状况。

三、环保非政府组织对生态环境损害索赔磋商监督的内容

既然环保非政府组织可以作为索赔磋商监督的主体，则应对

---

[1] 刘子平：《环境非政府组织在环境治理中的作用研究》，中国社会科学出版社，2016，第146页。

其监督的内容尽量予以明确规定，使赋予其的监督权利明确合理。对环保非政府组织监督的内容可以从实质性监督和程序性监督两个层面来考虑。

（一）实质性监督

首先是对磋商前调查的监督。磋商前对受损环境的调查是磋商的基础。其具体包括损害事实和程度的评估、修复方式等问题。对受损环境评估过低，会导致受损环境无法圆满修复。对受损环境评估过高，会导致污染企业负担过重。且调查活动属于行政机关行使公权力的行为，调查活动正确与否也是磋商阶段行为合法与公平的前提条件。[1] 环保非政府组织所要重点监督的内容是生态环境损害评估是否与实际损害状况基本匹配，确保环境公共利益不会受到损害。

其次是对磋商中修复方案的监督，主要监督磋商内容的合法合理性。第一是赔偿数额的确定。生态环境损害赔偿磋商制度是为了实现损害担责原则，使生态环境尽量得到圆满修复，难以恢复原状的用金钱赔偿来替代。因此，对于磋商赔偿的数额能否弥补生态环境受到的损害是环保组织监督的重点。关于磋商赔偿的数额种类，应当参照《改革方案》中的规定，包括清除污染费用、生态环境修复费用、生态环境修复期间服务功能的损失、生态环境功能永久性损害造成的损失以及为生态环境损害赔偿调查、鉴定评估等事项支出的合理费用。环保组织需要依据调查阶段确定的损害评估，监督双方确定合适的赔偿数额，避免双方出现磋商协议执行后赔偿数额未能填平损害的状况。第二是修复方式的确

---

[1] 武建华：《从五个方面完善生态环境损害赔偿磋商机制》，《人民法院报》2018 年 9 月 12 日，第 8 版。

定，目前从各地的实践经验来看，修复方式主要包括赔偿义务人自己或委托第三方进行修复，有些地方自己探索出替代性修复的新模式，其指的是赔偿义务人若不具备直接修复的条件或因客观原因不能实施修复的，可以通过其他方式如缴纳生态修复费用、劳役代偿等履行修复义务。存在多种修复方式固然能够满足各地的需要，使磋商更为灵活。但存在不同修复方式也会变相成为减轻赔偿义务人修复责任的手段。因此，环保组织在监督双方制定修复方式时，要围绕该修复方式是否会损害到环境公共利益，包括是否会对环境造成二次损害，赔偿义务人是否符合制订的修复方式的条件等内容进行监督。第三是修复时间的确定。生态环境修复是一项复杂烦琐的工作，生态环境受到严重损害的修复时间甚至可能长达数十年，在修复前乃至修复中，污染物依然会对周边地区的环境持续地造成损害，同时公民的生命财产安全也依旧在遭受损害。因此，修复的启动时间要尽可能地快，修复的时间要尽量短。环保组织在磋商的过程中一旦发现协议中有拖延修复启动时间和延长修复期限的内容，应当予以制止，避免环境公共利益受到损害。

最后是对磋商后执行的监督。磋商协议的执行是使生态环境损害得以修复的最后一步。在此阶段，赔偿义务人进行的具体修复工作主要由政府来监督。但在验收阶段，应当有环保组织参与监督。其主要对修复实际状况、磋商协议是否履行完毕等内容展开监督。

（二）程序性监督

首先是磋商的期限。目前，虽然《改革方案》中将磋商视作生态环境损害赔偿诉讼的前置程序，但是并没有相关文件规定这个前置程序可以持续多长时间。这导致的是在实践过程中，磋商的时间过长，如在“深圳信隆健康产业发展股份有限公司电镀液渗漏生态环境损害”一案中，双方的磋商时间长达 7 个月。在生态环境损害赔偿磋商结束后，还存在司法确认、实际执行等后置程序，环境修复日期会被进一步延长。因此，应当具体参照生态环境损害赔偿诉讼对磋商的期限作出规定，由环保非政府组织对双方的磋商期限进行监督。当磋商时间超过磋商期限时，本次磋商应当视作磋商失败。环保组织应当督促政府有关部门直接提起生态环境损害赔偿诉讼。如果政府未提起诉讼，则应当由环保非政府组织直接提起环境公益诉讼，以保证环境损害得到及时有效的修复。

其次是磋商的合法性。程序中磋商的合法性包括两个方面：一个是磋商组成人员合法；另一个是磋商步骤合法。在生态环境损害赔偿磋商的双方当事人中，一方是作为赔偿权利人的政府环保部门，另一方是作为赔偿义务人的污染者，而对于主持调解的第三方规定不明确。从生态环境损害赔偿磋商十大典型案例中可以发现，大多数情况下是由赔偿权利人指定的部门或机构与赔偿义务人直接进行磋商，一般是当地的环保部门，如“浙江诸暨某企业大气污染生态环境损害赔偿案”。在有些案例中则是委托调解委员会组织协调磋商活动，如“上海奉贤区非法倾倒垃圾生态环境损害赔偿案”。还有些案件是由律师协会、经开区管理委员会等主持协调，如“贵州息烽大鹰田非法倾倒废渣生态环境损害赔偿案”便是由律师协会主持磋商的。[1] 可以看出，对于磋商的主持方，法律并没有明确规定。若整个磋商活动的一方既是参与者，又是主持者，对于整个磋商的透明度就会产生问题。公众可能会

[1] 张辉、沈世伟、贾进宝：《生态环境损害赔偿磋商制度的实践研究——聚焦 20 起磋商优秀候选案例》，《环境保护》2020 年第 11 期。

担心一方权力过大，也就无法体现《改革方案》中所体现的公平性。因此，磋商的主持单位尽量由第三方担任，而且应当将具备专业知识的环保非政府组织排在第一位，其次可以是调解委员会或律师协会等其他组织。磋商步骤的合法性是指磋商应当按部就班地进行。环保非政府组织应当监督磋商双方是否履行了必要的程序。主要包括磋商双方有没有对生态环境损害展开调查，在磋商开始前以及协议达成后有没有向社会公开信息，协议有没有及时执行等步骤性问题。只有磋商程序合法，才能够保障公民的参与权，确保将环境公共利益置于社会公众的监督之下。

四、环保非政府组织监督介入的时机与方式

（一）磋商前介入时机和方式

在磋商开始前的调查阶段，应当要求第三方协助调查并进行监督。在当前调查阶段过程中有三种调查模式：一是由赔偿权利人指定调查单位；二是由赔偿义务人自主联系调查单位；三是双方协商确认调查单位。目前案例中大多以第一种方式为主，即由政府指定调查单位。特别是在某些案件中，调查单位是政府下辖的事业单位，这就导致调查可能存在不能真实反映损害状况的现象。但环保组织本身并不具备调查权，其自身另行组织调查会浪费社会资源，因此，可以让环保非政府组织以申请参与的方式加入调查活动中。在调查活动开始前，环保非政府组织应当有权要求参与调查活动。在行政机关批准后，环保非政府组织可以派遣专业人员对环境损害状况展开协助调查。

（二）磋商中介入时机和方式

环保非政府组织参与到磋商中存在两种情况：一是环保组织作为主持单位主持磋商，二是环保组织作为其他人员参与到磋商

过程中。在当前磋商中人员参与极不规范的状况下，应当对环保组织参与作出具体规定。考虑到我国目前环保非政府组织数量较少，单个环保非政府组织的服务面较小，对于危害性较小的生态环境损害赔偿案件，可以由赔偿权利人和义务人直接进行协商，不需要第三方单位主持。若环保非政府组织直接作为第三方主持单位主持磋商时，可以享有中止磋商进行的权利。在发现双方磋商的内容会对环境公共利益造成损害时，环保非政府组织应当首先以建议的方式要求双方对磋商内容加以改正。若双方仍然继续进行，作为主持单位的环保非政府组织可以中止磋商并采用违反索赔磋商监督的保障措施。若环保非政府组织并非作为主持单位参与到磋商监督中，则应当将双方可能损害环境公共利益的行为反馈给主持单位，由主持单位采取进一步的行动。如果主持方是赔偿权利人，那么环保非政府组织可以直接向其反映。如果赔偿权利人不能作出合理说明，那么应当允许环保非政府组织采取违反索赔磋商监督的保障措施。其次，磋商中环保非政府组织应当起到反馈公众信息的作用。在磋商前，环保组织可以通过各种传单、网站公告等多种方式向公众宣传索赔磋商案例，使公众深入了解生态环境损害的状况，起到公众参与监督的桥梁纽带作用，以实现保障公众参与的目标。

（三）磋商后介入时机和方式

在磋商结束后，政府按照法律规定会向社会公众公示磋商协议，环保非政府组织可以通过自己的宣传渠道，进一步扩大宣传范围，并将收集到的公众意见向磋商双方反馈。在磋商协议执行完毕的验收阶段，环保非政府组织同样在监督验收后向社会公众公示其内容，以此证明其监督职责履行完毕且环境公共利益得以修复。

五、环保非政府组织进行监督的保障

考虑到我国环保非政府组织的发展状况及相关的法律规定，要想使其作为索赔磋商监督的主体，还需要从以下四个方面进行保障。

（一）扩大环保非政府组织的规模

若以环保非政府组织作为生态环境损害赔偿磋商的主要监督主体，首先要确保环保非政府组织的数量。❶ 从民政部发布的《2017 年社会服务发展统计公报》来看，截至 2017 年年底，全国的社会组织共计 76.2 万个，但生态环境类的社会组织仅有六千多个，而适合作为监督主体的环保非政府组织数量更少。考虑到地区之间的经济发展差异，大多数环保组织集中在发达的城市，因而导致较为贫困地区的环保非政府组织较少。而这些地区也是环境损害较常发生的地区。因而极有可能导致磋商过程中没有适格环保非政府组织可以参加的状况。因此，需要扩大环保非政府组织的规模。从目前来看，影响我国环保非政府组织发展的主要原因是登记注册困难，也就是双重登记制度所造成的后果。❷ 双重登记制度意味着环保非政府组织要同时受到两个部门的管理。❸ 根据《社会团体登记管理条例》第 6 条的规定，民政部门是唯一的社团管理机构。该条例第 9 条规定，申请成立社团要经过其业务主管部门的同意。也就是说，环保非政府组织要想成立，首先要得到其

---

❶ 李艳芳：《公众参与环境保护的法律制度建设——以非政府组织（NGO）为中心》，《浙江社会科学》2004 年第 2 期。

❷ 栗楠：《环保组织发展困境与对策研究——以环境民事公益诉讼为视角》，《河南大学学报》（社会科学版）2017 年第 2 期。

❸ 孙志祥：《“双重管理”体制下的民间组织——以三个民间环保组织为例》，《中国软科学》2001 年第 7 期。

业务主管部门的同意，才能再去向民政部门申请登记。一般来说，环保组织的业务主管部门应当是环保部门。但是如果环保组织还涉及其他方面的业务，如宣传教育，那么两个业务主管部门之间极有可能相互推诿，导致社团难以成立。因而，必须对环保非政府组织的成立作出进一步明确的规定，明确其业务主管部门为环保部门，鼓励民间环保组织的建立，特别是不同地域环保组织的数量要保持平衡，确保每个地区都能有适格的监督主体。

（二）保障监督的独立性

根据该条例第28条的规定，业务主管部门对社团的管理控制包括很多方面，这就导致环保非政府组织直接置于环境保护部门的控制之下。而在生态环境损害赔偿诉讼中，一般是由环境保护部门作为赔偿权利人的代表参加磋商。环保非政府组织作为受环境保护部门管理的组织，监督其磋商行为易被束缚手脚。因此，要确保环保非政府组织在磋商监督中的独立性，确保其监督不受环保部门管理控制的影响。国家应当在《改革方案》或相关法律中明确环保非政府组织作为磋商监督的主体，其行为受到监督权的保护。同时，如果负责监督的环保非政府组织与磋商任意一方有密切业务往来，也应当将其排除在磋商监督的范围外，以此保障监督的公正独立。

（三）明确违反索赔磋商监督的不利后果

环保非政府组织作为一个民间社会组织，如何确保其监督的威慑力是保证监督有效的关键，对此需要赋予其制衡磋商双方违反监督的手段。该问题可以通过明确磋商双方违反监督的不利后果来解决。首先，要从法律层面赋予环保非政府组织监督权。面对磋商中双方可能损害环境公共利益的行为，环保组织有权提出自己的建议和看法并要求磋商双方对此进行说明。若磋商双方未能对此作出声明或不能作出合理解释，环保非政府组织有足够证据证明双方继续磋商将严重损害环境公共利益的，应当建议双方停止磋商。如果双方仍未停止，则可以视为磋商失败。环保组织可以采取行政公益诉讼和环境公益诉讼双重救济模式。环保组织首先应当以损害环境公共利益为由申请检察院提起行政公益诉讼，由检察院负责审视是否符合行政公益诉讼的条件。如果检察院认为不符合行政公益诉讼的起诉条件，对环保非政府组织的请求予以拒绝，环保非政府组织可以向法院直接提起环境公益诉讼。法院在认定磋商双方的行为确有可能危害到环境公共利益时可以直接对环境公益诉讼迳行判决。这样，在正常情况下遵循磋商—生态环境损害赔偿诉讼—环境公益诉讼的顺位，在不接受监督时采用磋商—磋商失败—环境公益诉讼的顺位，用环境公益诉讼来制衡索赔磋商中双方不合理的行为。采取双重救济模式，可以最大限度地提高环保非政府组织监督磋商的威慑力，也尽可能地保护环境公共利益免受损害。

（四）确保环保组织合法监督

在监督的过程中，还必须要确保环保非政府组织自身的合法性。首先应当明确哪些环保非政府组织适合做监督的主体。这里适格的环保组织应当参照《环境保护法》第 58 条的规定，但考虑到目前我国环保非政府组织数量较少，应当对第 58 条中 5 年的从业期限予以适当缩减，以此来增加符合监督资格的主体。其次要保障磋商各阶段环保组织的延续性。原则上，在整个磋商阶段，应当至少保证有一个环保非政府组织进行持续的监督，其他环保组织若有意参与，可以向磋商主持方申请。但主要的监督任务应当由进行持续监督的环保组织来完成。如果磋商主持方发现环保非政府组织有破坏磋商，与磋商一方进行非法交易等行为，则可以剥夺其监督资格。

六、结语

生态环境损害赔偿磋商是实现生态环境修复，维护环境公共利益重要的一步。但目前《改革方案》及其他相关法律规定中，有关磋商监督这一部分仍比较欠缺。本文从维护环境公共利益的角度出发，以环保非政府组织作为监督主体，设计了一套监督方式。但如果要进一步完善以环保非政府组织作为监督主体的磋商监督模式，还需要对环保非政府组织本身进行完善，只有环保非政府组织本身素质提高，其才能在监督的过程中具备更重的话语权。同时国家应当进一步完善与生态环境损害赔偿诉讼有关联的环境公益诉讼，确保环保非政府组织在环境公益诉讼中的地位，使之成为制衡损害索赔磋商乃至生态环境损害赔偿诉讼的救济方式。

我国生态环境损害赔偿诉讼制度的由来与发展

王　斐、朱　昊

（山西大学法学院　山西太原　237016）

浙江省建德市人民检察院　浙江建德　211699）

摘要：我国地方政府为原告通过民事诉讼通道向污染环境单位索要赔偿的诉讼如何从无到有？生态环境损害赔偿诉讼制度的实施情况怎么样？有关部门实施生态环境损害赔偿诉讼制度解决生态环境保护领域的问题了吗？自2016年以来，此项制度在我国全面实施，但是我们难以举出几个依靠此项制度为解决生态环境保护领域问题提供了必不可少帮助的例子。如果我们不回头审视这项制度的由来与实施情况，我们可能面临错误运用该制度的风险。为此，本文将认真梳理生态环境损害赔偿诉讼制度的由来与发展。

关键词：生态环境损害赔偿诉讼

【作者简介】王斐，法学博士，山西大学法学院讲师，研究方向为环境与资源保护法学。

朱昊，法学硕士，浙江省建德市人民检察院检察官助理，研究方向为环保法学、检察实务。

一、开展生态环境损害赔偿诉讼要求的提出

《生态环境损害赔偿制度改革方案》提出实行“生态环境损害赔偿民事诉讼”的方案，主要分两个阶段实行。第一个阶段是《生态环境损害赔偿制度改革试点方案》（以下简称《环境索偿制度试点方案》）提出在吉林、江苏、山东、湖南、重庆、贵州、云南等七省市开展“生态环境损害赔偿民事诉讼”方案。第二个阶段是《生态环境损害赔偿制度改革方案》（以下简称《环境索偿制度改革方案》）提出在全国范围内开展“生态环境损害赔偿民事诉讼”方案。

《环境索偿制度改革方案》提出开展“生态环境损害赔偿民事诉讼”的意图是落实党的十八届三中全会提出的“对造成生态环境损害的责任者严格实行赔偿”的要求。

第一，《环境索偿制度改革方案》提出实行“生态环境损害赔偿民事诉讼”。

第一个阶段，《环境索偿制度试点方案》提出“实行生态环境损害赔偿民事诉讼”和“完善赔偿诉讼规则”的要求。《环境索偿制度试点方案》指出，“经调查发现生态环境损害需要赔偿的”，“赔偿权利人可以提起生态环境损害赔偿民事诉讼”。《环境索偿制度试点方案》还指出，“试点地方法院的环境资源审判庭或指定专门法庭依托现有资源，按照有关法律规定，审理生态环境损害赔偿民事案件”。[1]

---

[1] 2015年12月3日，中共中央办公厅、国务院办公厅发布《生态环境损害赔偿制度改革试点方案》（中办发〔2015〕57号）。该方案分五个部分：第一，总体要求和目标；第二，试点原则；第三，适用范围；第四，试点内容；第五，保障措施。

2016年8月，原中央全面深化改革领导小组第二十七次会议审议通过《关于在部分省份开展生态环境损害赔偿制度改革试点的报告》（以下简称《部分省份开展环境索偿制度试点的报告》）。《部分省份开展环境索偿制度试点的报告》指定吉林、江苏、山东等七省市为开展生态环境损害赔偿制度改革试点单位。各试点单位围绕《环境索偿制度试点方案》确定的改革任务、适用范围、赔偿权利人、赔偿义务人、赔偿范围以及赔偿程序等方面的内容，制定总体一致而又各具特色的实施细则。❶

一是划定适用范围。《环境索偿制度试点方案》将依法追究生态环境损害赔偿责任的适用范围划定为重大的、严重影响生态环境的污染事件，具体来看包括“较大及以上突发环境事件”“在主体功能区规划中划定的重点生态功能区或禁止开发区发生生态环境损害事件”以及“其他严重影响生态环境的事件”。《环境索偿制度试点方案》规定，“有关人身伤害、集体和个人财产损失要求赔偿的情形”和“有关海洋环境索偿的情形”不纳入赔偿试点范围。

七个试点省市中，除山东省和吉林省以外，其余五个试点省市皆对《环境索偿制度试点方案》划定的适用范围进一步作了细化。值得一提的是，依法追究生态环境损害赔偿责任的适用范围仍然没有超越重大的、严重影响生态环境的事件。❷（具体可参见表1）

---

❶ 2017年7月13日，最高人民法院发布《中国环境资源审判》（2016—2017）（白皮书）。

❷ 吕忠梅等：《中国环境司法发展报告》（2017—2018），人民法院出版社，2019，第150－151页。

表1 五试点省市制定实施细则规定的适用范围

试点省/市	对《环境索偿制度试点方案》适用范围的补充规定
云南	1. 向地表水、地下水等环境非法排放有毒有害污染物造成生态环境损害且直接经济损失500万元以上的事件; 2. 因污染或生态破坏致使国有防护林地……基本功能丧失或遭受永久性破坏的事件; 3. 因污染或生态破坏致使湿地生态功能严重损害的事件
重庆	一般突发环境事件
湖南	在禁止开发区和重点生态功能区以外的其他地区发生的生态破坏事件
江苏	在重点生态功能区、重点水功能区……禁止开发区发生的生态破坏和环境污染事件
贵州	1. 自然保护区、森林公园等受到严重环境污染和生态破坏的事件; 2. 饮用水水源地受到严重环境污染的事件; 3. 在水土保持方案确定的专门存放地以外的区域倾倒废物，造成严重环境污染和生态破坏的事件; 4. 在城乡建设规划区内采矿、挖沙取土，对生态环境造成严重破坏的事件; 5. 在石漠化地区造成严重的资源破坏事件; 6. 在省级水功能区污染环境或破坏生态，造成水质不达标的事件

湖南省人民政府制定的实施细则对历史遗留且无责任主体的生态环境损害问题是否适用《环境索偿制度试点方案》作了规定。该实施细则规定，“历史遗留且无责任主体的环境污染问题应当由地方政府依法履行治理职责，不纳入赔偿试点范围”。[1]

---

[1] 吕忠梅等:《中国环境司法发展报告》(2017—2018)，人民法院出版社，2019，第153－154页。

二是明确赔偿权利人。《环境索偿制度试点方案》提出“七个试点单位省级政府是本行政区域内生态环境损害赔偿权利人”。《环境索偿制度试点方案》规定，“七个试点单位省级政府经国务院授权后，可以作为本行政区域内生态环境损害赔偿权利人”，同时，试点政府可以“指定相关部门负责生态环境损害赔偿工作”。湖南省政府为落实《环境索偿制度试点方案》制订的实施方案规定，“当污染环境、破坏生态行为不涉及跨行政区域的情形时，湖南省政府可以指定市、县级人民政府负责环境索偿磋商或诉讼工作”。另外，贵州省政府发布《关于指定省环境保护厅等相关部门代表省人民政府行使生态环境损害赔偿权利人权利有关事项的通知》。❶

三是确定赔偿义务人。《环境索偿制度试点方案》确定的赔偿义务人是违反环境法律规定造成生态环境损害的单位和个人。《环境索偿制度试点方案》规定，承担生态环境损害赔偿责任的人是“造成生态环境损害的单位或个人”。湖南省政府为落实《环境索偿制度试点方案》制订的实施方案指出，承担生态环境损害赔偿责任义务人是“实施建设工程、生产经营和其他社会活动”，损害生态环境的“机关、企业事业单位、社会组织和个人”。其余6个试点省市的规定与试点方案一致。

四是明确赔偿范围。《环境索偿制度试点方案》规定的赔偿范围是以对地方政府财产利益损害的赔偿为主。赔偿范围具体包括以下6项：（1）清除污染的费用；（2）生态环境修复费用；（3）生态环境修复期间服务功能的损失费用；（4）生态功能损失

---

❶ 吕忠梅等：《中国环境司法发展报告》（2017—2018），人民法院出版社，2019，第153－154页。

费用；（5）环境索偿调查费用；（6）鉴定评估等合理费用。[1]

从7个试点单位制定的实施细则圈定的赔偿范围来看，赔偿范围的重心是对地方政府这类民事主体的财产利益损害的赔偿。在7个试点单位制订的具体实施方案中，除云南省和湖南省以外，贵州、江苏、吉林、山东和重庆5个试点省市分别在《环境索偿制度试点方案》规定的赔偿范围基础上进一步细化了赔偿范围（具体如表2）。

表2 五试点省市制订实施方案有关赔偿费用名目的规定

试点省/市	赔偿费用名目	与《环境索偿制度试点方案》的关系
贵州	律师代理、第三方监测和诉讼费用	（6）项的延伸
江苏	环境监测和应急处置费用	（6）项的延伸
吉林	修复效果评估费用和修复方案制定费用	（2）项的延伸
山东	生态环境损害修复后评估费	（6）项的延伸
重庆	控制和减轻损害的费用、修复方案制定费、修复效果后评估费用	（1）、（2）和（6）项的延伸

从《环境索偿制度试点方案》规定的赔偿范围来看，根据赔偿对象的不同，大致可以分成两类：第一类，对地方政府的财产

[1] 《生态环境损害赔偿制度改革试点方案》（中办发〔2015〕57号）第四“试点内容”，第一“明确赔偿范围”。《生态环境损害赔偿制度改革方案》（中办发〔2017〕68号）第四“工作内容”，第一“明确赔偿范围”。

利益损失的赔偿；比如，第（1）、（2）、（5）和（6）项规定的赔偿都是对地方政府财产利益损失的赔偿。以上规定仅仅是将环境监测费、环境修复或评估费和采取预防措施的费用等可能与生态环境相联系的损失列入赔偿范围。第二类，对生态环境公共利益损失的赔偿。比如第（4）项生态环境功能永久性损害造成的损失。

五是明确赔偿程序。《环境索偿制度试点方案》明确提出实行“生态环境损害赔偿民事诉讼”的方案。“经调查发现因污染环境行为造成损害需要索偿”的，索偿者可以根据实际情况与违法行为人进行磋商，努力达成协议。如果双方经磋商未能达成一致，“索偿者应当及时提起生态环境损害赔偿民事诉讼”。《环境索偿制度试点方案》在“开展赔偿磋商”和“完善赔偿诉讼规则”部分还规定，“赔偿权利人可以直接提起生态环境损害赔偿民事诉讼”。

第二个阶段，《环境索偿制度改革方案》进一步明确“实行生态环境损害赔偿民事诉讼”的要求。随后，中共中央办公厅、国务院办公厅印发的《关于深化环境监测改革提高环境监测数据质量的意见》《关于统筹推进自然资源资产产权制度改革的指导意见》《国家生态文明试验区（海南）实施方案》皆提出“全面落实生态环境损害赔偿民事诉讼”的要求。

2017 年 12 月，中共中央办公厅、国务院办公厅印发了《环境索偿制度改革方案》。❶《环境索偿制度改革方案》进一步明确提

❶ 中共中央办公厅、国务院办公厅印发了《生态环境损害赔偿制度改革方案》（中办发〔2017〕68 号）。该方案分五个部分：第一，总体要求和目标；第二，工作原则；第三，适用范围；第四，工作内容；第五，保障措施；第六，其他事项。自 2018 年 1 月 1 日起《生态环境损害赔偿制度改革试点方案》废止。

出“实行生态环境损害赔偿民事诉讼”的要求。❶ 与《环境索偿制度改革试点方案》相比，《环境索偿制度改革方案》除决定“生态环境损害赔偿制度改革试点范围由七省市扩大至全国”以外，还对赔偿权利人、赔偿程序、诉讼规则以及保障措施等方面的内容作出新规定。

一是增设赔偿权利人。《环境索偿制度改革方案》规定，赔偿权利人的范围由《环境索偿制度试点方案》规定的省级政府变更为“省、市地级政府（包括直辖市所辖的区县级政府）”。《环境索偿制度改革方案》还规定，“在有关国家具有经济价值的自然资源物管理体制试点区”，受国务院委托代行使自然资源国家所有权的部门也是赔偿权利人。❷

二是精简赔偿程序。《环境索偿制度改革方案》删除《环境索偿制度改革试点方案》中有关“赔偿权利人可以直接提起生态环境损害赔偿民事诉讼”的规定，简化了赔偿程序。

《环境索赔制度改革方案》规定，如果赔偿权利人调查发现生态环境损害需要赔偿，首先应当根据实际情况，就“修复启动时间和期限以及赔偿的责任承担方式和期限”等问题与赔偿义务人开展磋商，达成赔偿协议。只有在双方没有达成生态环境损害赔偿磋商协议的情形下，赔偿权利人及其指定的部门才可以提起“生态环境损害赔偿民事诉讼”。❸

三是增加报告制度。《环境索赔制度改革方案》增设“各省

---

❶ 中共中央办公厅、国务院办公厅印发的《生态环境损害赔偿制度改革方案》（中办发〔2017〕68号）第四部分“工作内容”第（三）项和第（四）项。

❷ 中共中央办公厅、国务院办公厅印发的《生态环境损害赔偿制度改革方案》（中办发〔2017〕68号）第四部分“工作内容”第（二）项。

❸ 中共中央办公厅、国务院办公厅印发的《生态环境损害赔偿制度改革方案》（中办发〔2017〕68号）第四部分“工作内容”第（四）项和第（五）项。

（包括自治区和直辖市）向党中央和国务院报告其所属区域环境索偿制度改革工作情况”的制度。《环境索偿制度改革方案》规定，“生态环境损害赔偿制度改革试行过程中，各省（自治区、直辖市）每年3月底前将上年度环境索赔制度改革工作情况向党中央和国务院报告”。❶

2017年，中共中央办公厅和国务院办公厅颁发的《关于深化环境监测改革　提高环境监测数据质量的意见》规定，在省级政府授权的行政机关依法提起生态环境损害赔偿诉讼中，对造成环境污染和生态破坏负有责任的环境监测机构与其他责任者共同承担责任。❷ 2019年4月14日，中共中央办公厅、国务院办公厅印发的《关于统筹推进自然资源资产产权制度改革的指导意见》要求全面落实生态损害赔偿诉讼法律制度。中共中央办公厅、国务院办公厅印发的《国家生态文明试验区（海南）实施方案》提出探索生态环境损害赔偿诉讼审理规则的要求。

第二，《生态环境损害赔偿制度改革方案》要求实行“生态环境损害赔偿民事诉讼”的意图。

《环境索赔制度改革方案》提出实行“生态环境损害赔偿民事诉讼”的意图是落实党的十八届三中全会提出的“对造成生态环境损害的责任者严格实行赔偿”要求。

由于以往我国生态环境损害索赔主体对造成生态环境损害的责任者索要赔偿不严格，引发“企业污染、群众受害、政府买单”的不合理现象。政府意识到我国的生态环境损害的责任者没有承

---

❶ 中共中央办公厅、国务院办公厅印发的《生态环境损害赔偿制度改革方案》（中办发〔2017〕68号）第五部分“保障措施”第（一）项。

❷ 《关于深化环境监测改革提高环境监测数据质量的意见》第六部分“严厉惩处环境监测数据弄虚作假行为”。

担相应的赔偿责任，他们的行为甚至已经引发较为严重的生态问题❶。政府希望破解这个问题，办法就是通过制定规则弥补生态环境损害索赔主体的缺失，命令生态环境损害索赔主体严格索要赔偿。

党的十八届三中全会明确提出了对造成生态环境损害的责任者严格实行赔偿制度的要求。《中共中央关于全面深化改革若干重大问题的决定》（以下简称《全面深化改革决定》）第十四部分“加快生态文明制度建设”指出，“建设生态文明，必须建立系统完整的生态文明制度体系，实行最严格的损害赔偿制度和责任追究制度，用制度保护生态环境”。❷《环境索偿制度改革方案》提出实行“生态环境损害赔偿民事诉讼”的意图就是落实党的十八届三中全会提出的“对造成生态环境损害的责任者严格实行赔偿”的要求。习近平总书记在《关于〈中共中央关于全面深化改革若干重大问题的决定〉的说明》中提到，“关系群众切身利益的生态环境问题是我国发展面临的突出问题和挑战。改革是由问题倒逼而产生，又在不断解决问题中得以深化。”❸ 根据生态环境部有关

❶ 以甘肃祁连山生态破坏问题为例，长期以来，甘肃祁连山局部生态破坏问题十分突出。对此习近平总书记多次作出批示，要求抓紧整改，在中央有关部门督促下，甘肃省虽然做了一些工作，但情况没有明显改善。具体情况是，2015 年 9 月，原环境保护部会同原国家林业局就保护区生态环境问题，对甘肃省林业厅、张掖市政府进行公开约谈。甘肃省没有引起足够重视，约谈整治方案瞒报、漏报 31 个探采矿项目，生态修复和整治工作进展缓慢，截至 2016 年年底仍有 72 处生产设施未按要求清理到位。这个例子反映出我国生态环境损害责任者没有承担相应责任的情况。参见付文：《祁连山整改修复一年间》，《人民日报》2018 年 7 月 6 日，第 16 版。

❷ 《十八大以来重要文献选编》（上），中央文献出版社，2014，第 541－542 页。

❸ 习近平：《关于〈中共中央关于全面深化改革若干重大问题的决定〉的说明》，载《十八大以来重要文献选编（上）》，中央文献出版社，2014，第 493－501 页。

负责人的解读，政府制定《环境索赔制度改革方案》就是为了解决“企业污染、群众受害、政府买单”的问题；就是为了弥补生态环境损害索赔主体的缺失的问题；就是为了督促政府履行环境“索偿”职责。❶

二、生态环境损害赔偿诉讼制度成为法定制度

《环境索赔制度改革方案》提出实行“生态环境损害赔偿民事诉讼”后，2020 年由全国人大常委会修订的《中华人民共和国固体废物污染环境防治法》（以下简称《固体废物污染环境防治法》）确立了生态环境损害赔偿诉讼制度。《北京市危险废物污染环境防治条例》《安康市硒资源保护与利用条例》等部分地方立法接受了生态环境损害赔偿诉讼制度。生态环境损害赔偿诉讼成为我国法定制度。

第一，我国相关法律确定生态环境损害赔偿诉讼制度。2020 年 4 月 29 日第十三届全国人民代表大会常务委员会第十七次会议第二次修订的《固体废物污染环境防治法》第 122 条规定“设区的市级以上地方人民政府或者其指定的部门、机构组织”与排放、倾倒或处置“固体废物污染环境、破坏生态给国家造成重大损失的单位和其他生产经营者”就损害赔偿开展磋商没有达成一致，可以向人民法院提起诉讼。❷ 标志着我国法律确定了生态环境损害

---

❶ 《破解“企业污染、政府买单”困局——环境保护部有关负责人解读〈生态环境损害赔偿制度改革试点方案〉》，载《中国应急管理》2015 年第 12 期。

❷ 《固体废物污染环境防治法（2020）》第八章“法律责任”第 122 条第 1 款规定，“固体废物污染环境、破坏生态，给国家造成重大损失”，“设区的市级以上地方人民政府或者其指定的部门、机构组织”与“造成环境污染和生态破坏的单位和其他生产经营者”进行磋商，要求经营者承担损害赔偿责任。如果磋商未达成一致，政府可以向人民法院提起诉讼。

赔偿诉讼制度。

法律规定可以提起生态环境损害赔偿诉讼的适格原告是“设区的市级以上地方人民政府或者其指定的部门、机构组织”，适格的应诉当事人是“排放、倾倒或处置固体废物污染环境、破坏生态给国家造成重大损失的单位和其他生产经营者”。法律规定，以起诉当事人和应诉当事人开展生态环境损害赔偿磋商程序作为政府提起生态环境损害赔偿诉讼的前置程序。

第二，部分地方立法确定生态环境损害赔偿诉讼制度。在第十二届全国人民代表大会第三次会议于 2015 年 3 月 15 日通过了《全国人民代表大会关于修改〈中华人民共和国立法法〉的决定》❶ 后，设区的市人民代表大会及其常务委员会可以针对环境保护方面的事项制定地方性法规。2018 年至 2020 年，北京市人民代表大会常务委员会、河北省人民代表大会常务委员会、宁夏回族自治区人民代表大会常务委员会和陕西省安康市人民代表大会常务委员会皆通过制定地方性法规的方式接受生态环境损害赔偿诉讼制度。

三、生态环境损害赔偿诉讼制度的实施情况

由于以往我国地方政府对造成生态环境损害责任者索要赔偿不严格，引发了“企业污染、群众受害、政府买单”的不合理现象。我国政府意识到环境污染责任者没有承担相应的赔偿责任。为此印发的《环境索偿制度试点方案》以及《环境索偿制度改革方案》提出实行生态环境损害赔偿诉讼的方案。在我国目前的司法实践中，绝大多数国家机关或地方人民政府依靠实施生

❶ 该《决定》第 31 条规定，“设区的市的人大及其常委会”可以对环境保护方面的事项制定地方性法规。

态环境损害赔偿诉讼制度实现了向违反环境保护法律污染环境、破坏生态的单位或个人索要政府因采取清除污染和修复具有经济价值的自然资源物的行动垫付费用的目标。但是，实践中有地方政府想借助实施生态环境损害赔偿诉讼方案救济环境利益，解决生态环境保护领域的问题。他们已经将生态环境损害赔偿诉讼的适用范围扩展到索要地方政府财产利益损害以外的环境保护领域。

第一，探索建设阶段的实施情况。探索建立时期大致分为两个阶段。第一个阶段的开始时间是 2015 年 12 月 3 日，截止时间是 2017 年 12 月 31 日。第二个阶段的开始时间是 2018 年 1 月 1 日，截止时间是 2020 年 9 月 1 日。探索建设的第一个阶段，吉林、江苏和山东等 7 个试点单位共向人民法院提起 3 件生态环境损害赔偿诉讼案件。[1]

山东省生态环境厅、江苏省人民政府[2]通过提起生态环境损害赔偿诉讼实现了弥补地方政府因采取清除污染和修复具有经济价值的自然资源物的行动而造成试点政府财产利益损害的目标。在“山东省生态环境厅与山东金诚重油化工有限公司等生态环境损害赔偿诉讼案”中，法院判决的赔偿名目大致有“事务性费用”“生态环境服务功能损失赔偿费”和“生态环境损害赔偿费”。“事务性费用”包括应急处置费、鉴定费和律师费。显然，该部分赔偿费就是为了弥补山东省政府这一“救害者”的财产利益

[1] 截至 2017 年 6 月，各试点人民法院共受理省级政府提起的生态环境损害赔偿诉讼案件 3 件。参见 2017 年 7 月 13 日最高人民法院发布《中国环境资源审判》(2016—2017)（白皮书）。

[2] 江苏省高级人民法院民事判决书（2018）苏民终 1316 号。江苏省泰州市中级人民法院 2018 年 8 月 16 日作出（2017）苏 12 民初 51 号民事判决。

损失。❶“生态环境服务功能损失赔偿费”虽然有“生态环境服务功能”表述，但该项赔偿费仍是为了弥补“救害者”的经济损失。该案中的“生态环境服务功能损失赔偿费”具体包括居民用水及灌溉、农作物减产损失。该案中的“生态环境损害赔偿费”则是为了弥补“救害者”针对作为财产客体的自然资源物本身采取修复行动造成的财产损失。该案中的“生态环境损害赔偿费”具体包括污染土壤虚拟治理费和污染地下水虚拟治理费。这里的“生态环境修复期间服务功能损失”以及“生态环境损害”不是指种群、群落、生态系统、景观或生态圈以及他们之间的相互关系或者是生态系统服务功能这些带有环境公共利益属性的对象的损失，而是指生态环境给人提供的经济价值损失以及“救害者”的财产利益损失。❷

重庆市人民政府通过提起生态环境损害赔偿诉讼实现了弥补地方政府因采取清除污染和修复环境的防治污染行动而造成试点政府财产利益损害的目标。❸

2018 年 1 月 1 日，《环境索偿制度改革方案》明确要求开展“生态环境损害赔偿民事诉讼”。直至生态环境损害赔偿诉讼制度成为我国法定制度，各级法院审结由各省市赔偿权利人提起的生态环境损害赔偿诉讼案件 19 件。其中山东省 6 件，重庆市 3 件，天津市 5 件，河北省 1 件，江西省 1 件，广西壮族自治区 1 件，贵州省 1 件，河南省 1 件，这一时期的案件数量明显增多。各省市赔

---

❶ 在生态环境损害赔偿诉讼中，被告实施了排放、倾倒或处置危险废物的污染环境行为，且因为该行为引起地方政府采取清除污染和修复环境的防治污染行动。该行动造成了地方政府的财产利益损害。我们把上述这类行动称为“救害行动”，把上述地方政府的财产利益损害称为“救害者”的财产利益损害。

❷ 山东省济南市中级人民法院民事判决书（2017）鲁 01 民初 1467 号。

❸ 重庆市第一中级人民法院民事判决书（2017）渝 01 民初 773 号。

偿权利人依靠实施生态环境损害赔偿诉讼制度皆实现了弥补地方政府因采取清除污染和修复环境的防治污染行动而造成试点政府财产利益损害的目标。

山东省各赔偿权利人通过提起生态环境损害赔偿诉讼实现相应目标。比如，在“山东日照五莲县人民政府与吴某庆等生态环境损害赔偿诉讼案”“山东烟台生态环境局与张某波等生态环境损害赔偿诉讼案”“山东省生态环境厅与山东道一新能源科技有限公司合同纠纷案”“山东青岛市李沧区人民政府诉刘某进生态环境损害赔偿案”等生态环境损害赔偿诉讼中，法院判决被告吴某庆、张某波和刘某进赔偿的费用名目是律师费、审计费、鉴定评估费、应急处置费以及专家咨询费等事务性费用和土壤修复、地表清理和购土回填费和污染无害化处置费等“生态环境修复费用”。[1]

重庆市各赔偿权利人通过提起生态环境损害赔偿诉讼实现相应目标。比如，在“重庆市大足区生态环境局诉孟某武生态环境损害赔偿案”“重庆市南川区林业局诉李某冬生态环境损害赔偿案”“重庆市南川区林业局诉张某华等生态环境损害赔偿纠纷案”中，法院判决被告孟某武、李某冬和张某华赔偿的费用名目是鉴定评估费和应急处置费等事务性费用和替代修复费等“生态环境修复费用”。[2]

天津市各赔偿权利人通过提起生态环境损害赔偿诉讼实现相

---

[1] 山东省日照市中级人民法院民事判决书（2020）鲁11民初428号。山东省烟台市中级人民法院民事判决书（2020）鲁06民初225号。山东省青岛市中级人民法院民事判决书（2019）鲁02民初1579号。济南市历下区人民法院民事判决书（2018）鲁0102民初8787号。山东省济南市中级人民法院民事判决书（2018）鲁0102民初8786号。

[2] 重庆市第一中级人民法院民事判决书（2020）渝01民初195号。重庆市第三中级人民法院民事判决书（2019）渝03民初17号。重庆市第三中级人民法院民事判决书（2019）渝03民初16号。

应目标。比如，在“天津市蓟州区生态环境局与李某等生态环境损害赔偿纠纷案”“天津市西青区生态环境局与王某舰等生态环境损害赔偿纠纷案”“天津市津南区生态环境局与王某升等生态环境损害赔偿责任纠纷案”等生态环境损害赔偿诉讼中，天津市中级人民法院判决被告王某升、王某舰和李某赔偿的费用名目是污染清除费、鉴定评估费、律师费和公告费等事务性费用和土壤资源和地下水资源损害修复费等“生态环境修复费用”。❶

河北省、江西省、广西壮族自治区、贵州省和河南省各赔偿权利人皆通过提起生态环境损害赔偿诉讼实现相应目标。比如，在“河北省保定市生态环境局与刘某兰环境污染责任纠纷案”“九江市人民政府诉江西正鹏环保科技有限公司、杭州连新建材有限公司、张某良等生态环境损害赔偿责任纠纷案”“广西贵港市生态环境局与谭某、苏某文、李某裕生态环境损害赔偿纠纷案”“河南濮阳市人民政府与聊城德丰化工有限公司环境污染责任纠纷案”“贵州省生态环境厅诉被告国电织金发电有限公司、贵州中联蓉泰物流有限公司生态环境损害赔偿纠纷案”中，各级人民法院判决被告赔偿的费用名目是应急处置费、鉴定评估费和律师费等事务性费用和土壤资源损害修复费等“生态环境修复费用”。❷

但是，原重庆市南川区林业局和河南省濮阳市人民政府作为

---

❶ 天津市第一中级人民法院民事判决书（2019）津01民初601号。天津市高级人民法院民事裁定书（2019）津民终414号。天津市第一中级人民法院民事判决书（2019）津01民初988号。天津市第二中级人民法院民事判决书（2019）津02民初767号。天津市第三中级人民法院民事判决书（2019）津03民初217号。天津市第三中级人民法院民事判决书（2019）津03民初248号。

❷ 贵州省毕节市中级人民法院民事判决书（2019）黔05民初104号。河南省濮阳市中级人民法院民事判决书（2020）豫09民初9号。贵港市中级人民法院民事判决书（2020）桂08民初39号。江西省九江市中级人民法院民事判决书（2019）赣04民初201号。河北省保定市中级人民法院民事判决书（2020）冀06民初81号。

赔偿权利人想要通过提起生态环境损害赔偿诉讼救济生态环境利益。他们实施生态环境损害赔偿诉讼制度时已经将生态环境损害赔偿诉讼的适用范围扩展到索要“救害者”财产利益损害以外的环境保护领域。他们希望生态环境损害赔偿诉讼承担生态环境保护功能的主张得到了法院的支持。比如，在“河南濮阳市人民政府与聊城德丰化工有限公司环境污染责任纠纷案”中，濮阳市人民政府希望借提起生态环境损害赔偿诉讼赔偿无法通过环境修复或恢复工程修复的回木沟和金堤河生态系统功能永久性损害。(具体情况见表3)

表3　个别赔偿权利人实施生态环境损害赔偿诉讼救济环境利益案例

序号	案件名称及案号	法院判决赔偿名目（环境利益的损失）
1	原重庆市南川区林业局诉李某冬生态环境损害赔偿案 （2019）渝03民初17号	森林生态系统功能损失
2	原重庆市南川区林业局诉张某华、张某毛生态环境损害赔偿纠纷案 （2019）渝03民初16号	森林生态系统功能损失
3	河南濮阳市人民政府与聊城德丰化工有限公司环境污染责任纠纷案 （2020）豫09民初9号	回木沟和金堤河❶生态系统功能永久性损害

与探索建立生态环境损害赔偿诉讼制度第一阶段的案件数量相比，该阶段生态环境损害赔偿诉讼案件数量明显增多。原因可能是《环境索偿制度改革方案》扩大了赔偿权利人的范围。由《环境索偿制度试点方案》规定的省级政府作为赔偿权利人扩展至

❶ 本案是河南省首例由市级人民政府做诉讼原告提起的生态环境损害赔偿诉讼案件。金堤河和回木沟是母亲河黄河下游重要的支流。

“省级、市地级政府（包括直辖市所辖的区县级政府）以及指定的部门或机构”和“受国务院委托代行使全民所有自然资源所有权的部门和由受委托的省级政府指定的统一行使全民所有自然资源资产所有权的部门”均可以作为赔偿权利人提起“生态环境损害赔偿民事诉讼”。❶

个别人民法院将生态环境损害赔偿诉讼的适用范围扩展到索要“救害者”财产利益损害以外的环境保护领域，提供的法律依据是《最高人民法院关于审理生态环境损害赔偿案件的若干规定（试行）》❷（法释〔2019〕8号）（以下简称《最高法关于审理环境索偿案件的若干规定》）第13条的规定，当“受损生态环境无法修复时”，人民法院根据具体案情可以判决“被告赔偿生态环境功能永久性损害造成的损失”。

第二，制度法定后的实施情况。2020年4月29日第十三届全国人民代表大会常务委员会第十七次会议第二次修订的《固体废物污染环境防治法》第122条规定确立生态环境损害赔偿诉讼制度。自2020年9月1日该规定实施起，至2022年2月12日止，我们在中华人民共和国最高人民法院网、北大法宝、中国裁判文书网等数据库中没有检索到依据该规定作出的裁判文书。

---

❶ 中共中央办公厅、国务院办公厅印发《生态环境损害赔偿制度改革方案》（中办发〔2017〕68号）第四部分“工作内容”第（二）项。

❷ 为了指导各级人民法院正确审理生态环境损害赔偿案件，依法追究损害生态环境责任者的赔偿责任，最高人民法院审判委员会于2019年5月20日第1769次会议通过《最高人民法院关于审理生态环境损害赔偿案件的若干规定（试行）》（法释〔2019〕8号），并决定自2019年6月5日起施行。最高人民法院审判委员会根据2020年12月23日第1823次会议通过的《最高人民法院关于修改〈最高人民法院关于在民事审判工作中适用《中华人民共和国工会法》若干问题的解释〉等二十七件民事类司法解释的决定》修正。《最高法关于审理环境索偿案件的若干规定》共二十三条。

四、结语

近年来，地方人民政府及其指定的部门和受国务院委托行使全民所有自然资源资产所有权的部门作为赔偿权利人实施了生态环境损害赔偿诉讼制度。人民法院依赔偿权利人的申请审结了部分生态环境损害赔偿诉讼案件。这些案件的主要目的是向赔偿义务人“索偿”，即弥补地方政府因采取清除污染和修复受损的具有经济价值的自然资源物行动而造成地方政府财产利益损害，强制要求违反法律法规污染环境、破坏生态的赔偿义务人承担修复生态环境和赔偿损失等民事责任❶。

---

❶ 《最高人民法院关于审理生态环境损害赔偿案件的若干规定（试行）》（法释〔2019〕8号）第十一条。

区域性研究

“双碳”目标下海岛微电网建设*

田其云

（中国海洋大学法学院　山东青岛　266110）

摘　要：本文梳理了碳达峰、碳中和以及海岛微电网建设相关文献，为达成“双碳”目标，可再生能源发展备受关注。以海洋能、海上风电、太阳能等可再生能源为主建设海岛微电网，构建清洁低碳安全高效的能源体系，有效地支撑了海岛经济发展与国防建设。国家通过财税优惠政策、专项资金与项目支持海岛微电网建设；设计可再生能源绿色证书市场交易法律制度，绿色证书作为碳减排交易品种，纳入国家碳排放权交易市场。将海岛微电网可再生能源绿色证书纳入市场交易，促进微电网供给增加和规模化发展，从而真正将新时代中国特色社会主义电力建设红利惠及海岛军民。海岛微电网建

* 本文系教育部人文社会科学重点研究基地重大项目“促进海洋能技术研发与开发利用的政策和法律制度研究（项目编号：14JJD820001）”最终研究成果。

【作者简介】田其云，中国海洋大学法学院教授、博士生导师，从事环境与资源保护法学研究与教学。

设坚持生态优先原则，逐步减少柴油发电，限制影响候鸟迁徙及生物多样性的风机和光伏发电，大力推进海岛周边的海洋能发电。

关键词：“双碳”目标　海洋能　海岛微电网　绿色证书

公平公正是法律的价值所在，党的十九大以来新时代能源体系建设倡导的绿色能源革命包括能源消费公平革命，新时代中国特色社会主义建设的红利惠及全国各地各民族，无电网覆盖的偏远地区居民也享有能源消费公平的权利。《中华人民共和国电力法》（以下简称《电力法》）第 8 条规定，国家帮助和扶持少数民族地区、边远地区和贫困地区发展电力事业。《中华人民共和国可再生能源法》（以下简称《可再生能源法》）第 24 条规定，国家财政设立可再生能源发展专项资金，用于支持偏远地区和海岛可再生能源独立电力系统建设。我国面积大于 500 平方米以上的海岛（除港、澳、台地区）有 6 900 个以上，其中有居民的 489 个，人口 470 多万人。[1] 诸多海岛远离大陆，无法实现电网覆盖，岛上军民的用电紧张问题较为突出。海岛的地理位置特殊，位于大海之中，海洋能资源相当丰富，利用海洋能、海上风能及太阳能等可再生能源发电，建设海岛微电网是落实能源消费公平、保障岛上军民的电力供应与服务的有效路径。

一、“双碳”目标下的可再生能源发展

2020 年 9 月 22 日，习近平总书记在第 75 届联合国大会一般性辩论上宣布中国二氧化碳排放力争于 2030 年前达到峰值，努力争取 2060 年前实现碳中和。2021 年 3 月全国人大通过的《中华人民

---

[1] 吴亚楠、吴国伟等：《海岛海洋能应用需求和发展建议探讨》，《海洋开发与管理》2017 年第 9 期。

共和国国民经济和社会发展第十四个五年规划和2035年远景目标纲要》提出“制定2030年前碳排放达峰行动方案”“努力争取2060年前实现碳中和”，这是我国提出的温室气体排放量自我约束和经济社会高质量发展目标，体现了我国推动世界经济绿色发展和构建人类命运共同体的责任担当。习近平总书记指出，“实现碳达峰碳中和是一场广泛而深刻的经济社会系统性变革”，要求“把节约能源资源放在首位”。

从碳排放来源看，我国碳排放主要来自煤炭、石油、天然气等能源资源的使用。20世纪90年代以来，我国能源消费总量逐年增加，其中21世纪前十年增加最为剧烈。[1] 受资源禀赋、产业结构、发展阶段等因素影响，煤炭在我国一次能源消费中占比较高。2019年我国一次能源消费中，煤炭占比57.7%、石油占比18.9%、天然气占比8.1%、非化石能源占比仅为15.3%。在能源消费碳排放中，煤炭消费贡献了近80%的碳排放。从能源安全角度看，我国能源安全面临重大隐忧。2005年，我国石油消费量3亿吨，对外依存度43%，天然气消费量466亿立方米，自给自足。到2020年，石油消费量翻了一番，超过7亿吨，对外依存度达73.5%，天然气消费量增长近6倍，达到了3 240亿立方米，对外依存度也达到43%。[2] 无论是从碳排放来源还是能源安全角度考虑，实现碳达峰碳中和目标，在能源领域需要突破储能、增量配电网、微电网、分布式电源、智能电网等关键技术，构建清洁低碳安全高效的能源体系，大力发展风电、光伏、水电、海洋能、生物质能等非化石能源，逐步取代化石能源消费，逐步摆脱对石油天然气进

[1] 高吉喜、侯鹏等：《以实现“双碳目标”和提升双循环为契机，大力推动我国经济高质量发展》，《中国发展》2021年增刊。

[2] 倪斌：《国家“双碳”战略的思考与实践》，《上海节能》2021年第9期。

口的过度依赖，以更加清洁低碳、更加独立自主的能源，支撑我国新时代中国特色社会主义绿色低碳的经济社会发展。

2021 年 9 月 22 日，中共中央、国务院印发《关于完整准确全面贯彻新发展理念　做好碳达峰碳中和工作的意见》（以下简称 2021 年《碳达峰碳中和工作意见》），明确要求到 2025 年，绿色低碳循环发展的经济体系初步形成，非化石能源消费比重达到 20% 左右；到 2030 年，经济社会发展全面绿色转型取得显著成效，非化石能源消费比重达到 25% 左右，风电、太阳能发电总装机容量达到 12 亿千瓦以上；到 2060 年，绿色低碳循环发展的经济体系和清洁低碳安全高效的能源体系全面建立，非化石能源消费比重达到 80% 以上。为实现 2021 年《碳达峰碳中和工作意见》的“双碳”目标，必须严格控制化石能源消费，加快煤炭减量步伐，“十四五”时期严控煤炭消费增长，“十五五”时期逐步减少。石油消费“十五五”时期进入峰值平台期。与此同时，为达成“双碳”目标，能源法律制度设计需要穷尽各类可开发利用的可再生能源，全方位壮大水能、风能、太阳能、生物质能、地热能和海洋能发展规模，科学开发利用地热能、生物质能、海洋能等新能源，促进核电、光伏、风电等新能源产业发展，不断提高非化石能源消费比重。有学者预测，从“十四五”起加快能源绿色低碳转型，最大限度开发利用新能源，到 2025 年，新能源装机 9 亿 kw 以上；2030 年，新能源装机 15. 8 亿 kw；2060 年，新能源发电量 9. 6 万亿 kw · h。[1] 在可再生能源产业发展模式上，坚持集中式与分布式并举，优先推动风能、太阳能就地就近开发利用；推进电网体制改革，明确以消纳可再生能源为主的增量配电网、微电网和分布式

[1] 李晖、刘栋等：《面向碳达峰碳中和目标的我国电力系统发展研判》，《中国电机工程学报》2021 年第 18 期。

电源的市场主体地位。

从产业布局来看，随着煤炭、石油、天然气等化石能源的应用逐渐减少，光伏、风电、水电、核电、海洋能、氢能等新能源与可再生能源的使用会越来越多。海洋覆盖地球表面近 71% 的面积，蕴含着巨大的能量，世界上已有 30 多个国家参与海洋能的开发，欧洲的海洋能开发技术水平和产业规模都居于领先地位，亚太、中东和非洲等地区的国家的研发力度也在不断加强。❶ 从海洋能发电技术研发到并网发电，我国已掌握规模化开发利用海洋能技术，4.1 兆瓦的江厦潮汐电站已稳定运行三十多年，3.4 兆瓦模块化大型潮流能发电系统的首套 1 兆瓦机组实现下海并网发电，100 千瓦鹰式波浪能发电装置和 60 千瓦半直驱式水平轴潮流能发电装置累计发电量均超过 3 万度，在建海洋能项目总装机规模超过 10 000千瓦。❷

海洋能与水能、风能、太阳能等可再生能源一样在“双碳”目标实现中有各自的贡献，在发电技术可行、具备发电能力的情况下，海洋能发电量尽管不能与水能、风能、太阳能的发电量相比，但海洋能发电的法律地位与水能、风能、太阳能发电的法律地位应该是平等的。开发利用海洋能符合碳达峰碳中和的需求，海洋空间支撑能源结构优化和碳减排协同发展，充分利用蓝色国土空间发展“蓝色能源”，推进海洋能、海上风电、太阳能与海洋产业协同发展，对沿海和海岛经济发展、生态环境保护和海洋国防建设具有十分重要的战略意义。

---

❶ 薛碧颖、陈斌等：《我国海洋无碳能源调查与开发利用主要进展》，《中国地质调查》2021 年第 4 期。

❷ 参见《海洋可再生能源发展“十三五”规划》。

二、海岛分布式供能与微电网建设

在海岛经济发展与国防建设中，“双碳”目标下可再生能源发展惠及海岛建设的机遇是海岛能源供给面临海岛地理位置的限制。①岛屿分布范围广，条件差异大，部分海岛长期面临台风等自然灾害的威胁。航运受季节及地理性因素影响较大，依靠大陆补给的常规化能源受到极大的使用限制。常规电力得不到持续供应，全国海岛除少量县级岛和大岛外，多数海岛的居民仍忍受着缺电的恶劣条件，尤其是在台风频发的东南沿海区域，常规电力更难以保证。②除了邻近大陆的少数海岛外，绝大多数海岛未与大陆主电网并网连接，一般情况用电普遍需要依靠岛上的自备柴油发电机组，居民无法获得稳定可靠的电能，柴油发电对环境污染严重，对海岛居民的生产生活和海岛经济的长远发展造成不利影响。③邻近大陆的少数海岛通过海底电缆铺设直接供电，全国有海岛的省份几乎都铺设有海底电缆，由大陆向海岛供电。海岛面积小、周边环境复杂，生态系统十分脆弱，《中华人民共和国海岛保护法》（以下简称《海岛保护法》）强调保护优先，而海底电缆对海底植被和生态造成了一定的破坏。

作为可再生能源的风能、太阳能、海洋能等大量存在于海岛及周边海域，是高效、无污染的清洁能源，对海岛发展不会造成恶劣的影响，非常适合应用于生态环境脆弱的海岛。根据海岛资源特点及能源需求状况，集成余热利用技术和可再生能源发电并网技术，倡导海岛分布式供能。海岛分布式供能系统提供海岛居民生活所需的各类能源，如在我国南海海域可因地制宜开展海洋能、海上风能、太阳能多能互补的分布式供能系统示范，满足有居民海岛的用电需求、提升海岛居民的生活水平以及促进海岛资源的有效开发。在我国南海海域利用丰富的温差能和波浪能资源，持续、稳定和可靠地为深远海洋观测仪器设备提供电力补充，保障其长期和稳定运行，有利于海洋防灾减灾和海洋权益维护。[1]

在我国岛礁主权争议区域、我军潜艇活动海域目前迫切需要进行长期综合监管和安全防护，但是受限于电能供应不足，大功率监视探测设备均无法长期布放于中远海域。充分利用海上可再生能源丰富的特点，将风能、太阳能和潮流能等发电方式互补与配合运行，充分利用各自的优点，建设分布式供能系统，通过多种供电结合的方法进行供电，可为岛礁监视探测设备提供持续稳定的供电电压。[2]

大部分海岛均为孤网运行，整个系统为“单机单网”，电网负荷波动较大，无论是机侧还是网侧发生故障，都有可能造成整个供能系统处于崩溃状态，因此海岛分布式供能对海岛微电网建设提出严格的要求。实现“双碳”目标，在能源领域需要突破的微电网关键技术在海岛微电网建设中具有指导性意义。海岛微电网需要具备容纳一定量的风能、太阳能、海洋能等可再生能源的能力，通过低频减载装置和稳控装置减少可再生能源间歇性出力对电网的冲击。微电网能够规避分布式电源给配网带来的电压闪变、谐波等一系列不利影响，促进分布式电源与可再生能源的大规模接入，实现对负荷多种能源形式的高可靠供给。

在海岛微电网建设实践中，山东省长岛建设潮流能总装机400kw的独立电力系统示范工程，满足示范岛屿生产生活用电的需

---

[1] 王项南、贾宁等：《关于我国海洋可再生能源产业化发展的思考》，《海洋开发与管理》2019年第12期。

[2] 赵淑莉、王冬海等：《海上多能源高效互补智能供电系统技术研究》，《环境技术》2020年第2期。

要，可有效减少在偏远海岛上建设并网电力系统所需要的长距离电力电缆建设的海域占用、资源消耗和电力损耗等，为我国偏远海岛微电网建设提供良好的示范作用，即可通过一个输配电控制中心向岛上的水产养殖场、海水淡化厂、宾馆及居民供应电力。[1]

海岛微电网建设采用柴油发电与海洋能发电、海上风力发电、太阳能光伏发电相结合的并联方式，以直流电并联后给蓄电池充电。用电时，通过逆变给所有交流用户供电。通过海岛微电网可视化监控系统，监控蓄电池电压、蓄电池电流、海洋能发电电流、风力发电机电流、太阳能电池电流和各能源点的运行状态。

做好海岛微电网建设环保效益评价。目前，学界围绕微电网评价开展了一系列探索，并取得了阶段性研究成果。中国电力企业联合会于 2016 年发布了《微电网规划设计评价导则》，规定 35kv 及以下电压等级微网的建设条件、规划设计方案、技术成效和环境经济效益等方面的评价指标和相应方法。[2] 参照《微电网规划设计评价导则》对海岛微电网建设进行环保效益评价，构建包含投资成本、环保效益和综合能效等方面的多属性多目标评价指标体系，在保证海岛供电可靠性的前提下，一方面要尽量压缩柴油发电机容量，既可降低噪声污染，又可节约化石能源，减少二氧化碳排放量；另一方面，充分利用海洋能发电的不间断供电特性，安装波浪能、潮汐能、洋流能发电单元，以弥补由于削减柴油发电可能引发的特殊时段微电网供电不足。

---

[1] 王立杰、戴晓兵等：《山东长岛潮流能发电系统设计与站址选择》，《第一届中国海洋可再生能源发展年会暨论坛》，海洋出版社，2012，第 112 页。

[2] 《微电网规划设计评价导则》（T/CEC 106—2016），中国电力出版社，2016。参见季宇、牛耕等：《计及多能互补的海岛群微网系统规划评价方法》，《智慧电力》2021 年第 6 期。

三、海岛微电网建设的政策与法律支持

针对海岛微电网建设中可再生能源成本高、收益低、缺乏市场认可的现实，从政策与法律制度设计上必须对可再生能源发展予以引导和扶持。国家对风能、太阳能有成熟的政策与法律制度加以引导和扶持，但对海洋能的引导和扶持严重不足，结合“双碳”目标的落实，要从政策与法律上支持海岛微电网建设。

1. 财税优惠政策

2021 年《碳达峰碳中和工作意见》为实现“双碳”目标进行了系统谋划和总体部署，其中在完善财税价格政策中，要求对可再生能源实施财税优惠政策，建立健全促进可再生能源规模化发展的价格机制。

其实，早在 2003 年至 2004 年我国起草《可再生能源法》时，理论界与实务界就对推动可再生能源发展的制度选择问题进行过争论，即我国到底是应该借鉴英国、澳大利亚、日本等国家的经验实行可再生能源配额制，还是借鉴德国、西班牙等国的经验实行固定电价制度？立法者选择了采用德国式强制上网与固定电价制度来推动可再生能源的发展。❶ 在该制度框架下，我国已对风能发电、太阳能发电、生物质能发电、潮汐能发电实施分类固定上网电价政策，对可再生能源发电的保障性收购政策引导了可再生能源的发展。但是，海岛微电网远离大陆电网，不能实现并网发电，也无法适用保障性收购政策。

对可再生能源发电进行财政补贴也是实践中支持可再生能源

---

❶ 李艳芳、张牧君：《论我国可再生能源配额制的建立——以落实我国〈可再生能源法〉的规定为视角》，《政治与法律》2011 年第 11 期。

发展的政策，在风电及光伏产业等可再生能源产业发展中，财政部《关于预拨可再生能源电价附加补助资金的通知》就对风电及光伏产业等可再生能源产业进行财政补贴，我国对于可再生能源合理运营费用超出销售电价部分的高出成本的补贴为每千瓦每年0.4万元。[1] 但是，该财政补贴并未适用到海洋能发电，因此，海岛微电网建设中也只有海上风力发电和太阳能发电可以争取适用财政补贴政策。

正如前所述，在实现“双碳”目标背景下，海洋能发电的法律地位与风能、太阳能发电的法律地位应该是平等的，对可再生能源发电进行财政补贴的政策应适用于海岛微电网建设中的海洋能发电。

2. 专项资金

国家将可再生能源开发利用的科学技术研究和产业化发展列为科技发展与高技术产业发展的优先领域，纳入国家科技发展规划和高技术产业发展规划，并设立专项资金支持可再生能源开发利用的科学技术研究、应用示范和产业化发展，促进可再生能源开发利用的技术进步，降低可再生能源产品的生产成本。2010年的《海洋可再生能源专项资金管理暂行办法》是针对海洋可再生能源发展所作出的政策规定，支持海洋能资源调查和开发技术研发，设立海洋能专项资金，资助潮汐能、波浪能、潮流能等海洋可再生能源发电技术研发项目，以“现金直补”方式支持海洋能发电试验与发展。

在海岛微电网建设中，《电力法》第8条规定，国家帮助和扶持少数民族地区、边远地区和贫困地区发展电力事业；《可再生能

---

[1] 田其云：《绿色能源革命背景下可再生能源发展的制度路径》，《中州学刊》2019年第7期。

源法》第24条规定，国家财政设立可再生能源发展专项资金，用于支持偏远地区和海岛可再生能源独立电力系统建设。在原国家科技部“973”计划、“863”计划和国家自然科学基金的资金支持下，国内部分高校、科研机构和企业积极参与探索海岛微电网相关技术的理论研究和实践应用。已建成东澳岛、东福山岛和南麂岛等独立型海岛微电网示范工程，以及鹿西岛并网型海岛微电网示范工程。这些微电网系统，通过可再生能源的利用来解决海岛的供电问题，并结合海水淡化装置和供暖/制冷系统，尝试在海岛地区实现水电或水电暖的联供，提高能源利用效率、降低发电成本。如，中国科学院广州能源所建设的“海岛兆瓦级多能互补分布式发电微网”，包括太阳能电站、风能电站、蓄电储能以及柴油发电和输配电系统建造，将分散的电能通过智能微电网系统收集储存，再发送给不同的用户。再如，国家海洋技术中心以山东省即墨区大管岛为实验基地，在大管岛建立了一套包括波浪能、风能、太阳能及具备海水淡化功能的多能互补独立微电网供电系统，是我国首个投入示范运行的海岛多能互补独立微电网示范电站。总之，广东、福建、浙江、山东等地，先后开展了大管岛、大万山岛、东澳岛、嵊山岛、斋堂岛、岱山岛和中央山岛等多能互补示范电站工程和电网系统工程建设，为海岛居民、海岛旅游、航标灯塔等提供电力。❶

在专项资金的支持下，将海岛微电网技术与互联网信息技术深度融合，推动海岛智慧能源产业新模式、新业态发展。智慧能源是推动我国能源生产和消费革命的重要战略支撑，对于提高可再生能源比重，促进化石能源清洁高效利用，提升能源综合效率，

---

❶ 吴亚楠、吴国伟等：《海岛海洋能应用需求和发展建议探讨》，《海洋开发与管理》2017年第9期。

推动能源市场开放和产业升级，形成新的经济增长点，提升能源国际合作水平具有重要的意义。2016 年，国家发布了《关于推进"互联网 +"智慧能源发展的指导意见》，明确指出，在海岛等偏远区域进行分布式能源或微电网等智慧能源系统建设，解决当地供电保障问题。

3. 绿色证书交易制度

我国长期以来实行可再生能源补贴政策、保障性收购法律制度。有专项资金与项目等支持可再生能源发展，强化了国家的主体地位和作用，忽视了企业与其他产权主体的市场主体地位与作用。这样的政策与制度设计短期内可以快速扶持可再生能源产业发展，从长期来看不利于可再生能源产业持续发展。随着可再生能源总量增加，财政补贴压力增加，专项资金与项目支持有限，可再生能源产业本身仍需面临残酷的市场竞争。在市场竞争机制下，投资可再生能源产业的资金必然会面临投资效益的考验，如何设计法律制度来提升可再生能源产业的市场竞争能力，进而吸引民营资本进入并参与可再生能源的技术研发和产业化发展是可再生能源产业持续发展的核心问题。

将市场机制引入可再生能源领域，我国国家能源局 2016 年发布《关于建立可再生能源开发利用目标引导制度的指导意见》，提出建立可再生能源电力绿色证书交易机制，可再生能源电力绿色证书可通过证书交易平台按照市场机制进行交易。2021 年《碳达峰碳中和工作意见》规定，推进市场化机制建设，要求依托公共资源交易平台，加快建设完善全国碳排放权交易市场，逐步扩大市场覆盖范围，丰富交易品种和交易方式。相对于化石能源发电，可再生能源发电属于无碳排放，可再生能源电力绿色证书是碳减排的标志，绿色证书交易实质是碳减排证书的交易，可以考虑在碳排放权交易市场制度设计上增设碳减排交易品种——绿色证书交易。

正如前文所述，《电力法》和《可再生能源法》为能源消费公平而支持海岛微电网建设，其中海洋能、海上风能、太阳能等可再生能源发电应该纳入绿色证书交易体系。海岛微电网可再生能源发电商每发出一个单位的电量就获得一个单位的绿色证书，并可以在绿色证书交易市场上出售，出售绿色证书获得的价格，实质是可再生能源因无碳排放而具有的碳减排价值。绿色证书为海岛微电网可再生能源发电企业增加了收入来源，进而吸引海洋能、海上风电、太阳能等领域的研究团队积极参与海岛微电网关键技术研究，改善投资与效益关系，吸纳民间资本投入海岛微电网建设，促进微电网供给增加和规模化发展，从而真正将新时代中国特色社会主义电力建设的红利惠及海岛军民。

可再生能源绿色证书代表一定数量的可再生能源发电量，供应方是可再生能源发电商，购买方是可再生能源强制性义务主体，围绕化石能源发电的生产、销售、消费各个环节的参与主体均有义务支持可再生能源发展，承担起发展可再生能源的强制性义务。[1]《关于建立可再生能源开发利用目标引导制度的指导意见》为实现“双碳”目标而设计的所有碳减排主体都是潜在的可再生能源绿色证书购买方，当购买成本小于减排成本时，绿色证书交易将完成。

4. 生态保护优先原则

海岛面积小、生态环境脆弱，《海岛保护法》对海岛及其周边海域生态系统进行保护，第3条规定了国家对海岛实行生态保护优先原则，防止海岛及其周边海域生态系统遭受破坏。

---

[1] 田其云：《绿色能源革命背景下可再生能源发展的制度路径》，《中州学刊》2019年第7期。

海岛微电网建设中的柴油发电属于化石能源发电，是碳排放源之一，会对海岛及其周边海域造成环境污染。在“双碳”目标下，削减碳排放源是重要路径，削减海岛微电网中的柴油发电占比势在必行。海岛微电网建设中将以可再生能源发电逐步取代柴油发电，减少碳排放和减轻海岛环境污染，这符合生态保护优先原则的要求。

海岛微电网建设中的海上风力发电和太阳能发电本身是无碳排放和环境污染，但是风力发电设备——风机和太阳能发电设备——太阳能板对海岛生态系统是有不利影响的。比如，风机转动的噪声和对周边大气的扰动、太阳能板反光等对海鸟、昆虫等飞行物种的生存有不利影响，进而影响海岛生物多样性，对海洋生态系统产生不利变化。与此同时，风机转动和太阳能板反光也严重影响候鸟迁徙，等等。坚持生态保护优先原则，在海鸟集中活动和候鸟迁徙的海岛，严格控制海上风能发电和太阳能发电。

海岛微电网建设中的海洋能发电不仅是无碳排放和环境污染，也是对海岛及其周边海域生态系统影响小的发电产业，是值得大力提倡的可再生能源。海岛土地寸土寸金，而海洋能发电装备位于海上，不占用珍贵的土地资源，因地因海制宜，海能海用，海洋能是开发保护海岛（礁）的重要选择。海岛附近海域的海洋能包括潮汐能、潮流能、波浪能、温差能等，其中波浪能极其丰富，波浪能发电相对稳定，日内变化小，电能质量较高，并且波浪的浪高、浪速可以通过卫星以及气象观测提前 1 至 2 天预报，因此可以提前预测波浪发电机组发电情况，非常适宜于电网薄弱的孤网海岛。[1] 总之，坚持生态保护优先原则，海岛微电网建设首倡海洋能发电。

---

[1] 郭黎晖：《孤网海岛能源解决方案的初步探讨》，《水电站设计》2015 年第 2 期。

中国东海区伏季休渔的政策工具研究

——基于2011年以来政策文本的内容分析

陈莉莉　朱小露　延子晴

（浙江海洋大学　浙江舟山　316000）

摘　要：本文运用政策文本分析方法，以东海区2011—2020年伏季休渔政策文本为研究对象，借鉴政策工具分类理论，结合东海区伏季休渔政策内容，对相应政策文本进行分析。得出东海区伏季休渔政策工具运用存在命令—控制型政策工具使用过溢；市场机制型政策工具使用不足；公众参与型政策工具运用有待完善等问题。建议通过适度降低命令—控制型政策工具使用频率，提升命令—控制型政策工具实施效果；加强市场机制型政策工具运用，推动市场力量参与伏季休渔过程；完善社会安排型政策工具，出台鼓励社会力量参与的具体实施细则；

【作者简介】陈莉莉，浙江海洋大学副教授。

朱小露，浙江海洋大学硕士研究生。

延子晴，浙江海洋大学硕士研究生。

强化区域间政府协同合作，增强政策工具运用的协同性。

关键词：中国东海区；政策工具；伏季休渔；政策文本

一、问题提出

自20世纪90年代以来，随着现代化渔业生产器械和捕捞工具的出现，人类的海洋捕捞能力、效率不断提高，造成了对海洋渔业资源的盲目、过度捕捞，带来了海洋捕捞业的萧条以及渔业资源的严重衰竭。走海洋渔业资源可持续发展道路，维护海洋渔业生态多样性和保护海洋渔业资源环境，积极养护渔业资源逐渐成为人类的共识。1995年，原农业部发布了《关于修改〈东、黄、渤海主要渔场渔汛生产安排和管理的规定〉的通知》，规定每年7月1日至8月31日在东海实施全面休渔，相关渔业主体不得在国家规定的禁渔海域进行捕捞作业。该项政策文件的出台，标志着我国伏季休渔作为一项国家制度得以正式确定，成为我国渔业制度的重要组成部分。

所谓伏季休渔政策是指经国家相关部门批准、由渔业行政主管部门组织实施，规定在每年一定时间、一定水域内不得从事海洋渔业捕捞作业的一系列规范性文件。根据《2019年中国渔业统计年鉴》的记载，东海区的界线为：南以闽粤省界经东山半岛南端至我国台湾地区南端的鹅銮鼻灯塔连线与南海为界，东至对马海峡琉球群岛与我国台湾地区❶。东海区具有漫长而曲折的海岸线，同时优良港湾、岛屿众多，海洋渔业资源富饶，海洋渔业资

❶ MBA智库百科. https://wiki.mbalib.com/wiki/统计分析法，访问日期：2022年6月10日。

源捕捞量占全国的40% ~50% 。在我国海洋渔业发展中占据着重要地位。东海区确立伏季休渔政策以来，政策文件数量总体呈增长趋势，文件内容也进行了多次微调。因此，通过东海区伏季休渔政策的调整和完善，不仅可以实现东海区渔业资源及渔业经济的可持续发展，而且对于完善中国伏季休渔政策、保护海洋渔业环境和促进渔业经济可持续发展具有重要意义。

关于东海区伏季休渔政策，国内学者已经有诸多研究。林龙山等人通过相关模型研究了 2000—2006 年延长休渔期后东海区海洋伏季休渔的渔业效果。提出延长休渔期后，主要经济鱼类的渔获数量有了明显的增加，质量得到了提升，因此建议渔业主管部门要提前并延后伏季休渔时间，尽量延长伏季休渔时间，以提升休渔效果❶。刘尊雷等人以2006—2008 年每年6 月前半月的拖网监测资料为数据基础，研究了东海区拖网作业对海洋渔业资源增殖效果以及渔业生态效果的影响。该研究认为，禁止拖网作业可以大大提升渔业资源增殖效果，因此建议东海区应该延长拖网作业的休渔时间，以进一步提升休渔效果和改善生态环境❷。卢昌彩、赵景辉肯定了东海区伏季休渔取得的成效，但是也认为东海区伏季休渔的成效仅限于当年，伏休成效无法延续到第二年，建议要不断完善东海伏季休渔制度，并加强渔业资源监测工作力度❸。严利平等人对 2017 年原农业部调整伏季休渔时间后的渔业资源增殖

❶ 林龙山、程家骅：《延长东海区伏季休渔期的渔业效果分析》，《大连水产学院学报》2009 年第 1 期。

❷ 严利平、刘尊雷、李圣法等：《东海区拖网新伏季休渔渔业生态和资源增殖效果的分析》，《海洋渔业》2010 年第 2 期。

❸ 卢昌彩、赵景辉：《东海伏季休渔制度回顾与展望》，《渔业信息与战略》2015 年第 3 期。

效果进行了研究。研究发现，东海区延长伏季休渔期可以显著提高渔业资源增殖量。但是现行的伏季休渔制度对渔业资源仅仅起到短期养护作用，同时休渔的增产效果也仅限于当年，不具有长效性❶。学者们对东海区伏季休渔的研究也主要是从休渔效果评估出发，探讨伏季休渔制度各方面的调整对伏季休渔的影响，并利用多种理论与模型对东海区伏季休渔效果进行评估。同时，学者也从渔政管理方面研究了东海区伏季休渔的相关内容。通过梳理发现，已有研究较多对政策效果进行评估，但对政策文本进行分析的文献较少，具有说服力的分析方法和严谨的分析框架支撑不足，不利于东海区伏季休渔政策研究的科学性和完整性。因此，本文运用内容分析法，从政策工具基本分类的维度对 2011—2020 年以来东海区伏季休渔政策进行梳理，归纳我国东海区伏季休渔政策呈现的特点、不足，为构建我国东海区伏季休渔政策的未来发展路径提供有益的参考和借鉴。

二、理论基础、政策文本来源与研究方法

（一）理论基础与分析框架

1. 理论基础

20 世纪 80 年代以后，在公共政策学和行政管理学领域出现了大量关于政策工具研究的学说，欧文 · E. 休斯将政策工具定义为：政府的行为方式以及通过某种途径用以调节政府行为的机制❷；尼达姆将政策工具定义为：相对于公共主体的可用的具有合法性的

---

❶ 严利平、刘尊雷、金艳、程家骅：《东海区延长伏季休渔期渔业资源增殖效果分析》，《海洋渔业》，2019 年第 2 期。

❷ 欧文 · E. 休斯：《公共管理导论（第二版）》，中国人民大学出版社，2001。

治理[1]；张成福将政策工具定义为：政府将其实质目标转化为具体行动的路径和机制[2]。杨洪刚认为政策工具（policy instruments）是指执政党和政府部门为解决社会公共问题，或达成一定的政策目标，选择并确定的针对政策对象的具体路径和机制[3]。政策工具是政策目标与政策结果之间的媒介，有效的政策工具是实现政策目标的基本途径[4]。直接关系着某项政策的成败。学者根据各自标准，对政策工具进行了多维度的分类，常见的分类方式有：加拿大学者豪利特和拉梅什根据国家干预程度，将政策工具划分为自愿性工具、混合性工具和强制性工具三大类[5]；陈振明教授将政策工具划分为社会化手段、市场化工具、工商管理技术[6]。经济与合作发展组织（OECD）将政策工具分为三类：直接管制、市场机制及劝说式[7]。美国政治学家洛维、达尔等人将政策工具划分为规制性和非规制性两种类型[8]。

因此，大多数研究是基于政策工具中政府作用的强弱程度，将政策工具分为管（控）制型、市场机制（激励）型、社会安排

---

[1] D. Barrie. Needham, Choosing the Right Policy Instruments, an Investigation of Two Types of Insrtuments, Physical and Financial, and a Study of Their Application to Local Problems of Unemployment. Aldershot: Gower, 1982.

[2] 张成福、党秀云：《公共管理学》，中国人民大学出版社，2001。

[3] 杨洪刚：《中国环境政策工具的实施效果及其选择研究》，博士学位论文，复旦大学，2009。

[4] Lester M Salamon, New Governance and the Tools of Public Action (New York: Oxford University Press, 2002).

[5] 迈克尔．豪利特、M. 拉梅什：《公共政策研究：政策循环与政策子系统》，三联书店，2006，第 141－169 页。

[6] 陈振明：《政策科学：公共政策分析导论》，中国人民大学出版社，2003，第 177－192 页。

[7] 经济合作与发展组织：《环境管理中的经济手段》，中国环境科学出版社，1996.

[8] 陈庆云：《公共政策分析第 2 版》，北京大学出版社，2011，第 82－83 页。

型三大类。其中，管（控）制型政策工具。是指政府对个人、机构及某种行为作出规定或提出要求，并进行持续性的行政管理活动。主要表现为一系列规则、标准、特许、法令、执行令等。世界银行将市场机制政策工具细分为利用市场和创建市场[1]。利用市场基于“庇古税”的逻辑定义，以补贴鼓励正外部性，以征税遏制负外部性。创建市场基于“科斯定理”的逻辑定义，以明确的产权为进行交易的基础，使相关主体通过交易和谈判实现外部性内部化。市场激励型政策工具可以细分为税收、补贴、产权拍卖、使用者付费等。社会安排型政策工具主要包括信息公开和公众参与。

2. 分析框架

以政策工具理论为基础，本文建立政策分析三类型框架。命令—控制型政策工具主要表现为政策对东海区伏季休渔的强制性约束，指政府通过制定、发布与实施各类管制措施来推动伏季休渔政策的施行。命令—控制型政策工具的具体手段类型多样，主要包括标准、许可证制度、使用限制、禁令、区划、配额等。市场机制型政策工具主要表现为在东海区伏季休渔中引入市场的方法，运用各类经济手段推动伏季休渔政策的实施，具体手段有产权拍卖、补贴、使用者付费、税收等。社会安排型政策工具主要表现为在东海区伏季休渔中积极公开伏季休渔信息，同时完善各类渠道鼓励社会公众参与到伏季休渔中，具体手段包括社区参与、家庭和个人、信息公开、志愿者服务等。

---

[1] K. 哈密尔顿等：《里约后五年：环境政策的创新》，中国环境科学出版社，1998。

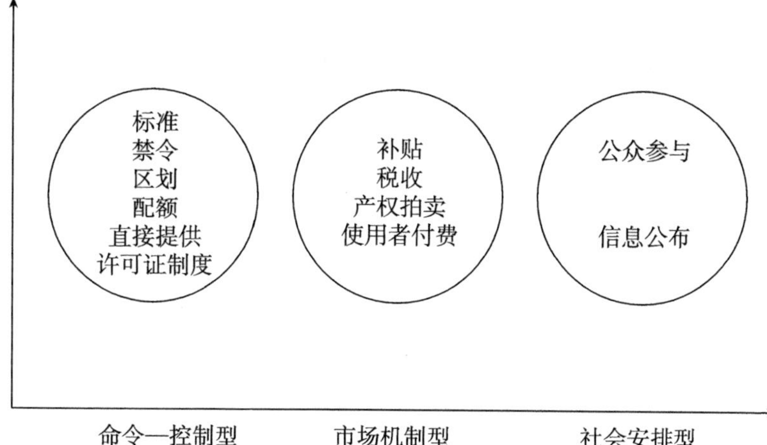

图1　基于政策工具分类理论的东海区伏季休渔政策文本分析框架

（二）政策文本来源与研究方法

1. 政策文本来源

本文搜集的政策文本主要来源农业农村部、各省（市）政府部门网站、北大法宝、白鹿智库等数据库。东海区伏季休渔政策文本的选取主要遵循以下原则：一是相关性原则。本文选取的政策文本与东海区伏季休渔政策直接相关。某些政策文件名称里虽无专门的“伏季休渔”字样，但是其所规定的内容与伏季休渔密切相关或存在一定的影响关系，因此这些政策文本也在本文的研究范围之内。二是完整性原则。政策文本选取主要从三个层面进行：首先是中央层面，主要是农业农村部颁发的东海区伏季休渔政策；其次是东海区内相关省（市）级层面，主要是各省（市）出台的伏季休渔政策；最后是东海区内相关地级市层面，本文选取了宁波市和厦门市两个计划单列市作为地级市代表。通过分层级收集政策文本，能确保政策文本不出现遗漏情况，保证政策文本的完整性。三是时间性原则。基于2011—2020年东海区范围内政府及渔业部门密集出台了伏季休渔政策，政策数量总体呈增长趋势，政策内容也进行了多次微调，本文政策文本选取的时间范围为2011—2020年10年共计77份文本。

2. 研究方法

政策文本分析的单元是由字、词汇或句子编录的最小信息单元，政策文本的内容可通过对这些字、词汇和句子进行编录和分类获得。本文的分析单元为政策文本中的具体条文，通过分析政策条文最终共筛选出2011—2020年东海区伏季休渔相关政策文本，共计70份。采用内容分析法对东海区伏季休渔相关政策进行梳理分析，以每篇政策文本为一个基本记录单位，将含义相同的部分视为一个单元，利用NVIVO 11软件进行编码，编码格式为“政策编号—具体单元—具体条款”，共获得252个分析单元，包含3个一级类目和12个二级类目。

三、东海区伏季休渔政策工具特点分析

（一）东海区伏季休渔政策基本情况

通过梳理10年来东海区伏季休渔政策的发展情况，并围绕政策层次、类型、发布时间、背景、核心内容等进行分析，可以看出：从政策层次来看，77个政策文本中，属于省部级层次的政策最多，为31个，占比40.26%；其次地方性的24个，占比31.17%；再次是国家级政策22个，占比28.57%。从政策发布时间来看，2011—2015年发布的相关政策比较少，平均每年约5个，而2016—2020年为政策的集中发布时期，政府共颁布53个东海区伏季休渔政策。将77份政策文本按照标题类型划分，主要可分为“方案类”“制度类”“意见类”“办法类”“通知（通告）类”5种，其中通知（通告）类政策66个，占比最高达85.71%，意见

类政策5个，占比6.49%，方案类4个，占比5.19%，制度类和办法类各1个，分别占比1.30%。占比较大的通知（通告）类政策中，通知主要传达政策，发挥指导作用。

（二）东海区伏季休渔政策工具类型化分析

通过文本分析的研究方法，得出东海区伏季休渔政策工具类型化统计见表1。

表1　东海区伏季休渔政策工具类型化统计表

<table>
<tr><th>工具类型</th><th>工具名称</th><th>具体表现形式</th><th>数量</th><th>占比</th><th>占比</th></tr>
<tr><td rowspan="11">命令—控制型</td><td rowspan="4">标准</td><td>海洋捕捞总量控制</td><td>5</td><td>2.00%</td><td rowspan="11">62.40%</td></tr>
<tr><td>管理体制机制建设</td><td>37</td><td>14.50%</td></tr>
<tr><td>渔具规模</td><td>3</td><td>1.20%</td></tr>
<tr><td>渔业资源可捕标准</td><td>1</td><td>0.40%</td></tr>
<tr><td rowspan="2">禁令</td><td>渔船渔具管理</td><td>68</td><td>26.70%</td></tr>
<tr><td>渔获物管理</td><td>18</td><td>7.10%</td></tr>
<tr><td>区划</td><td>设立保护区</td><td>4</td><td>1.60%</td></tr>
<tr><td>配额</td><td>分品种限额捕捞</td><td>3</td><td>1.20%</td></tr>
<tr><td>直接提供</td><td>增殖放流</td><td>9</td><td>3.50%</td></tr>
<tr><td>许可证制度</td><td>捕捞许可证管理</td><td>11</td><td>4.30%</td></tr>
<tr><td rowspan="4">市场机制型</td><td>补贴</td><td>渔业生产成本补贴</td><td>11</td><td>4.30%</td><td rowspan="4">7.50%</td></tr>
<tr><td>税收</td><td>N/A</td><td>N/A</td><td>N/A</td></tr>
<tr><td>产权拍卖</td><td>N/A</td><td>N/A</td><td>N/A</td></tr>
<tr><td>使用者付费</td><td>违规捕捞罚金</td><td>8</td><td>3.10%</td></tr>
</table>

续表

工具类型	工具名称	具体表现形式	数量	占比	占比
社会安排型	信息公布	休渔宣传	26	10. 20%	30. 10%
	公众参与	群众监督	33	12. 90%	
		渔民培训	15	5. 90%	
		渔民转产转业	3	1. 20%	

1. 命令—控制型政策工具类型分析

根据统计分析，命令—控制型政策工具占比 62. 4% ，在东海区海洋伏季休渔中占据着主导地位，在一定程度上反映出该类政策工具仍以政府管制路径选择为主。海洋渔业资源从某种程度上来说是一个公共产品，公共产品使用上的非竞争性和收益上的非排他性使“搭便车”现象频发。政府是社会这个有机体的“心脏”，拥有资源、法律、权威等多方面优势，政府在海洋渔业资源保护中自然而然承担着最大责任。同时，我国仍是一个以依附型行政文化为主的国家，社会习惯性依赖政府，政府的命令—控制措施对公众而言具有强大政治感染力。民众对政府的依赖为政府命令—控制政策工具的实施提供了良好氛围。综合三类政策工具使用情况，命令—控制型政策工具在东海区伏季休渔中占比超过 50% ，某种程度上反映出该类型政策工具使用过多。

2. 市场机制型政策工具类型分析

相对于命令—控制型政策工具使用过多，市场机制型政策工具使用不足问题更为突出。市场机制型政策工具使用仅占比 7. 5% 。现行的伏休补贴也主要是对渔民休渔进行油价补贴，补贴类型不完善，最突出的问题是缺失在伏季休渔期间针对困难渔民的生活补助政策。同时，东海区伏季休渔市场机制型政策工具也存在细化程度不深的问题。在具体应用形式上以发放渔业生产成本补贴和违规捕捞罚金为主，在运行过程中存在着补贴无法及时且全额发放到渔民手中和难以确定合理收费水平等问题。市场机制型政策工具除了补贴外，还有产权拍卖、使用者付费等形式，但在东海区伏季休渔政策工具中，这些具体手段并未得到运用，反映了市场机制型政策工具细化程度低的问题。

3. 社会安排型政策工具类型分析

根据统计分析的结果，社会安排型政策工具占整个政策工具的 30.1%，比例相对命令—控制型政策工具来说较低。目前东海区伏季休渔在公众参与方面尚缺乏完善的引导与激励公众参与的体制机制，同时存在着实施细则缺失等问题，相关政策举措的开展仍以政府强制执行为主，形成了“政府在做，公众在看”的局面。在伏季休渔政策文件中，涉及社会参与的政策表述主要为原则性、鼓励性表述，未规定具有实操性的政策措施。社会化激励举措的缺失引发了社会公众伏季休渔的政府依赖性，面对伏季休渔，公众缺乏自发、自觉参与伏季休渔的意识。同时，政府部门的信息公开机制仍有待完善，社会公众往往难以获得关于伏季休渔方面权威的信息。此外，相关非政府组织发展的不成熟在一定程度上制约了社会安排型政策工具的有效实施。不成熟非政府组织的制约作用主要表现在该类组织公众知名度不高、认同度不够，对政府决策的影响不大，对相关伏季休渔主体没有太多制约，在维护相关主体权益上没有起到应有的作用。

四、结论和建议

总体而言，我国东海区伏季休渔政策逐步完善，呈现出政策工具运用综合化的特点和发展趋势，一系列政策法规的颁布使得东海区渔业资源得到了有效保护。但仍存在某些不足，如命令—控制型政策工具使用过多，市场机制型政策工具细化程度低，社会安排型政策工具运行不充分，仍需进一步完善和补充。因此，未来东海区伏季休渔政策应重视以下方面。

1. 适度降低命令—控制型政策工具的使用。在未来很长一段时间内，命令—控制型政策工具仍将是东海区伏季休渔管理中占主导地位的政策工具。完善命令—控制型政策工具应从以下几个方面着手：一是要注重“差异化”，关注各相关主体之间的实际情况，从而减少以“一刀切”方式进行规制带来的制度成本。二是加强政府信息搜集、分析、整合能力，建立统一的伏季休渔信息平台，破除“信息孤岛”，为命令—控制型政策工具的实施夯实信息基础。三是要注重结合其他政策工具，适当降低命令—控制型政策工具的使用频率。命令—控制型政策工具会产生较高的强制成本，因此辅之以其他类型的政策工具，可以有效降低执行成本。四是要强化命令—控制型政策工具的执行力度，辅之配套的制度举措，加大人力、物力和财力的投入，对海洋渔业资源违法捕捞行为实施“零容忍”，确保执法刚性，提高海洋渔业资源违法捕捞的违法成本。在完善命令—控制型政策工具的同时，要适度降低该类政策工具的使用频率，从而为加强市场机制型政策工具和社会安排型政策工具的运用创造条件。

2. 细化市场机制型政策工具运用。市场型政策工具相较于命令—控制型政策工具具有“效率”上的优势，东海区伏季休渔管理实践中应加大并完善市场机制型政策工具的使用，构建起以市场机制型政策工具为主的工具体系。一方面积极引导相关市场的发展，将市场引入伏季休渔的方方面面，减少政府的直接干预。推动东海区伏季休渔市场机制的发展走向成熟需要建立起一套完善的市场规则，包括市场准入规则、退出规则、市场主体资质规则以及市场交易规则等，为市场力量进入东海区伏季休渔做好前期准备。另一方面要细化市场机制型政策工具。渔业资源的现有存量状况是调整东海区伏季休渔政策的重要依据之一，海洋渔业资源的监测工作在伏季休渔政策过程中占据着重要地位。具体来说：在财政补贴方面，要加强对海洋渔业资源监测技术发展等的扶持力度，保证海洋渔业资源监测工作的常态化运行。同时也要尽快出台伏季休渔期间困难渔民生活补助政策，保障困难渔民在伏季休渔期间的收入水平。在税费方面，要加快研究步伐，确定合理的税率水平，制定相应的税费举措，如出台违法捕捞税、违法捕捞渔获物税等。

3. 完善社会安排型政策工具运用。渔民是伏季休渔政策的直接参与者，其对政策的理解和需求，直接决定了政策目标与政策内容。因此要不断加强渔民的政策参与力度，积极鼓励并创造渠道，引导渔民群体参与休渔政策的制定、执行与评估等过程。首先是要加强宣传教育，积极引导渔民加深对伏季休渔政策的理解，增强渔民的民主法治意识及依法维权意识，并不断疏通和拓展公众参与渠道，通过网络、传统媒体及新媒体等通道为渔民反映政策诉求提供便利。其次是要充分发挥渔业协会及村居委会的基层组织作用，壮大渔业协会等非政府组织的力量。同时可以探索成立国有公司，打造休闲渔船低价租给转产转业渔民，推动休闲渔业发展。除了鼓励发展休闲渔业外，政府部门还可以帮扶“失船”渔民以股份制形式建造具有先进生产。政策执行的重点和难点在于基层，充分发挥各类基层组织和非政府组织的作用可以弥补执法力量的不足，保障伏休政策的执行。同时可以探索聘用渔民的渔业船舶作为海上执法协作船，鼓励渔民直接参与伏休监管。最后是要重视法律保障体系的建设，为社会公众参与提供程序保障。政府应该及时出台政策法规，明确社会公众参与的范围、权利与义务，建立健全社会公众参与东海区伏季休渔管理的政策保障机制。

4. 强化区域间政府协同合作，增强政策工具运用的协同性。政策工具不是孤立发挥作用的，一种政策工具有效性的发挥往往依赖于与其他政策工具相互联系、相互影响和相互作用。东海区伏季休渔政策工具运用应注重整体性规划，实现各项政策工具间的有效组合，使政策工具的效力得到最大限度的发挥。同时，除实现政策工具运用的整体性与协同性外，最重要的是要实现东海区沿岸各省、市的协同合作，推动东海区伏季休渔政策工具运用的整体协同性。东海区沿岸分布着江苏、上海、浙江和福建三省一市，从地理位置上看，东海区与长三角区域存在重叠之处，长三角一体化发展注重区域内政府间的协同合作，东海区伏季休渔也应遵循长三角区域一体化发展的规律，加强东海区内各省、市的协同合作。纵观 2011—2020 年东海区伏季休渔政策文本内容，各省、市出台的伏季休渔政策文件中均规定要加强省际合作；从伏季休渔管理实践来看，跨界违法捕捞现象的频发，也为东海区各省、市开展协同合作提供了现实基础。

实现东海区沿岸各省、市协同合作，在决策层上，要构建起共同领导机构，发挥联动效应。共同领导机构的主要功能是对话协商、签署协议以及达成共识等。在协调层上，要构建利益共享补偿机制。从本质上说，东海区沿岸省、市之间的合作关系属于横向府际关系，这种合作关系建立的动力往往来自合作所带来的收益。东海区沿岸省、市合作的关键在于要注重整合各方利益诉求，探索和建立能实现利益最大公约数的利益共享补偿机制。在执行层上，要探索搭建执行反馈监督平台。监控是政策执行过程的一个重要保障环节，搭建反馈监督平台，有助于推动东海区伏季休渔各省、市合作机制的良性运行。在技术层面上，要建立统一互通的伏季休渔信息交流共享平台，实现信息资源的交流共享有助于提升各省、市伏季休渔工作效率。

我国无居民海岛治理路径及对策探究

——生态保护与可持续开发利用的视角

覃可心

（广西大学法学院　广西南宁　530004）

摘　要：无居民海岛作为陆海兼备的海洋空间资源体，具有交通不便、生态脆弱、资源单一等特点，这对海岛的管理提出了更高要求。我国无居民海岛开发利用的应然路径是在不超越海岛资源与环境承载力的基础上，推动海岛生态价值的实现和转化。当下无居民海岛的生态保护与开发利用呈现失衡状态。归根溯源，是制度建设不完备，管理部门的冲突与缺失，政府推动力量缺位，开发激励以及生态保障机制建设不足，治理主体欠缺多元性所致。基于此，本文提出要完善无居民海岛配套政策及制度，设立综合性协调机构为主管力量，完善基础设施与激励保障机制，畅通公众参与治理渠道，探索一

【作者简介】覃可心，广西大学法学院环境与资源保护法学硕士研究生。

体化协同联动的无居民海岛治理路径。

关键词：无居民海岛；生态保护；可持续开发利用；治理路径

过去，人类望海兴叹，发展因海隔断；而今，既能乘风破浪踏浪而行，还能向浩瀚之蓝索要陆地与资源。作为地球上最大的地理单元，海洋已经成为人类第二大生存和发展空间，开发海洋在当下更具战略价值与时代意义。而海岛❶作为海洋系统的重要组成部分，因其区位特性以及资源潜力成为人类开发海洋的前沿阵地。我国海岛绝大多数是无居民海岛❷，这些海岛没有常住居民，但存在很高的开发利用价值，其周围海域蕴藏大量的矿产、渔业等资源，开发涉及旅游、娱乐、仓储、工业、渔农牧业等多领域。尽管无居民海岛具有极高的经济效益，但交通闭塞，生态系统脆弱，稳定性差，自然灾害频发，生物多样性低等特点使其难以“物尽其用”，且无序、无度的开发对海岛生态环境也造成不可逆转的破坏。本文从生态保护与可持续开发利用的视角出发，尝试探析我国无居民海岛保护与开发失衡现状的深层原因，探索海岛治理新路径。

一、我国无居民海岛保护与开发利用的失衡及矛盾

无居民海岛生态保护是指为避免海岛的生态环境免遭人类活动不利影响，避免海岛生物体及其外界环境之间的有机联系遭到

---

❶ 海岛的法学定义通常是引用1982年《联合国海洋法公约》第121条的明确规定，“岛屿是四面环水并在高潮时高于水面的自然形成的陆地区域”，后我国《海岛保护法》也沿用这一概念。

❷ 《无居民海岛保护与利用管理规定》将无居民海岛界定为“在我国管辖海域内不作为常住户口居住地的岛屿、岩礁和低潮高地等”，《海岛保护法》则进一步将不属于居民户籍管理住址登记地的海岛定义为无居民海岛。

破坏而采取措施进行保护的过程;[1] 可持续开发利用则强调海岛及其周边海域作为一种资源，在满足当代人的需求时，又不能妨碍后代人满足其需求。海岛生物与周遭环境所构成的生态系统具有环境资源价值，它承载着人类生存以及维持生存的重要意义。换言之，海岛生态环境作为人类生存的基础必须得到保护，但是作为一种维持生存的海洋空间资源又应该“物尽其用”。[2] 就保护与开发利用的关系而论，无居民海岛的生态保护理应具有优位性，海岛资源的开发与利用需以资源环境承载力为基础，生态价值转化的过程应遵循自然规律；同时，开发利用活动还应反哺生态，用经济的发展建设海岛生态环境、优化海岛生态关系。近年来，我国无居民海岛管控工作逐渐步入正轨，海岛开发建设也正如火如荼地进行，但在开发中保护海岛生态并非易事，开发利用与保护在“实然”现状与“应然”理性间存在脱节。过度强调经济效益或是生态保护造成的生态受损、开发利用不足时有发生，理论与实践中的矛盾成为失衡加剧的砝码。

（一）现实困境——保护与开发利用的失衡

无居民海岛作为我国领土的组成部分，权属兼具国际法和国内法双重意义。对外，我国拥有无居民海岛的领土主权；对内，在国家所有的基础上，由国务院代为行使所有权，并将抽象的所有权再转化为有偿的使用权，赋予了海岛地物资源开发利用的经济效益。我国早年因无偿、随意开发使无居民海岛面临生态困局，

---

[1] “环境法上所说的生态，是指作为环境要素的生物有机体之间、生物有机体与其赖以生存的环境之间有规律的相互联系。”转引自黄锡生、史玉成：《环境与资源保护法学》，重庆大学出版社，2015。

[2] 生态价值实现是满足人类生存发展需要的过程，而生态价值转化则是生态价值在不同领域通过一定方式表现为经济价值的过程。

更有甚者出现海岛凄凉消失的窘境。近年来，伴随着相关政策、法规的陆续出台，对海岛的管理不断规范化，生态保护力度也不断加强。2010 年 3 月 1 日正式实施的《海岛保护法》强调“国家对海岛实行保护优先的原则”，这不仅意味着在海岛资源开发中，生态效益不可缺位，而且强调生态保护必须优于资源开发。但是，现实中保护与开发失衡的情况仍然存在。

一方面，开发与利用注重经济效益，无居民海岛生态遭受破坏。主要表现在对海岛无序、无度的开发中，即没有进行使用权确权就擅自开发，或者程序合规但开发无节制，捕捞、海岸工程建设、资源开采、旅游开发等活动频繁进行，掠夺式和超容量的索取将本就脆弱敏感的海岛生态系统推向崩溃边缘。广西钦州湾内的龙门群岛就曾有大量无居民海岛因养殖而被挖成鱼塘，致使不少岛体被挖空；浙江省嵊泗县的双山连岛也因过度开发，山体被破坏，大潮时潮水几经漫过整个海岛；广东湛江罗斗沙岛，也因为无节制地抽采海砂致使海岛面积缩减一半。20 世纪 90 年代以来，我国无居民海岛已经消失超过 800 个，其中，因围填海、取沙等开发活动而消失的比重占 90% 以上。其次，即使能成功修复海岛，付出的代价也十分高昂。山东省威海市逍遥港许多海岛曾因渔业养殖使得岛体及部分海域遭受污染，岸线资源和海洋生态严重退化，虽然逍遥港修复工程作为全国首批蓝色海湾整治修复项目已于 2016 年全面开启，但历时 3 年才完成竣工验收，总投资高达 7.4 亿元；2010 年起，国家持续开展受损海岛生态修复工作，截至 2015 年年底，中央财政累计投入 36 亿元资金，地方累计投入 26 亿元配套资金，企业出资约 3 亿元。[1] 由此可见，海岛修整工程

[1] 新华社：《我国海岛逾 1.1 万个 2020 年实现“四新”保护目标》，新华网，http：//www.xinhuanet.com/politics/2017-02/02/c_1120400445.htm，访问日期：2021 年 10 月 20 日。

耗时耗力又耗钱，成本相当高。再者，开发结构不合理，开发层次不高，资源利用水平低下。现实情况是：在进行开发时，大多没有立足海岛的资源禀赋进行科学且合理的规划，致使资源优势无法转化为美丽经济；此外，多数海岛开发都瞄向旅游娱乐功能，项目单一，未能形成综合利用的空间布局，加之开发的逐利性和随意性强，代际公平观念薄弱，生态保护设施配套不足，加剧了对海岛及周围海域的生态破坏。《海岛保护法》颁布之前，我国大概有3000多个无居民海岛被开发使用，这些海岛自身的资源并不差，但大部分开发项目属于农业种植、渔民拓荒等低端开发。2011年至2017年，在26个拿到了不动产登记证的无居民海岛中，旅游娱乐、交通运输、仓储为主要用途，旅游娱乐所占比重最大。[1] 无序、无度、低层次的开发利用，造成了无居民海岛自然地貌地形的改变，海岛生物多样性受损，周围海岸及海域遭受侵蚀，海岛抵御自然灾害的能力降低。

另一方面，过度强调生态价值，无居民海岛开发利用不足。对海岛的开发与利用多少会对其生态环境带来影响，但是一味强调保护而荒废海岛资源并不可取，当下一些政府基于对生态问责的担忧，多选择以其他方式实现经济发展，在推动无居民海岛开发与利用过程中表现出“不作为”的现象，[2] 使海岛资源潜力无法转化为经济优势，开发利用率低，经济增长新阵地难以形成。除此之外，从开发及维护成本上看，海岛距离陆地远，淡水资源紧张，基础设施欠缺，要保证开发利用的正常进行，首先须解决交

---

[1] 徐伟：《我国无居民海岛开发的现状和出路》，新旅界网，http：//www. lvjie. com. cn/index. php？ m = live&c = index&a = dshow&id = 124，访问日期：2021年10月20日。

[2] 李巧玲：《我国无居民海岛开发不足的法律原因及因应——兼论〈中华人民共和国海岛保护法〉之完善》，《福建江夏学院学报》2020年第4期。

通、供水、供电等问题；同时，海岛生态环境系统脆弱，开发维护需更谨慎且科学，这需要大量的资金与专业的技术团队才能胜任。福建省连江县的洋屿岛在海岛的前期建设阶段总投资超过5 亿元；泉州市大百屿、大坠岛的旅游开发项目前期投资高达 1 亿元，后因预期收益难以实现，终以收益不抵高成本而被叫停。管理者忌惮生态问责，不主动推进海岛的开发利用；开发者前期投入与维护成本高，资源挖掘风险大，使得我国许多无居民海岛仍处于待开发状态。

（二）理论与实践的矛盾——无居民海岛治理共识难以落地

保护是开发利用的前提，生态保护是为了可持续的开发利用。而开发利用既可能是保护也可能是破坏，一方面，高质量且适当的开发或修整可以美化、改善海岛原本的生态环境；另一方面，无度、无序的开发又会给环境及生物带来威胁，使生态系统遭到破坏。保护作为基础，开发作为手段，二者并非绝对的选择关系，是能够共存且理应相辅相成的。海岛经济要发展，需要合理且有效地开发利用资源，海岛生态保护的实现，又能孕育一片资源开发的乐土，在推动经济发展上，开发与保护殊途同归。当代，海岛的生态保护逐渐得到重视，警惕经济性开发给海岛生态系统造成不可逆转的破坏，要求在保护与开发利用间寻求一个动态的平衡点，并避免打破平衡带来的连锁效应。

无居民海岛生态优先、绿色发展已经逐渐形成理论共识，但是在实践中，生态保护与开发利用要达成和谐统一并非易事。首先，我国各省区发展步调不尽相同，无居民海岛资源禀赋、开发程度也各有差异，对于较发达省区而言，经济发展已经度过依靠破坏生态获取效益的时期，海岛生态保护理念与举措的提出容易得到积极的反应和落实；反观欠发达省区，对海岛进行生态保护成本比较高，更倾向于选择降低开发力度的方式实现生态保护，这时候海岛资源的优势就会削弱。其次，因无居民海岛先天环境资源的差别，治理与修复难度不一，各地方基于不同的省情，生态治理条件、方法又存在差异。无居民海岛本身的生态环境、地方的发展以及重视程度都是造成海岛治理共识无法在现实中完美落地的原因，理论与实践的鸿沟仍需要跨越，保护与开发利用两相兼顾的完美治理理念仍需转化为现实。

二、我国无居民海岛保护与开发利用失衡的原因探析

无居民海岛保护与开发的失衡以及治理理念向现实转化不畅的原因是多方面的。探其缘由，是制度建设不完备，管理存在冲突、缺失，政府推动力量缺位以及公众参与不足所致，本文将从以上几方面进行深入剖析，全面反思，找到我国无居民海岛治理的症结所在。

（一）无居民海岛制度建设不完善

小智治事，大智治制。无居民海岛治理离不开制度的护航与保障，自改革开放起我国已经开始了对无居民海岛的开发建设。2002 年，国家开始实行海域有偿使用制度。2003 年，《无居民海岛保护与利用管理规定》（现已失效）以部门规章的形式明确个人、机构可以通过先行申请行政审批再通过招标、拍卖等方式对无居民海岛进行开发利用，无居民海岛管理制度体系开始建立。紧随其后，福建、浙江、山东等省份陆续出台配套的地方性法规，助推制度建设进程。2010 年《海岛保护法》正式实施，海岛治理进入有法可依、增质提效阶段，海岛开发的保护和规划工作被推到新高度，在一定程度上推动无居民海岛开发与保护理念的变革。

此后，原国家海洋局[1]接续制定系列管理制度，从海岛的资源开发、环境保护、国土整治等方面完善我国无居民海岛制度。2016年，《无居民海岛开发利用审批办法》（以下简称《审批办法》）的出台助推无居民海岛开发利用生态化的新发展。制度建设虽有成效但仍不完善，特别是在无居民海岛的开发和保护方面，涉及内容较为空泛模糊，在给予地方一定弹性管理空间的基础上，对关键的细分制度阐述不明。

有偿使用制度规定不明，权利流转不畅是影响无居民海岛开发利用的原因之一。我国对无居民海岛实行有偿使用，单位和个人可以作为使用权主体，根据《审批办法》第6条、第9条的规定，申请者应向省级海洋行政主管部门或国家海洋局递交开发利用申请书、具体方案以及项目论证报告。[2] 具体方案及论证报告主要就海岛开发利用的必要性、合理性、科学性进行论证，主要涉及海岛开发利用前及使用中，用岛后的方案及论证明显不足，善后规划也未提及。若使用者中途资金不足以支撑开发活动而将该岛闲置应作何处置；或是使用权年限已至，使用者不做后续修复而弃之不顾又该如何处理。将善后规划纳入具体方案或论证报告，使之成为事后监管的依据是十分必要的。其次，使用权的具体内涵、性质及其类型并不清晰，无居民海岛使用权因具有公法上的特殊性，又兼顾资源复合性特征，使得我国法律对其界定保持谨

---

[1] 2018年国务院机构改革后，国家海洋局不再保留。

[2] 根据原国家海洋局印发的《无居民海岛开发利用审批办法》、《无居民海岛开发利用具体方案编写要求》以及《无居民海岛开发利用项目论证报告编写要求》，无居民海岛开发利用具体方案主要涉及工程建设、生态保护、生态监测计划等内容，是各级海洋行政主管部门实施海岛用途管制、海岛生态保护、事中事后监管的主要依据。论证报告则是通过对用岛必要性和开发利用具体方案的科学性、合理性和可行性研究，提出该项目是否可行，为开发利用审查批准提供科学依据。

慎的态度，国家层面的基本法律法规或其他规范性文件均未给出具体定义；地方层面，原广西海洋局颁布的《广西壮族自治区无居民海岛使用权出让评估办法》将无居民海岛使用权定义为“非所有权人对海岛进行使用并受益的权利，其权利包括对海岛资源的占有、使用、收益和部分处分权”，该文件将无居民海岛使用权类比于所有权，但对其中关键权能“部分处分权”并未明示，对无居民海岛能否出租、转让、抵押以及继承仍未明确。再者，无居民海岛市场化配置制度不健全，经营性用岛的市场化出让比例高居不下。2011 年至 2017 年，26 个无居民海岛拿到不动产登记证，仅 1 个是以招拍挂的方式出让，其余均通过行政审批出让，我国无居民海岛使用权市场化程度较低，与海岛招标拍卖挂牌出让的管理办法与文件的滞后有关。最后，无居民海岛使用权相关流转规定模糊，虽原国家海洋局发布的规范性文件从流转登记的角度间接承认了无居民海岛使用权可以进行流转，但作为行使流转的依据有待商榷，而且流转方式、流转程序规定不清，使用权流转实践屈指可数，二级流转市场亟待规范完善。2013 年，福建完成全省首例无居民海岛使用权抵押登记，投资者就此从银行成功融资，2020 年后因其难以偿还贷款，银行为实现抵押权将其诉至法院，法院囿于没有相应支持无居民海岛变卖、拍卖或折价的具体规则向相关部门寻求帮助，导致银行抵押权的实现一度被耽搁。[1] 无居民海岛作为一种海洋空间资源，其开发利用要可持续且高质量必须借助市场实现资源的优化配置，提高开发利用的经济效益，捋顺使用权流转、交易的路径和规则，加大民间资本对海岛开发的投融资力度，进一步释放资本流动性。

---

[1] 李巧玲：《我国无居民海岛开发不足的法律原因及因应——兼论〈中华人民共和国海岛保护法〉之完善》，《福建江夏学院学报》2020 年第 4 期。

无居民海岛生态保护追责规范不健全、惩处不力，致使海岛生态破坏状况难以得到有效遏制。我国对无居民海岛开发利用起步晚，先前开发大多不规范，海岛环境破坏事件频发，随着国家对海岛生态保护的重视，相关文件陆续出台但规定不尽然，环境破坏后追责执法难以推进的窘况仍大量存在。追责对象不明、追责力度弱，监管与执法分工模糊。此外，《海岛保护法》中民事责任的追责主体不明，刑事责任在刑法中的对应罪名无指向性。环境破坏者责任轻，守法成本高，过度开发现象无法遏制，这与海岛生态保护追责规范不完善有关。

（二）管理部门的冲突以及监管缺失

2008 年，无居民海岛的开发利用、管理与保护正式纳入国务院部门的工作职能。2010 年的《海岛保护法》确立了集中统一管理机制，由海洋管理部门作为前述职能的主管部门。2018 年，国务院进行机构改革，原国家海洋局并入新成立的自然资源部，并由其承接海洋资源开发管理的职责负责无居民海岛开发利用的综合管理与协调工作；而海洋生态保护的主要职能则纳入生态环境部（由原环境保护部整合而来）。其中，无居民海岛的管理、用岛审核与报批由海域海岛司具体负责，其所属的自然资源部也就成为原无居民海岛开发利用规范性文件中的“海洋主管部门”。但是，无居民海岛作为海洋空间涉及海洋、海事、渔业等多领域，各政府部门之间自成体系，且一些职责存在交叉、条块权责不清，[1] 有些问题涉及国土、财税等多个部门，各部门有时从自身涉及的利益出发，缺乏对国家、社会整体性利益的考量，谁都管，

---

[1] 傅世锋、吴海燕、蔡晓琼等：《中国无居民海岛开发利用管理现状、问题和对策》，《应用海洋学学报》2021 年第 4 期。

但谁也管不好。

虽然原国家海洋局被重新整合后，细分专业性更强，但是分散管理以及部门冲突的现状仍然存在，这既造成申请者需获得多部门批准，耗时费力，增加开发海岛的成本，又导致开发监管力度不足。

（三）政府推动力量的缺位，开发激励与生态保障机制建设不足

自以《海岛保护法》为中心的各种规范性文件颁布实施以来，“管岛、治岛、用岛”朝向规范化发展。但制度的生命力在于执行，而执行需要开发激励与生态保障机制作为后盾，当下此种机制在我国海岛治理中显然不足。❶

首先，海岛开发激励机制不健全，经济回报周期长、环境问责压力大促使政府谨慎推动无居民海岛的开发，在配套支持措施的制定上稍显不足，大多通过支持海岛使用权申请来推动开发；但是，开发建设涉及的基础性工程浩大，附属设施又跟不上，开发者需耗费大量的资金和人力，建设过半因资金链断裂而停滞的现象并不少见，许多开发者为节省成本都倾向于采用较低层次的项目，开发呈现同质化，从长远来看不利于海岛资源优化配置。除了给予开发者在使用权申请上的优惠外，政府在前期基础设施的建设上缺位，优惠政策激励不足，配套政策的具体措施不到位，无法形成高效开发的协同环境。从无居民海岛的生态保护上看，政府的保障机制建设差强人意，事前、事中的行政监管落后，多是在破坏发生后进行追责惩处，惩处方式以罚款、拆除违规搭建

---

❶ “机制”是在正视事物各个部分的存在的前提下，协调各个部分之间关系以更好地发挥作用的具体运行方式。制度位于社会体系的宏观层面和基础层面，侧重于结构；机制位于社会体系的微观层面，侧重于运行。

设施、恢复原貌等为主，生态修复不到位。政府作为海岛治理的主要力量，在开发利用海岛资源方面激励不当，在生态保护方面的保障又不足，而激励与保证机制的不健全又会导致开发与保护的失衡。要做到开发与保护两者都要抓，两者都要硬。

制度建设不到位是当下海岛治理的一个痛点，制度的建立与完善既需要理论的总结和论证，也需要实践的滋养与丰富，而实践试点探索并不多，特别是针对海岛使用权流转的探索。试点的开启与进行需要政府推动，一方面是激励政策的加持，另一方面是生态保障机制的构建。所以，制度的建设与执行都需要更具方向性、精准到位的开发激励与生态保障机制保驾护航，而政府在其中缺位严重。

（四）海岛治理主体欠缺多元性

我国无居民海岛治理起步晚，一直以来都是以政府为主导进行集中统一管理，社会各众多为海岛的开发与利用者，民间力量基本不参与海岛的治理。这种治理现状将社会主体置于被动地位。一方面，社会各众对海岛的资源、信息掌握不充分，发挥效用的空间不足，参与治理的积极性不高，真实诉求表达不畅，政府难以真正地发现海岛开发、保护中的顽疾；另一方面，无居民海岛管理权力的集中掌握，会导致政府治理成本提高，内部管理体制不顺畅的问题外化，也加剧了政府的执法难度。

无居民海岛的生态保护并非政府行使公权力就可以达成的，必须依靠群策群力，吸纳社会多方主体的参与才能实现。社会各界深知治理参与空间有限，积极性受挫，就不会真正身体力行地去保护海岛生态，也不会真正地关注开发利用当中的生态保护。❶

❶ 马金星：《生态系统完整性理念视域下无居民海岛治理法治路径探析》，《中国海商法研究》第2021年第3期。

政府应该加快实现职能的转变，提高服务意识，鼓励民间力量参与到海岛治理中，并重塑治理体系，完善协调机制，推动无居民海岛治理向多元化、协同化发展。

三、我国无居民海岛治理路径及对策建议

无居民海岛是中国“蓝色梦想”的支点，承载着国土安全、政治军事、经济科研、生态保护等多方面意义。用活资源禀赋，深挖海岛的产业价值，必须坚持生态保护与可持续开发利用两相兼顾的治理思想。完善无居民海岛的配套政策及制度，设立综合性协调机构，加强基础设施与激励保障机制建设，畅通社会公众治理渠道，推动“蓝色经济”的生态赋能增长。

（一）完善无居民海岛配套政策及制度

在配套政策及制度方面，完善无居民海岛制度，特别是使用权二级流转以及自然资源产权保护与监督管理制度。推进法律法规立改废释，通过完善我国《海岛保护法》或者制定无居民海岛有偿使用专门性法律规范等法律法规立改废释方式促进法律、政策的配套落实。一则，明确无居民海岛使用权的具体内涵、性质和权能，为保护与开发利用海岛提供明确有效的标准；二则，完善使用权市场化出让的规定，针对不同资源禀赋及生态特点的无居民海岛，通过拍卖、招标和挂牌的方式进行出让，拍卖适用于资源富足、经济效益好、市场需求大的无居民海岛，招标和挂牌则对具有特殊用途、生态保护较高的无居民海岛；❶ 三则，优化使用权流转程序和登记，可将审批环节置于权利流转之后，还可通

---

❶ 康婧、李方、王娜等：《基于用岛类型和方式的无居民海岛使用分类体系构建思考》，《海洋通报》第2020年第3期。

过规定禁止流转的例外情形反向推动使用权的交易；四则，细化无居民海岛生态保护追责的相关规定，完善有偿使用救济机制，将无居民海岛开发利用过程中破坏生态环境的行为纳入我国公益诉讼的范围。

此外，积极开展从无居民海岛规划、权属明晰、使用权流转，到监管、保护与救济全过程的试点工作，用实践滋养助推制度建设。

（二）设立综合性协调机构，打通以政府为主导的管理环节

开发利用与生态保护的分权重塑了海洋综合管理的理念，统筹与制衡的良性结合应该被重视。同时，无居民海岛及周围海域作为一种独特的海洋空间，其自然单元的整体性应在管理中得到体现，因此海区管理机构的设立变得十分必要。❶ 但是，海区管理机构隶属于自然资源部，主要行使海岛开发、使用与管理的职能，无法囊括生态保护的权责。基于此，可以考虑设立一个跨部门、跨区域、高层次的海区海洋综合管理委员会❷或者国家海岛保护与开发委员会❸。两者皆以自然资源部为主导，生态环境、财政、国家安全等多部门相配合的综合管理体制。前者以海区与各级海域作为管理范围，对包括海岛在内的海洋事务进行综合管理，涵盖政策制定、资源管理、经济建设、环境保护以及文化教育等职能；后者仅以海岛作为空间界线，重点就海岛的保护与资源开发进行

---

❶ "我们建议确立海区管理权，赋予现有海区管理机关明确的海洋环境管理职权。"转引自徐祥民、初依依：《打造完善的综合性海洋环境保护法》，《环境与可持续发展》第2020年第4期。

❷ 徐祥民、初依依：《打造完善的综合性海洋环境保护法》，《环境与可持续发展》第2020年第4期。

❸ 机构层级设置仿照海区海洋综合管理委员会，但是管理与涉及事务范围更狭窄、更具针对性。

管理，秉持生态保护与可持续开发利用相兼顾的管理理念，围绕“重心”精准发力。同时，各委员会可以以海区为单位下设应急管理指挥中心，处理管辖范围内无居民海岛的突发事故。

海洋综合管理已经成为世界各国海洋管理的发展趋势。新一轮的国务院机构改革，并非摒弃综合管理的理念，而是跳出原有思维，赋予新的内涵。一是体现在海洋资源开发利用与生态保护的制衡中；二是涵盖海岛在内的海洋环境特性与生态环境共性间的兼容。[1] 海区海洋综合管理委员会、国家海岛保护与开发委员会的设置并非故态复萌，而是在不同职能部门各司其职的基础上，建立统一的综合性协调机构，是“分散型”的整合，它与原国家海洋局不区分职能只处理地域问题，具有本质差别。

（三）加强基础设施与激励保障机制建设

无居民海岛的治理要久久为功，善作善成。生态保护与可持续开发利用的实现需要配备激励保障的硬条件与软条件，为此可从以下方面入手。

在“硬性”保障条件下，加强海岛基础设施建设，打造一体化的基础设施网络。解决无居民海岛交通不便、电力不畅、淡水匮乏等问题是基础设施建设的重中之重。一则，优化海岛交通布局，加强机场、码头口岸建设，推进邮轮、游艇项目，筹资搭建跨海大桥、连岛大坝，加快建成海陆相连的交通网络。二则，完善并创新海岛供电模式，推进大岛海底电缆与小岛微电网群的优化搭建，并在解决无电、缺电或供电可靠性差的基础上，探索构建风、光、海等资源综合利用的供电系统。三则，促进海岛水库

[1] 王刚、宋锴业：《海洋综合管理推进何以重塑？——基于海洋执法机构整合阻滞的组织学分析》，《中国行政管理》2021 年第 8 期。

与河道的联网建设，加快海水淡化工程项目的引进，智能化雨水收集与废水循环利用系统，以先进科技应对水资源问题，保障无居民海岛饮水用水。同时，要加快海岛光纤通信系统建设，优化无线通信技术应用，实现环岛网络全覆盖。无居民海岛开发不足的一个重要原因便是基础性工程耗时耗力，若能减轻开发者前期建设的压力，节省下来的成本就可以用来提高开发利用质量、改善与整治生态环境。

“硬性”保障之外，无居民海岛保护与开发更需“柔性”支撑。首先，要谋划并完善无居民海岛生态保护与可持续开发利用相结合的激励机制。一来，对地方政府和行政主管部门可以实行精神、物质双重奖励制度，将海岛生态保护与生态化开发因素纳入考核系统，并提高其考核权重，对治理表现突出的部门或个人给予奖励；此外，可以在整个行政系统内对海岛治理做出突出贡献的主体予以表彰。二来，可以通过创新融资渠道，拓宽筹资方式来吸纳社会力量治理无居民海岛，常规的做法是地方政府和行政主管部门加大财政拨款，给予海岛治理企业优惠政策，对生态保护确有实效的企业（或个人、社会组织）进行资金奖励；三来，大力扶持海洋高新技术企业的发展，对高层次开发使用海岛的企业（或个人、社会组织）给予使用权再次申请上的优惠与便利，或者以返还使用金的形式进行奖励。

其次，重视并加强保障机制的建设，强化地方政府和行政主管部门的监管力度。第一，强化事前、事中行政监管，采用定期与不定期、暗访与明察相结合的形式对海岛开发情况进行监督，对违法开发或者破坏生态的行为主体进行追责，并建立“黑名单”制度，对具有“黑历史”的开发者限制使用权申请；第二，多种追责方式综合使用，提高生态修复性追责方式的运用，如治理污水、种植绿化、修建生态保护项目等，推动被惩处者加入生态修复中。

（四）畅通公众参与治理无居民海岛渠道，实现多元共治

“管理”是单向且强制的，而“治理”是多元与包容的，“治理”是一种上下互动的管理过程，强调政府与社会各界在公共事务中的互动与协作。一方面，海岛的生态保护需要凝聚社会共识，调动各方积极性，共同参与保护；另一方面，社会力量的参与可以填补开发利用机制的不足，促进资源的优化配置。

首先，凝聚共识，挖掘、培育、发展治理的社会力量。意识的提高是公众主动参与海岛治理的先决条件，加大海岛保护与开发的宣传力度，鼓励联合执法、第三方评估反馈等。多途径、多方式地引导公众理解海岛治理政策，强化“治岛、护岛”理念。此外，积极培育海岛治理的民间组织，赋予其一定的治理地位，减轻行政管理压力，完善“社会协同”环节。

其次，重视社会各众在海岛政策、规划制定以及实践监督中的作用。一方面，在海岛规则、规划的制订环节，应该加大作为海岛开发者与保护者的个人、企业参与的比重，更多地吸纳社会才智，反映社会关切。另一方面，建立并完善政府信息公开制度，设立海岛治理监督、问询平台，发挥新闻舆论的监督作用，推动公众参与到实践治理的监督中。

四、结语

从远古的天然和谐到近代的征服对抗，再到当今的理性调整，人与自然的关系逐步走向和谐统一。我国无居民海岛治理路径的优化是实现生态文明建设新进步以及开启人类高质量发展新征程的必然要求。2020 年 10 月，党的十九届五中全会将“生态文明建

设实现新进步”作为“十四五”时期经济社会发展主要目标之一，“探索以生态优先、绿色发展为导向的高质量发展新路子”❶，建设人与自然和谐共生的现代化。优化无居民海岛治理，已然是新时期海洋领域推进国家治理体系和治理能力现代化的重要组成部分。一方面，要处理好生态保护与开发利用的关系，摒弃教条的、极端的环保观与发展观；另一方面，坚持从一元垂直单向度的管理向多元扁平体系化的治理方式转变，优化并提升海岛治理效能，追求“善治”境界。无居民海岛的治理必须秉持生态保护与可持续开发利用的思想，以政府为主导、社会协同、公众参与，构建一体化的协同联动治理路径。

❶ 《以生态优先、绿色发展为导向》，中央人民政府网，http://www.gov.cn/xinwen/2019-03/06/content_5371121.htm，访问日期：2021年10月20日。

陆海统筹视角下我国海洋保护地的现实治理困境及其应对

王 涛

（中国海洋大学法学院 山东青岛 266100）

摘 要：坚持陆海统筹，加快建设海洋强国是党的十九大报告提出的明确要求，海洋保护地作为陆海统筹的关键一环，是实现陆海一体化治理格局的重要部分。透视我国海洋保护地总体体系的具体运转过程，其仍存在法律制度建设滞后、治理主体权责混乱、空间发展差异悬殊及陆海制度衔接不畅等治理难题，这造成了海洋保护地大而不实、多而不优的现实困境。对于海洋保护地的治理，应当在完善顶层设计的基础上加强主体协同及政策、立法间的互动配合，对海洋保护地作陆海合一的规划，协同共治，合力治理。

关键词：陆海统筹 海洋保护地 协同治理

【作者简介】王涛，中国海洋大学法学院环境与资源保护法学专业硕士研究生。

所谓陆海统筹，顾名思义，强调陆海一体化，要求把海洋的地位提升到与陆地同等的高度看待，“蓝”“绿”一体，统筹考虑。现如今，海洋生态环境整体向好，但也存在某些局部环境问题，污染严重程度不容忽视，陆海统筹战略亟待落实。海洋保护地作为镶嵌在蓝色生态系统上的璀璨明珠，是保护地体系建设的重要一环，亟待拨云见月，明晰这一领域新型环境治理机制的具体内涵与制度构造。

一、陆海统筹视角下我国海洋保护地的治理现状及问题检视

现如今，我国已初步形成了以海洋自然保护区、海洋公园、海洋特别保护区为代表、布局基本合理、类型相对齐全、功能渐趋完善的海洋保护地网络体系，全国建有各类、各级海洋保护地共 271 处，涉及辽宁、河北、天津、山东、江苏、上海、浙江、福建、广东、广西和海南 11 个沿海省（自治区、直辖市），总面积达 12. 4 万平方公里，约占我国管辖海域总面积的 4. 1%，其中，国家级 106 处，省级 51 个，市县级 114 个。[1] 海洋保护地数量及体系的不断提升与完善，昭示着我国绵长的海岸带及海洋生态环境的保护工作取得了令人振奋的成绩。但不可忽略的是，由于海洋环境保护的相关法律制度、技术及管理理念在近些年才得以普及发展，法律运行机制仍不完善。总体上看，我国海洋保护地的法律制度缺乏对保护地体系的全局设计，呈现出法律构建不足及实施不畅、机构重叠设置、多头主体管理、权限边界不清、人人各

---

[1] 《我国各级各类海洋自然保护地达 271 处》，国家林业和草原局政府网，https：//www. forestry. gov. cn/main/58/20190620/105418418204267. html，访问日期：2021 年 3 月 12 日。

自为营的多种漏洞，导致实施陆海统筹战略时既找不到着力点，又找不到发力点，故而处于进退两难的窘迫局面。[1]

（一）海洋保护地法律制度建设滞后，相关政策配合不足

近年来，海洋保护地的建设如火如荼，数量增长迅速。而面对这一新形势提出的问题，相关法律的规制却显得力不从心。对于现阶段海洋保护地的治理，既缺少最高层次的权威法律的规定，又体现出相关地方政策制定的混乱。

首先，由于机构改革前，海洋保护地的管理权限分布在六个不同的部门，在制定部门规章时，各部门的利益考虑与解决问题的方向各不相同，挥舞出的拳头各有其击打目标，无法形成保护合力。中央部门如此，各地方法律法规又何尝不是。各省市政府受到层层分配的经济指标的束缚，大多在现有资源、技术水平条件下很难兼顾到以保护地为代表的海洋环境的治理，加之本身类似方面研究起步较晚、起点较低，又未及时做到与现代海洋治理政策与时俱进，各地区只着眼于自己的一亩三分地，缺乏中央级别的法律法规的统一规划与领导。再者，对于陆海统筹规划的全局视野的缺乏，仅仅着眼于海洋或陆地一隅或者仅仅用力于单一环境要素，对海洋保护地的环境治理无异于隔靴搔痒。对于海洋保护地而言，其相关区域内的涉海行业、企业之间争夺海域空间、海洋资源的冲突仍无法得到有效协调与规制，如何加强与陆地的联系，将海洋地盘的争夺产生的纠纷转移到广阔大陆的经济腹地中加以统筹考虑，如何综合各种手段，因行业制宜地施加各种对策，仍有待在实践中进一步考虑。并且，在出现环境突发危机时，

---

[1] 谈萧、苏雁：《陆海统筹视野下海洋保护地法律制度研究》，《中国海洋大学学报》（社会科学版）2021 年第 1 期。

救治时机转瞬即逝，而部分执法机关由于缺乏明确的法律依据，心有余而力不足，即使产生执法念头，也根本无从下手，进而导致对海洋生态环境造成无法逆转的损害。

（二）参与治理主体权限不清、责任不明

由于法律规定的模糊不清与不完善，直接导致参与海洋保护地治理工作的主体的界限并不明确，这体现在包括但不限于相关主体的范围划定、管理职责、监督权限及责任追究制度方面，造成了保护地空有其壳，管理效果并不尽如人意的后果。

首先，海洋资源利用与生态保护工作分别置于两个部门管辖。自然资源部作为管理所有自然资源资产的最高层级部门，义不容辞地承担起涉海资源开发利用的管理工作。同在本次国务院机构改革中，一并设置生态环境部，下设海洋生态环境司，负责全国海洋生态环境监管工作。我们应当注意，生态环境保护与资源开发利用本就相当于矛盾的一体两面，大部分情况下二者之间会呈现互相冲突、此消彼长的局面，将“水”“火”两方分隔置之，是否真的有利于化解矛盾，值得进一步考量。

其次，我国实行中央与地方政府两级多头管理海洋保护地的体制，由自然资源部统一对全国海洋保护地进行监督管理，各地方政府负责本区域内海洋保护地的治理工作。这一方面提升了监管便利性，有利于指令政策的快速落实。另一方面，地方分治割裂了海洋保护地环境的整体性，不同行政区域间界线明显，如出现一块横跨两个省份的保护地，那么该区域由谁管理？如何管理？我国幅员辽阔，海岸线长达数万公里，不同地区之间环境差异显著，直接造成海洋保护地内部的生物样态千差万别，倘若适用一套管理办法与考核标准，可能与各区域的现实状况背道而驰，不能实现保护海洋生态系统的良好愿景。

最后，保护地管理的公众参与工作并不完善。社会公众，包括企业、社会组织和公民个人具有参与海洋保护地建设、管理的地位。但是应当看到，该规定只是笼统地说明公众可参与特别保护区内各项计划的制订，但对其参与范围、权限边界并未作出明确规定。由于社会公众受其自身认知能力所限，个体文化认知水平参差不齐，加之代表的利益关系错综复杂，尤其对于企业，经济利益的巨大驱动力会使其作出怎样的利益考量与选择，都未可知。在这之间进行的过程中，如果把握不好企业与政府之间的关系，很可能出现权钱交易、利益输送的违法事件，使原本初心向好的规则设计成为某些群体不法获利的中间平台。

（三）海洋保护地空间发展差异过于悬殊

近年来，海洋生态保护与建设力度不断加大，海洋保护地数量增长迅速。2012—2017 年的 5 年间，新建国家级海洋保护区 40 处，先后批准建立 24 个国家级海洋生态文明建设示范区。[1] 但与此同时，在海洋保护地建设总体向好的趋势下，并不能掩盖其在不同地区发展差异过大的问题。在已建的国家级海洋保护地中，集中分布的现象显著。山东省共有 32 处国家级海洋保护地，其中烟台市就有 11 处国家级海洋特别保护区，其他如辽宁、浙江两省，也是海洋保护地的拥有大户。上述三省区的海洋保护地的数量，占全国海洋保护地总量的绝大多数，海洋保护地的地域分布不均是一个不争的事实。还需要注意的是，我国现存的海洋保护地普遍面积不大，辐射带动功能不强。这其中，一些重要的海洋生态系统、生态功能区域均未划入海洋保护地的管理当中，如河北滦

---

[1] 《五年建了四十个国家级海洋保护区》，人民日报网，http://m.people.cn/n4/2017/0609/c4048-9113621.html，访问日期：2021 年 03 月 12 日。

南和黄骅、天津汉沽和大港、江苏如东等重要滨海湿地。[1] 而现实中的其他地区也存在设立海洋保护地的标准不一、尺度过宽或过严等问题。另外，在海洋保护地建设管理的过程中，由于人类活动范围的限制，超过 12 海里的管辖海域范围内存在大量的保护空缺，如部分斑海豹、海龟等珍稀濒危洄游类型物种栖息地未划入海洋保护地范围，导致海洋保护地对珍稀海洋生物物种及生态系统的保护能力极为有限。[2]

（四）陆海制度衔接不畅

自然界是一个有机统一的整体，其并不会因为陆域和海域的差别而区分为两个子系统，但是现实中的制度构建却未充分考虑到这个问题。首先，海洋污染防治法律制度运行衔接不畅，缺乏较为体系化的跨行政区划的陆海统筹规划。海洋管理主体分而治之，缺乏较为统一的协调机制。例如，海洋污染物有 80% 以上来自陆源，且其中很大一部分是通过河流汇入海洋中的。[3] 我国国土面积广大，河流众多，各河流流域多覆盖数个省份，这样显然不足以应对陆源污染物所带来的巨大环境压力。其次，目前我国沿海海岸带的利用较为混乱。由于对海洋岸线缺乏法律上的权威确认和管理，海洋保护地与旅游观光、海水养殖、沿海工业、港口运输等利用方式交叉重叠，范围不清、界线不明，相互之间衔接不畅导致冲突和矛盾不断加剧，严重影响到海洋保护地的建设及管理工作。同时，作为传统的渔业作业区，渤海湾及胶东半岛在渔业捕捞、养殖方面有着巨大的经济利润。由于利益的冲突以及

---

[1] 赵林林、程梦旎、应佩璇、曲方圆、张朝晖：《我国海洋保护地现状、问题及发展对策》，《海洋开发与管理》2019 年第 5 期。

[2] 焦凤荣：《辽东湾斑海豹资源的保护与管理》，《中国水产》2015 年第 4 期。

[3] 马英杰、何伟宏：《中国海洋环境保护法概论》，科学出版社，2018，第 5 页。

产业的协调不当，海岸带的生态功能甚至会发生不可逆的毁损变化。二者在应对突发海洋环境污染事件时沟通不足，联合执法的动力孱弱，且缺乏可供遵循的明确的法律依据。相关涉海机构处罚权限不足，用海企业违法成本偏低，仅仅依靠单独的地方政府规章及涉海主管行政机关的执法监督，震慑力不足，专业性与强制力配合存在间隙，存在“有权不专，有专无权”的尴尬局面。

二、海洋保护地治理困局的形成原因初探

海洋保护地的环境治理是一个综合、系统且涉及各方主体的复杂工作，目前治理过程中出现的各种羁绊，产生的原因五花八门，本文仅摘取重要部分作简单探讨，包括但不限于以下几方面。

（一）传统陆海思维模式的禁锢

1. 陆海分离

由于海陆之间天然的地理隔阂，加之二者巨大的性质差异，人类在陆地和海洋中开展的生产生活活动迥然不同。与此相对应，在传统的陆海分离观念的影响下，我国相应的法律制度构造和治理应对路线也存在着明显的差别。具体到海洋保护地的保护方面，陆海分离观念同样影响深重。

2. 重陆轻海

“重陆轻海”思想意识的形成不仅是历史的积淀，是封建社会经济、政治、文化、社会等因素综合作用的产物，也是千百年来中国人行为方式潜移默化的作为成果。具体来说，其形成主要受到几方面的影响：一是社会经济地理环境；二是社会经济结构和政治体制；三是传统文化观念。[1] 上述几个因素（当然并未完全列

---

[1] 黄顺力：《海洋文明、海洋观念与“重陆轻海”的传统意识》，《中华文化与地域文化研究——福建省炎黄文化研究会20年论文选集［第一卷］》，福州，2011。

举）的综合作用，长此以往，形成了人们“重陆轻海”的思想观念。

几百年前清朝的“闭关锁国”，犹如困兽之斗，几近亡国的挣扎抗争已经充分说明：闭门造车断然不能，敞开大门才是时代所趋。1978 年的改革开放进行到今天，以海洋为重要载体的对外交流事业已经焕然一新，突破重陆轻海的传统思维，是对新时代海洋发展机遇和挑战的应对❶。

（二）顶层设计与总体构建仍需进一步完善优化

对海洋保护地的有关立法进行梳理，我们不难发现，其大多以部门规章、地方性立法为主，正式法律中涉及的此项内容过于贫乏，因而体现出立法层级偏低、约束力不强等特点。自然保护地整合优化任务重、时间紧，难以同时开展自然保护地顶层设计的完善工作。❷ 缺乏顶层设计指导与体系性的总体构建无疑是阻碍我国海洋保护地建设事业向前发展的重要藩篱。

2019 年 6 月，中共中央办公厅、国务院办公厅印发《建立以国家公园为主体的自然保护地体系指导意见》（以下简称《指导意见》），该《指导意见》从整体上对我国自然保护地体系构建的各方面问题进行了阐述，及时弥补了保护地领域内顶层设计的空缺，对未来我国自然保护地的建设有一定的指导作用。

但应当看到，该《指导意见》指导下的自然保护地体系仍存在一些问题，需要日后加以完善。首先，受限于自然保护地法律制度体系建设刚刚起步的窘境，《指导意见》作为自然保护地领域

---

❶ 霍文琦、潘玥斐：《突破重陆轻海思维　提升海洋强国“硬能力”》，《中国社会科学报》2015 年 6 月 5 日，第 1 版。

❷ 高吉喜、刘晓曼、周大庆、马克平、吴琼、李广宇：《中国自然保护地整合优化关键问题》，《生物多样性》2021 年第 3 期。

的唯一的行政法规，未免显得过于形单影只。2020年生态环境部发布《自然保护地生态环境监管工作暂行办法》，算是对该领域在《指导意见》出台之后的又一个有力补充。其次，如前所述，该《指导意见》作为行政法规，法律层级不高，统领作用不强，保护地体系仍缺少专门立法的总体构建。法律层级不高直接导致该《指导意见》的约束力不强，对一些海洋环境违法行为的制裁力度不大，威慑力不足，对于保护地的治理，是否需要一部专门立法来总领整个保护地体系仍是一个值得商榷的问题。再者，该《指导意见》并未单独提及本文论述的海洋保护地的治理问题。前已述及，陆地与海洋之间差异巨大，陆地保护地与海洋保护地的保护治理之间需要分别采取更具有针对性的措施。对于海洋保护地，正式法律、行政法规暂且不论，退而求其次的部门规章都对此几乎无专门规定，也是一大憾事。

顶层设计的缺失，意味着海洋保护地治理工作的主心骨是不完整的。缺乏具有统领性质的海洋基本法律，难以让海洋环境资源保护与开发的法律形成制度合力。[1] 这直接造成各地方立法者“摸着石头过河”，对一些核心及重要问题自行划定标准，导致了各沿海省份保护地立法标准不一等问题，区域之间无法进行有效衔接，形成了海洋保护地的治理困局。

（三）发展与保护矛盾尖锐，资源配置并不均衡

2021年4月，自然资源部发布的《2020年中国海洋经济统计公报》显示，2020年我国海洋生产总值占国内生产总值的比重为4.7%，比上年下降5.3%，占沿海地区生产总值的比重为14.9%。

---

[1] 张小虎：《海洋环境保护：国家利益与海洋战略的新要求》，《求索》2015年第6期。

这其中，作为我国海洋生产总值占比最大的滨海旅游业，受疫情冲击最大，产业增加值与上年相比下降了24.5个百分点，是海洋经济整体下降的主要原因之一。除滨海旅游业外，海洋油气业、海洋渔业、海洋交通运输业、海洋工程建筑业、海洋船舶工业等海洋产业快速复苏，产业增加值实现正增长，增速分别为7.2%、3.1%、2.2%、1.5%、0.9%。可见，海洋经济在我国经济总体中仍然占据举足轻重的地位。

海洋保护地的治理过程中所遭遇的各种困难，归根结底是由经济发展与环境保护这一对基本矛盾所决定的，如何协调二者之间矛盾的问题在海洋环境保护领域显得尤为突出。作为一个世界性难题，不仅在我国，在遥远的非洲，尼日利亚渔民与海龟之间的关系也是其中一个缩影，渔民捕捞到海龟时，海龟会将渔网撕烂，故当地人要么把它们当成食物，要么当成敌人，以海龟为代表的海洋生物的保护与当地渔民的生计问题是一对尖锐且有待调和的矛盾。❶ 同时，生态环境的整体性是开展环境保护各项工作的底层逻辑，忽视这一基础而开展的立法实践无异于南辕北辙。另外，在我国严厉的官员考核制度下，经济产值比重直接决定着各领导干部的仕途，其行为偏好和价值选择难免有所倾向。

大片远海深水区域虽然海洋资源储备丰富，但开采难度大，技术水平要求高，一般情况下需投入资金也较多，收益风险比偏低，对突发性海洋灾害的预防和治理难度也大，多种原因导致目前远海深水开发程度总体较低，资源配置矛盾相对突出。海域资源的资源配置有两种方式：一是计划部门根据社会需要和可能，

---

❶ 《当海洋保护遇上生计——尼日利亚“海龟妈妈”的艰难战斗》，新华网，http://www.xinhuanet.com/2021-05/23/c_1127481393_2.htm，访问日期：2021年5月25日。

以计划配额、行政命令来统管资源和分配资源；二是依靠市场运行机制进行资源配置。此时资源配置的结果与经济实力直接挂钩，海域的重要生态功能及社会公益价值等未得到充分体现。❶ 行政配置如上文所讲，存在着部分政府部门为了政绩过分注重经济效益而忽视环境价值的问题。政府通过各种规划手段来对海洋资源进行全局性的宏观调控，但作用较为有限。随着海洋经济重要性日益凸显，沿海海域海洋产业竞争加剧，粗放开采情况突出，产业结构趋同、低质化明显，即使在一个沿海省域内，各个下属分辖区也难以形成海洋开发利用的整体统筹。

（四）重建设轻管理，治理者观念偏差

我国目前已有各类自然保护地约 1.18 万处，自然保护小区 5 万个，大约覆盖了国土面积 18% 以上。全国海洋环境监测机构总数达 235 个，近 5 年新建国家级海洋保护区 40 处，累计修复岸线 190 多公里，修复海岸带面积 6500 多公顷，恢复滨海湿地面积 2000 多公顷❷。我国海洋保护地建设成就瞩目，海洋生态环境保护状况一片向好。

但在海洋保护地数量迅速增长的大背景下，仍然不能掩盖发展过程中重量不重质、重建设轻管理的痼疾。由于缺乏统领性法律文件的总括性指引，各地方政府在建设各自海洋保护地的过程中，虽在总体上遵循国家建设海洋强国的战略路线，但在实际落实及具体实施过程中各有“私心”。数字的变化并不能完全概括海洋保护地体系建设的良好与否，数以百计的保护区数量与海洋环

---

❶ 曹英志：《海域资源配置方法研究》，博士学位论文，中国海洋大学海洋与大气学院，2014。

❷ 《五年建了四十个国家级海洋保护区》，人民网，http：//m.people.cn/n4/2017/0609/c4048－9113621.html，访问日期：2017 年 6 月 9 日。

境监测机构，只是说明对于海洋环境治理有了足够数量的“工具”性手段，而具体所表现出来的治理成效几何，需要回归到保护地各区域的具体、真实的地理环境中，采用科学、明确的衡量指标进行考察。现实中，各沿海省份在确定某区域符合海洋保护地建设的基本条件及得到上级批复后，当即开始筹划保护地的相关前期准备工作，建设积极性之高可谓热火朝天。但也许是受人力、物力等政府公共资源所限，在保护地骨架搭建而成之后，相关个别政府并无持续性的、稳定的资金及人力投入到保护地的后续管理工作当中去，具体原因大致可从前文窥见一二，但除此之外，某些地方治理者的陈旧观念也是此类现象出现的重要推力之一。

首先，地方政府官员想法过于简单，总想一劳永逸地通过海洋保护地的建设（此处为广义上的“建设”，即包括“建”和“治”的全过程）来完美达成维护海洋生态环境的目的，试想如何可能？我国到目前为止所颁布的涉及海洋管护的正式法律有十几部，而有关的行政法规、部门规章及规范性文件达上百项，地方性立法更是数不胜数，近期颁布的《海警法》只是其中一部。如此，单凭一个海洋保护地何以完成如此艰巨、宏大的海洋环境保护义务？其次，地方政府对海洋保护地的认识仅仅停留在“建”，恰恰忽略了更重要的“治”，“建”而不“治”倒不如“不建”。或许是无暇顾及，各地方在海洋保护地建成之后，投入减少、监管松懈，更有甚者，保护地建成即被搁置，治理者错误地认为保护地只要建设完成，目标即达成，殊不知相对于建设而言，建成之后的管理、维护工作更加重要，它直接决定着海洋保护地未来的发展走向。对于海洋保护地体系的构建，是一个长久性、系统性的工程，它不是简单地画一个圈就可以完成的，总想一蹴而就，结果必然是不尽如人意。

三、基于海陆一体化的海洋保护地治理路径选择

海洋保护地的治理是一个长久性的复杂系统工程，在基于海陆一体化的视角之下进行海洋保护地的治理，科学、合理的路径选择显得尤为重要。

（一）陆海统筹视角下海洋保护地的顶层设计及整体规划

目前，在以《建立以国家公园为主体的自然保护地体系指导意见》为指导的保护地法律制度体系不足以为保护地的建设、管理提供最基础的法治保障，应当对保护地制度顶层设计及整体规划作进一步的优化完善，构建合理、科学的保护地治理体系。

首先，继续坚持以习近平新时代中国特色社会主义思想为指导，贯彻落实习近平生态文明思想，紧紧围绕统筹推进“五位一体”总体布局和协调推进“四个全面”战略布局，牢固树立新发展理念，以保护自然、服务人民、永续发展为目标，建立分类科学、布局合理、保护有力、管理有效的以国家公园为主体的自然保护地体系，这是保护地建设、治理的根本遵循。

其次，完善相关立法，砌好保护地法律制度体系的金字塔尖，并进一步思考海洋保护地专门立法的可行性。海洋作为重要的国土资源，应在《中华人民共和国宪法》中明文规定，以基本法确认海洋资源的重要性以及海洋重大国土及生态价值。《指导意见》作为行政法规，法律效力不足以统领全局，且势单力薄，应将《指导意见》中关于自然保护地的政策性要求，通过《海洋环境保护法》修订加以法律表述或论证分析专门立法的可行性[1]。要以已

---

[1] 2019年6月26日，中共中央办公厅、国务院办公厅印发的《关于建立以国家公园为主体的自然保护地体系的指导意见》提出了建设自然保护地体系的总体要求。

存在的法律法规、部门规章为依托，综合考量地方实践过程中所总结出的立法建议，面向社会公众，倾听群众声音，制定保护地体系下的纲领性法律，但切忌盲目求快、一味求全。

再次，科学构建中国特色自然保护地分类系统，明晰各类保护地区分标准。总领性法律文件应当明确各保护地类型划分的基础标准，参考界限不宜暧昧不清，应当为地方政府提供明确可遵循的划分依据。地方立法之间，应当保持保护地划分标准的一致性，包括类型识别、处罚标准等应保证相互衔接，对于无法准确界定的保护地类型，及时提交中央处理。

最后，建立统一分级分类管理体制，治理主体各司其职，相互之间加强沟通、协作，完善信息共享机制。各级政府在每个自然保护地设立专门的管理机构，受各地方政府的直接管理，相关人员由政府选拔、任命并发放薪酬，划入公务员编制，负责自然保护地的保护管理，负责保护地内全民所有自然资源资产的保值增值，负责可持续地提供优质生态产品和良好公共服务。❶

（二）加强政策与立法的互动及区域立法之间的协调

保护地立法作为法律位阶更高的规制手段，在已有立法的前提下，政策制定需以立法作为基本依据，并不得同立法相抵触。对于海洋保护地领域法律体系的建设，在立法各方面条件准备就绪时，应当尽快出台相关法律法规，回应核心问题，明确基本依循，为海洋保护地法律制度搭建体系骨架。

法律制定时需要综合考量各种因素、衡量各种利益，充分征求社会意见，尤其对于海洋保护地等类似具有重大生态功能的规

---

❶ 唐小平、蒋亚芳、刘增力等：《中国自然保护地体系的顶层设计》，《林业资源管理》2019 年第 3 期。

制领域，更应慎之又慎。中国的保护地治理事业虽发展几十年之久，行政法规仅有一部，而法律仍然空白，不无道理。要从我国国情出发，不能因为海洋保护地领域是当下大热，各沿海地区、各涉海部门即刻蜂拥而上，不考虑各地区实际情况与发展需要，贸然拍板，结果必定是不仅没有完成预期的环境治理目标，反而浪费了巨大的人力、物力、财力。明确保护地建设的基本目的是在发展的前提下进行保护，不应一味强调环境保护而限制产业的发展，应注意发展与保护并重，倘若举全省之力、全国之力来对海洋保护地进行治理，无异于画地为牢，自缚手脚，陷入头重脚轻的泥沼。人大立法时应当充分考量提案建议的现实可行性，对现有法规、规章、规范性文件进行系统梳理，总结升华已有立法经验，倾听各领域、各部门利益诉求，重视群众声音。尤其对于涉海领域及沿海省份，相对于中央，其更具专业性、更熟悉地方状况，对其意见应作重要参考。

相关部门、地方政府出台有关政策，理应贯彻高位阶立法的核心精神，并据此制定下级领域的实施细则。低位阶立法不得同高位阶立法相抵触，部门规章、规范性文件不得同法律法规发生冲突，这些是立法的基本原则。制定部门规章、地方性法规时，应当事先认真学习贯彻已有法律法规的立法精神，并将其作为指导思想，贯穿到地方性法规规章制定的全过程。例如，2020 年 12 月，生态环境部印发《自然保护地生态环境监管工作暂行办法》(以下简称《暂行办法》)，其中开篇第 1 条即明确指出该《暂行办法》的制定根据，包括但不限于《环境保护法》《海洋环境保护法》《中华人民共和国自然保护区条例》《关于建立以国家公园为主体的自然保护地体系的指导意见》等，由此可见，任何政策办法的制定都是一个综合考虑各项立法的过程。在具体适用时，相关政策无法解决或不宜参考政策处理的海洋环境违法行为，应当及时从中央立法文件中寻找法律依据。海洋灾害本身呈现复杂多变、治理难度大的特点，对于海洋保护地的治理应当加强政策与立法之间的配合。

不同省份、不同县市出台的法规、政策之间应该相互协调，不得互唱反调。各地立法可根据地区独特的生态地理特点及特有物种差异，因地制宜，制定不同的参考标准，设置不同的保护力度，但应注意做好地区间的沟通与衔接工作。各省级行政区域对排海陆源污染物的治理工作应加强配合，尤其对于主要河流流经省份、河流流域辐射区域，注意做好重点污染物防治工作，扭转河流作为海洋环境污染的帮凶角色。各地市充分考虑地区发展的经济、社会、文化情况，对有关条例政策进行灵活解读与应用，对于沿海污染企业可采取限期治理的方式进行整改，逾期不整改者，对其适用较为严厉的处罚标准，地方处罚标准一般应当严于中央立法，由此做好中央与地方立法的衔接、互动。

（三）畅通海陆制度连接纽带，对海洋保护地进行陆海合一规划

对于陆域经济来说，它不仅针对沿海地带的陆域，还包括向内陆延伸的广阔腹地，海域亦是如此，要打开思路，运用长远眼光看待陆海一体化。在法律法规方面，需要建立海洋保护地的海洋环境保护与经济产业发展的协调机制，保障海洋保护地建设工作顺利开展及新的海洋空间规划的设计。建立陆海法律制度协调机制，注重海洋与陆地之间的生态一体性。将沿海陆域产业布局限制在海域资源环境承载能力的范围内，在对沿海地区高污染、高排放建设工程的环境影响评价中，做好排放浓度、污染物种类、污染范围等的核查工作。

根据海洋保护地不同类别采取多样化的保护策略，可参考陆地自然保护区分级保护区域的设置（但显然海洋保护地的总体保护强度要大于陆地一般自然保护区），在保护地内部划分核心区、重点保护区、一般保护区的不同类型，分别施予不同的保护力度与管理资源。对于部分珍稀海洋生物所在保护地区域要严加管理，其他生态状况良好的海洋保护地可适当开展观光旅游活动，增加当地收入。适当扩展保护地界限范围，使其作为海洋基因库以维持海洋生物多样性，同时便于对大型海洋保护地进行统一管理，以节省管理成本。此外，对于海洋保护地周边原来居民的安置，政府给予政策扶持，增加就业机会，可发展生态海洋农业，并为农民拓宽农副产品出售渠道，做好宣传工作，在保护需要的适当情形下，考虑对原来的居民进行部分外迁。

四、结语

陆海统筹视角下海洋保护地的治理，断然不是单方主体凭借单一手段，仅针对海域用力就可以完成的，陆地和海洋的生态环境治理在某种程度上是一荣俱荣，一损俱损的关系，其需要对二者截然不同的环境介质进行通盘考虑，打通陆海之间的连接通道，由此，海洋保护地的协同治理，是陆海联动的必然要求。在治理过程中，应当首先做好顶层设计，在整体规划的指引下加强政策与立法间的互动及地方立法间的衔接配合，将陆海统筹战略要义贯穿到海洋保护地治理的全过程。对于海洋保护地的总体规划，不仅要从“管理”走向“治理”，而且要从“分散治理”走向“协同治理”，以期为我国海洋保护地的建设提供较为可行的科学路径。[1]

---

[1] 吴健、胡蕾、高壮：《国家公园——从保护地“管理”走向“治理”》，《环境保护》2017年第19期。

红树林生态保护修复现状及优化路径探析

刘　诺

（中国海洋大学法学院　山东青岛　266100）

摘　要：红树林生态系统是海岸带上具有强大生态功能的湿地生态系统，具有维护生物多样性、保护海岸线、净化水体等多种生态功能，是维护海岸带生态系统不可或缺的宝贵资源。但红树林生态系统一直面临着生态多样性减少和人类活动干扰带来的巨大破坏，呈现出面积减少、生态功能下降等不良趋势，亟须对其开展生态保护和修复。现有的对红树林的生态保护修复以建立自然保护区为主要模式，选择了人工修复的方式以扩大红树林面积，主要依靠国家和地方政府开展的生态修复保护项目来落实。虽然投入了大量的人力、物力、财力，取得了一定的成果，但总体来说修复质量不高，修复过程中也产生了新的环境问题。本文从我国红树林

【作者简介】刘诺，中国海洋大学法学院环境与资源保护法学专业2020级硕士研究生。

生态系统的现状出发，发现在实施红树林生态保护修复过程中存在的问题，提出应当利用现有的环境法律制度对现有的红树林保护修复路径进行优化，制定生态修复规划以进行科学合理的修复，对红树林进行类型化分类以在保护修复的过程中有所侧重，将生态环境健康评价结果作为验收标准。

关键词：红树林生态系统；生态保护修复

红树林泛指红树林景观，是生长在热带和亚热带海岸淤泥浅滩上的一种具有特色的滨海湿地生态系统，包括生活在这片区域内的生物群落和他们所处的环境所构成的整体。红树林生态系统具有消浪护岸、促淤造陆、控制污染、净化水体的重要功能，也因其强大的固碳功能而成为海洋碳汇生态系统的重要组成部分，红树林生态系统丰富的生物多样性也为东亚—澳大利亚候鸟迁徙路线上的鸟类提供了栖息地和食物来源。多分布于冲积平原和河口三角洲地带的红树林生态系统具有海陆交错的高开放性、生境模式单一的高敏感性的特点，使其成为在利用和修复上都需要特别研究的区域。我国设立了自然保护区对红树林进行保护，其中广西山口红树林国家级自然保护区、广东湛江红树林国家级自然保护区、福建漳江口红树林国家级自然保护区已经被列入了国际重要湿地名录。但不可忽视的是，红树林面临的环境状况仍然非常严峻，生态价值遭到忽视、经济价值遭到过度开发，对其进行的修复工作没有取得良好的效果。本文将分析现有红树林生态系统的概况以及其在生态保护修复方面的问题，并从环境法律制度的角度出发提供合理的优化对策。

一、红树林生态系统面临严重挑战

作为生态功能价值突出的生态系统，红树林生态系统面临着城市建设、围海造地、围海建设工程、围塘养殖等人类活动带来的威胁，外来物种入侵，水质下降等问题，也使红树林生态系统自身的生态服务功能下降。从全国范围来看，红树林生态系统面临的威胁主要是外来生物入侵问题导致的生态多样性被破坏和人类活动干扰两类。

（一）生态多样性被破坏

因分布于高盐、高温、高湿度的环境中，红树林群落植物种类偏少，以红树植物为主，群落结构简单，这导致其更容易受到外来优势物种的影响和干扰。早年，由于缺乏生物多样性相关的知识，在缺少科研和环境影响调查的情况下，我国沿海地区盲目引进了互花米草，企图发挥其保滩护岸、促淤造陆及改良土壤的作用。❶ 但伴随而来的却是具有极强的耐盐性和繁殖能力的互花米草在我国海岸带上的肆意蔓延，与红树植物争夺氧气和生长空间，威胁着本土植物的生存，造成了严重的生态安全事件。与此同时，红树林还处于群落退化，小种群濒危的危险境地，低矮的红树树种占据了我国大陆地区红树林的绝大部分，缺少优质的高达树种，原生树种现存不到 10%，福建、广西、海南、香港等地都存在不同程度的原生红树树种灭绝或濒临灭绝的现象。

（二）人类活动干扰

人类也试图从红树林中获取更多的发展机会。20 世纪 70 年代大力开展的围海造田活动，将红树林直接砍伐，八九十年代围塘养虾侵占红树林，20 世纪 10 年前后养殖咸水鸭产生的动物粪便导致的水体富营养化也使红树植物大量枯萎死亡，这些都是红树林

---

❶ 谢宝华、韩广轩：《外来入侵种互花米草防治研究进展》，《应用生态学报》2018 年第 10 期。

“不能承受之痛”。[1] 近年来红树林面临的威胁开始向城市化建设带来的后果转移，为了满足城市建设的需要，围海造田现象得到了一定的控制，但围海造地现象却越来越严重。海岸新增的陆地改变了海水的动力结构，海水流动方向发生改变、流速放缓，红树林湿地内的海水流速降低，颗粒物沉积速度加快，湿地的物理净化能力随之降低。海岸建设工程带来的环境影响，也多次造成红树林破坏，海南、广西都被中央生态环境保护督察组发现过严重的违法违规破坏红树林现象。[2] 除海岸工程建设外，周边居民开发的红树林旅游项目在为周边居民创造收益的同时，也带来了榄钱被大量采摘、红树林气生根被踩断等不可逆的后果。甚至有的地区还在红树林里建设木栈道，开展游船游玩项目，这无疑是对红树林生态系统的巨大破坏，也使迁徙的候鸟不敢在此落地，造成生物多样性的减少。

红树林生态系统具有高度的开放性，滨海湿地的地理位置使其与海洋和陆地的物质和能量交换都十分频繁，受到海洋和陆地的水质影响也较明显。海洋污染和河流污染，同样也是红树林水质面临的威胁之一。河流水质、海洋环境、土壤质量的任何变化都有可能引发红树林生态环境发生向好或向坏的改变。广西北海铁山港东港的红树林破坏事件，就与红树林的高度开放性有关。虽然建设工程并非位于红树林保护区内，但其排放的含有高岭土的污水随着海水的潮涨潮落进入了红树林的生长区域，并由于港口工程使区域水动力减弱，海水流速降缓，高岭土附着在红树林

[1] 李佳飞：《红树林不能承受之痛》，《海南日报》8 月 24 日，第 022 版。

[2] 新华社：《中央环保督察组通报海南澄迈县违规围填海、破坏红树林问题》，http：//www. gov. cn/xinwen/2019 - 08/09/content_5420132. htm，访问日期：2022 年 9 月 20 日。

的树根上堵塞了气生根的呼吸，导致了红树林的死亡。[1]

二、红树林生态保护修复现状及问题反思

我国人民很早就注意到了红树林的重要作用，从古至今一直不乏对红树林的保护和修复工程。最早有史料记载的对红树林保护的措施可以追溯到清朝，近现代以来，随着红树林破坏带来的环境问题的出现，国家和各省市也开展了一些对红树林进行修复的活动。

（一）红树林生态保护修复现状

观察我国红树林的分布与面积变化，红树林遭受破坏最严重的时间是在过去的50年。近年来，随着陆海统筹战略的实施，在习近平总书记“绿水青山就是金山银山”的“两山”理念的指导下，红树林惨遭破坏的现象得到了政府和一些自然保护组织的关注。在“十三五”规划中国家重点提出要开展“南红北柳”湿地修复工程，为红树林生态修复和保育提供了政策上的支持。广东、广西、海南等红树林破坏严重的省份已经展开了积极的探索，开展红树林生态保护工作，取得了一些成果并积累了宝贵的经验。目前对红树林进行保护修复的方式，以建立自然保护区为主，多采用在保护项目的支持下开展人工修复的做法来扩大红树林的面积。

1. 自然保护区模式为主

我国红树林在国土空间上的分布并不均匀，主要集中在热带亚热带地区，呈现出面积上的分布不均、集中分布与碎片化并存

---

[1] 新华社媒体：《中央环保督察组通报广西北部湾国际港务集团有限公司下属港口建设违规施工造成大片红树林死亡问题》，https：//baijiahao. baidu. com/s? id = 1700001740385006827&wfr = spider&for = pc，访问日期：2021 年 5 月 18 日。

的特点。针对这种分布状况，现主要采用建立自然保护区的模式对红树林进行保护性修复，面积较大的红树林分布区域建立了国家级自然保护区，较分散的红树林各省建立了省级、县级自然保护区，更小面积的红树林则建立了自然保护小区。据统计，中国现有红树林中的75%已经划入保护区进行保护，以红树林湿地为保护对象的各级自然保护区总计38个。虽然对红树林面积进行统计的方式不统一导致统计结果之间有所差距，但是各数据都表明保护区的建立使广东等省份红树林面积略有增加。[1] 在保护区内，严格限制人为活动，对红树林的保护以自然恢复为主，发挥红树林生态系统高生产率、高归还率、高分解率的强大自我恢复功能。并相应出台了一系列与自然保护区有关的法律法规来提供支持，广西山口、北仑河口红树林自然保护区、海南东寨港红树林自然保护区、广东湛江自然保护区和福建漳江口红树林国家级自然保护区被列入国家重要湿地名录，自然保护区模式为实现红树林自我恢复发挥了重要的作用。

2. 以人工修复为主要方法

在修复红树林的过程中，与自然修复相比，人工修复方式更受青睐。各地通过人工培育、种植以使红树林面积增加，彰显红树林保护工作的重要成绩。在人工种植过程中，生长速度快、耐水淹的某些外来红树物种成为主要选择。无瓣海桑是近10年来大陆造林的主要树种，在其他区域，拉关木也是首选的造林树种之一。在人工种植红树林的努力下，我国现有红树林面积与21世纪

---

[1] 杨昌盛、陆文勋、邹祯等：《中国红树林湿地：分布、种类组成及其保护》，《亚热带植物学》2017年第4期。

初相比较有了显著的提高。❶

3. 开展红树林生态保护修复项目

目前，对于红树林生态修复大多以地方政府为主导，通过地方政府主持生态修复项目和环保组织主持的项目来实现。国家“十三五”规划提出，要开展“南红北柳”为主的湿地修复工程。温州落实“南红北柳”“蓝色海湾”等重大海洋生态修复工程，划定生态红线来防止红树林等重要生态系统的消失破坏和退化，规范红树林生态修复项目的技术路径。作为红树林面积最大的省份，广东省重点研发专项“广东红树林生态修复和功能提升技术研究与示范”项目。这些项目为红树林修复工程提供了资金来源，解决了一部分省份修复资金匮乏的问题。

（二）红树林生态保护修复中存在的问题

1. 以地方政府保护性修复为主导，生态环境损害修复责任承担较少

各省份开展红树林修复的主要模式，都是政府在承担对生态环境进行保护和管理职责的体现。自然保护区是典型的命令控制模式，采用行政强制力将人类对保护区内的红树林的影响排除在外，人工种植和修复项目的开展也是由各级人民政府相关部门牵头。但我国红树林生态系统受到严重破坏，并非都是由不可追责的自然原因造成的，尤其是在国家认识到红树林的重要性开展保护工作之后，恶意的人为因素成为红树林被破坏的主要原因。2021年4月，中央环保督察组发现广西北部湾国际港务公司开展的港口建设工程严重施工，造成大片红树林死亡的恶劣环境事件，该建

❶ 贾明明：《1973～2013年中国红树林动态变化遥感分析》，博士学位论文，中国科学院研究生院（东北地理与农业生态研究所），2014。

设项目严重违反海洋环评的要求，且多次无视中央环保督察组的整改命令，导致大量红树林因高岭土悬浮物附着无法进行呼吸和光合作用而死亡，还有一部分被施工单位直接砍伐而死。在这之前，2019 年中央环保督察组通报过海南澄迈县肆意围填海造成红树林破坏的问题。无独有偶，这两次事件中的环境破坏行为人都出现过无视督察组的整改要求，顶风作案的现象。这种事实清楚、情节恶劣、后果严重的环境污染行为，实际上已经满足了在我国环境法律中规定的承担生态环境修复责任的前提条件，可以被要求承担生态环境修复责任。但现实中，无论是这种直接破坏红树林的环境污染事件，还是水污染和土壤重金属污染导致的红树林被破坏事件，都没有要求承担生态环境修复责任的先例。

目前开展的红树林生态修复项目，其资金主要依靠财政拨款，资金来源渠道单一，有造成政府财政负担之嫌。从宏观上看，红树林分布省份众多，既有经济发达的省份，也有经济不发达的省份，所以省与省之间对红树林保护和修复的水平参差不齐。对于经济不发达的省份，地方政府资金不足，修复水平不够的问题较为突出。广西是我国红树林面积的第二大省级地区，并且由于地理位置的特殊性在夏季经常受到台风侵袭，红树林的消浪护岸作用对其来说至关重要。但广西壮族自治区的经济发展情况较其他红树林分布地区来说要落后一些，区域经济发展压力较大。环境问题的出现归根结底是经济发展与生态环境之间的矛盾导致的，在广西壮族自治区这种经济不发达的地区，经济发展需求与生态环境保护需求之间的矛盾本就突出，再要求其放弃更多的发展机会，进行政府财政拨款开展红树林生态保护修复项目，无疑是强人所难。

2. 盲目修复造成二次破坏

外来物种入侵是红树林面临的主要威胁之一，早年盲目引进的互花米草问题尚未解决，生态修复工程又带来了新的物种威胁。为追求修复面积的快速增长，各省在补种树种的选择上，没有考虑补种物种和原生物种的平衡这一问题，选择了速生、耐水淹的外来品种进行种植。红树林生态系统的功能中，丰富的生物多样性是其重要生态功能之一，但现在采用最多的用以修复红树林的无瓣海桑和关拉木都属于外来物种，并不是本土红树种类❶，这些引进来的外来物种挤压了本土原生物种的生态环境，造成本土物种的生存危机。

3. 湿地生态保护修复不足

在原国家林业局、国家发改委 2017 年印发的《全国沿海防护林体系建设工程规划》中，规划全国红树林造林总规模 48 650 公顷，而根据红树林研究领域的权威专家估算，全国适宜红树林种植的面积不超过 6 000 公顷。因为国家规划考虑的是整个海岸线滩涂面积，但是红树林只适合生长在有淡水下泄的河口及周边区域潮间带，❷ 并非所有的滩涂都适合种植红树林。盲目种植反而是对人力、物力、财力的浪费，并不会收获好的生态保护修复效果。现有后果红树林生长区域中，城市化导致的土壤重金属污染和水污染使很多地区已经不适合红树林生长和种植，但多年来土壤修复和水质修复却没有什么进展。

虽然对红树林的生态修复工作已经进行了多年，但是得到的效果与付出的时间、金钱成本相比却不能让人满意。对于红树植

---

❶ 吴地泉：《中国红树林湿地生态系统的保护与生态恢复》，《花卉》2016 年第 16 期。

❷ 陈清华、程琪、赵蒙蒙、钟超、徐敏：《我国红树林生态修复现状研究》，载中国环境科学学会（Chinese Society for Environmental Sciences）：《2019 中国环境科学学会科学技术年会论文集（第四卷）》，西安，2019，第 821－825 页。

物补种的重视程度高，但是对其物理环境的修复不够重视，红树植物成活率和生态环境恢复情况都不理想。以深圳为例，虽然进行了红树林土壤修复，但取得的成效却不大，虽然相比修复前有了较好的改善，但是其土壤中的重金属含量仍然高于省内背景值，甚至存在修复后的土壤肥力过低不利于红树林生长的现象。对底泥环境修复的效果也并不理想，底泥中的重金属污染仍然存在。[1]不难想象，在这种生境条件下，即使种植了红树，也很难存活生长成能够提供生态价值的植株。

4. 验收标准不完善

红树林生长在高盐、高温的潮间带，依靠胎生的方式繁殖。一般人工种植的红树植物第一年的成活率比较高，之后会不断死亡。但是在对红树林生态修复进行验收的时候，沿海各省（区）通常按照城市园林绿化的普遍做法，栽种后不到一年就开展红树林造林工程验收，导致验收时红树林成活率比较可观，但是后几年却所剩无几，红树林生态修复成了“短期工程”“面子工程”，无法发挥其维护生物多样性、防风固沙的作用。

三、红树林生态保护修复改进路径

红树林的生态功能并非单纯的红树植物能够提供的，而是红树林生态系统所具备的整体功能。针对红树林生态系统开展的生态保护修复，应当是对红树林生态系统整体性保护与修复相结合的工程，并非是指哪打哪单纯地恢复红树植物的原状。应当明确的是，对红树林进行生态环保修复的最终目的是要恢复其作为生

---

[1] 宁存鑫：《深圳红树林湿地环境调查及其修复效果研究》，硕士学位论文，哈尔滨工业大学环境科学与工程专业，2014。

态系统的经济价值和生态价值，本文在这个目标的指导下，从红树林生态修复的整体性规划出发，考虑到当地居民的意愿、发挥公众参与的积极作用、考虑经济效益，提出有效的红树林生态修复改进路径。

（一）落实生态环境损害赔偿制度，追究红树林破坏者的生态环境修复责任

近年来我国对生态保护修复责任的重视加强了，在环境法律体系中，生态环境损害赔偿制度和环境民事公益诉讼制度都可以要求行为人承担生态环境修复责任，《民法典》也将生态环境修复责任和生态环境赔偿责任纳入侵权责任编，在基本法上赋予了生态环境保护以强制手段的保障。在政府主持的红树林生态保护修复项目之外，地方政府和人民检察院、环保组织也应当积极地对造成的红树林生态环境损害的违法行为提起相应的诉讼，要求破坏人承担生态修复责任和赔偿责任。一方面，使得红树林生态修复有迹可循，减轻一部分资金压力。另一方面，“谁损害，谁担责”的责任追究机制也可以起到警示作用，提高人们保护红树林的意识。

（二）发挥公众在红树林保护修复中的作用

环境问题是经济发展与生态环境保护之间矛盾的产物，红树林惨遭破坏的根本原因是地方经济发展的要求与红树林保护需求之间不能做到有效平衡，所以，要从根源上保护红树林，还是应该将这一矛盾最小化，既要有效保护红树林，修复受到破坏的红树林湿地生态系统，又要实现周边居民经济的可持续发展。一刀切的开发或保护都不能取得良好的效果。

在我国，虽然宪法规定了一切自然资源属于国家所有，但是

公民有享受良好环境提供的经济价值和生态价值的利益的权利。受红树林破坏影响最大的是生活在红树林生长区域及其周边的居民，红树林大多分布在远离城市的海岸地带，周围生活的多是以此为生的农民和渔民，在对红树林自然资源长期依赖的生活中，他们发展出了很多依靠红树林提供的资源维持生计的行业，包括捕捞业、海水养殖业、生态旅游业。这些居民一方面从红树林中获取生存资源，其产业同时也对红树林造成了生态破坏。但实际上，这些周边居民对维护红树林的生境状况意愿强烈，甚至有支付费用使红树林各项属性恢复历史最高水平的意愿，在其中，对红树林湿地中的水质这一属性的改善支付意愿最高。❶ 周边居民对红树林保护的积极性较高，他们深谙红树林与自身的发展是相互促进的，本身就有动力保护和修复红树林。

应当利用好周边居民对红树林保护和修复的积极性，鼓励公众参与到红树林保护和修复中来。可以借鉴广西山口自然保护区“社区共管”模式的成功经验，开展自然保护区社区共管。同时，对破坏严重、不适宜再依靠其开展养殖捕捞等产业的红树林，政府应当为周边居民提供就业指导培训，帮助农民和渔民转产，为他们寻找新的经济来源，才能从根本上解决经济发展侵蚀红树林的问题。同时，也可以减轻政府的财政压力，走出农民和渔民依靠财政拨款维持生计的困局。

（三）探索红树林生态系统类型化修复

我国红树林虽然分布范围非常广泛，跨越五个省份，在港澳台地区也有分布。但不同省份的红树林，甚至一个省份不同的集

---

❶ 苏红岩、李京梅：《基于改进选择实验法的广西红树林湿地修复意愿评估》，《资源科学》2016 年第 9 期。

中分布区的红树林，在生物量、树种、底栖生物等生物要素都具有很大的差别，被破坏以及需要保护的程度上也应当是有所侧重的。在广西、广东等地，受到季风影响较为明显，夏季台风侵袭频繁，需要红树林发挥的更多是防风固沙，保护海岸的作用，高大的树种的作用比低矮树种更明显，而在浙江省，红树林的防风固沙的作用的需求程度较小，更多的是发挥涵养水源、净化水体、维护生物多样性的作用。应当根据红树林发挥的生态功能的不同、红树林自身的生物因素特点不同，在对红树林进行保护修复的时候采用不同的方式和标准，对其进行类型化的划分，以探索同类型的红树林在保护修复策略上的相似性和独特性。类型化方式的探索可以根据标准的不同有所不同，本文提供以下参考标准：

1. 红树林所分布的区域的经济发展程度不同，红树林面临的主要威胁也不同。位于广东省附近的红树林，其周边区域城市化程度较高，城市工程建设、房地产开发、海岸工程以及陆源污染是红树林面临的主要威胁，尤其以深圳福田红树林保护区表现较为明显。❶ 在这种地区进行红树林的生态保护修复就要求首先应当对现存的红树林进行保育，在保护的基础上开展易地修复等工作。并且在修复重点上，这些地区的红树林生长的土壤中重金属和有机污染源往往较高，需要对土壤和水质进行重点治理，而不能直接种植红树林幼苗。

2. 对于已经划归自然保护区的红树林，应当以自然恢复为主，发挥生态系统自我修复的能力，辅以适当的人工干预手段，而不能以人工修复为主。保护区外的红树林，受到周围人类活动的影响更大，破坏严重，应当首先采取政策和法律措施制止人为破坏

---

❶ 麦少芝、徐颂军：《广东红树林资源的保护与开发》，《海洋开发与管理》2005 年第 1 期。

行为，在修复过程更多地发挥人工修复的作用，以人工手段帮助、促进红树林的生态保护修复。

（四）制订生态环境修复规划

红树林生态修复是一个整体性、长期性的工程，必须要在科学合理的规划指导下有序进行。环境规划制度是我国环境法中的重要制度，是对一定时期和一定范围环境资源的开发、利用、保护和改善活动的目标和行动进行的总体安排，对红树林的保护修复，也属于环境保护和改善活动的一种，应当进行环境规划。

红树林的保护、管理不应是封闭的而应当是开放的，要与海岸带的保护管理相结合。红树林并不只由红树植物组成，而是一个完整的由生物与非生物环境共同组成的整体，其中红树植物是起到了重要作用的部分，但适宜的生境条件才是红树林生态修复成功与否的关键。红树植物和生态系统的发展是相辅相成的，红树植物物种和种植措施决定了修复后生态系统结构和功能的发展。❶ 生态修复的目的应当是使红树林的经济价值和生态价值恢复到最佳状态，而不是红树林面积的增长。笔者认为红树林生态保护修复规划应当注意以下方面的内容。

1. 加强湿地生态环境修复

在红树林生态保护修复规划中，宜林地的营造和修复应当是重要的组成部分。红树林的生长离不开适宜的土壤和水文条件，宜林地的修复是红树林生态系统修复成功和维护修复成果的重要条件。目前我国修订的《湿地保护法（草案）》正处于向社会征求意见的阶段，其中就着重强调了对于红树林的保护和修复。故应

---

❶ 陈顺洋、安文硕、陈彬、陈光程：《红树林生态修复固碳效果的主要影响因素分析》，《应用海洋学学报》2021 年第 1 期。

当以《湿地保护法》为指导，强化对红树林分布区域的湿地的保护和治理，对湿地水源、土壤中的修复应当以修复结果适宜红树林生长为目的，根据红树林生长条件制订合理的湿地修复规划。

2. 引入环境影响评价审查修复规划

红树林生态保护修复本身也是一项环境工程，也有产生环境影响的可能性，人工种植红树树种的选择必须考虑对本土物种的影响，不能单纯为了生长速度而选择产生威胁的外来物种，对土壤的修复应当考虑土壤肥力是否适合红树植物生长。通过对修复方案和修复项目进行环境影响评价，避免修复过程本身对红树林产生不良环境影响。

（五）建立科学、长期的验收评估机制

应当在修复工程结束后，以生态系统健康评价作为验收标准。红树林生态系统健康评价关注种群和群落水平的评估[1]，这是从生态管理学的角度对生态系统作出的评价。与单纯的以面积、植株数量作为验收标准相比较，生态系统健康评价更能体现生态系统的整体性和持续性，要求生态系统具有稳定性、可持续且有活力，随着时间的推移可以保持其组织力和自主性，并且在受到胁迫的情境下易恢复，这样的生态系统才可以称得上是健康的和远离胁迫综合征的生态系统。这种验收方式不仅关注红树植物的群落和种群状况，还将湿地、浮游动物、底栖动物、微生物、鸟类群落的健康状况纳入评价范围。以这种标准验收合格的红树林生态系统，才是具有长期价值、能够提供生态服务功能的健康生态系统。

---

[1] 陈子月、卓子荣、陈卓杰：《深圳红树林湿地系统健康评价》，《中国人口·资源与环境》2016 年第 S1 期。

四、结语

红树林是我国海岸带上宝贵的自然资源，对其进行保护和修复必须做到行之有效。要挖掘公众可以在红树林保护与修复中的潜力，借鉴“社区共管”的成功经验，开展自然保护区社区共管。同时政府应提供就业指导，帮助过去依赖破坏红树林获取经济效益的周边居民实现转业转产，从根本上走出从红树林中要经济的恶性循环。对于造成红树林生态环境损害的违法行为，地方政府和人民检察院、社会组织应当积极提起诉讼，充分发挥我国的环境保护法律制度的惩罚和警示作用。地方政府在开展红树林生态保护修复项目时，要归纳总结类型化修复经验，结合实际情况因地制宜制定生态环境修复规划以及科学长效的验收标准，让红树林生态保护与修复项目成为一项科学的、有章可循的活动，如此才能建立起良好的红树林保护修复机制。